TEREZA GALVÃO PASIN

SENHORA APARECIDA

ROMEIROS E
MISSIONÁRIOS REDENTORISTAS
NA HISTÓRIA DA
PADROEIRA DO BRASIL

Direção Editorial:	Pe. Fábio Evaristo R. Silva, C.Ss.R.
Coordenação Editorial:	Ana Lúcia de Castro Leite
Copidesque:	Leila Cristina Dinis Fernandes
Revisão:	Luana Galvão
Diagramação e Capa:	Mauricio Pereira

Dados Internacionais de Catalogação na Publicação (CIP)
(Câmara Brasileira do Livro, SP, Brasil)

Pasin, Tereza Galvão
   Senhora Aparecida: romeiros e missionários redentoristas na história da Padroeira do Brasil / Tereza Galvão Pasin. – Aparecida, SP: Editora Santuário, 2015.

   ISBN 978-85-369-0384-2

   1. Nossa Senhora Aparecida 2. Nossa Senhora Aparecida – História 3. Oração – Cristianismo 4. Santas cristãs I. Título.

15-06804   CDD-232.91

Índices para catálogo sistemático:

1. Nossa Senhora Aparecida, Padroeira do Brasil:
Coroação: História 232.91

Este livro foi composto com as famílias tipográficas Minion Pro e Copperplate Gothic e impresso em papel Offset 63g/m² pela **Gráfica Santuário**.

5ª impressão
Todos os direitos reservados à **EDITORA SANTUÁRIO** – 2023

Rua Pe. Claro Monteiro, 342 – 12570-045 – Aparecida-SP
Tel.: 12 3104-2000 – Televendas: 0800 - 0 16 00 04
www.editorasantuario.com.br
vendas@editorasantuario.com.br

HOMENAGEM

A Dom Darci José Nicioli, C.Ss.R.,
Bispo Auxiliar da Arquidiocese de Aparecida-SP,
meu primeiro leitor.

AGRADECIMENTOS

Às funcionárias do Centro de Documentação e Memória "Padre Antão Jorge", C.Ss.R. – Santuário Nacional. Dorothéa Soares da Cunha Barboza e Maria Laura Guedes.

E, em especial, ao Arquivo da Cúria Metropolitana da Arquidiocese de Aparecida, nas pessoas de Eliete Galvão Reis da Silva e Padre Paulo Tadeu Gil Gonçalves Lima, Chanceler.

Minha dedicatória é o agradecimento
por anos de convivência e carinho, em especial a

Maria Aparecida Pasin de Souza,
Patrícia Pasin de Souza,
Priscila Pasin de Souza,
Rita de Cássia Machado Portes Ferreira,
Rosemary Moreira César de Oliveira
e
José Roberto Siqueira.

SUMÁRIO

Prefácio 13

Apresentação.. 15

Primeira Parte 17
Memórias de Aparecida – 1717 a 1794 19
1717 – Peixes para o Conde de Assumar................................. 20
Entre os dias 17 a 30 de outubro, o Conde de Assumar
    na Vila de Santo Antônio de Guaratinguetá................... 24
Das águas do rio Paraíba 26
A Imagem da Senhora Aparecida... 28
O altar de paus – O milagre das velas..................................... 30
1741 – Aberto o caminho da ladeira.. 32
1743 – O bispo do Rio de Janeiro autoriza
    a construção da primeira capela 33
1745 – Padre José Alves Vilella constrói
    a Capela no Morro dos Coqueiros................................... 39
Sala das promessas 43
1748 – Os jesuítas pregam missão... 48
1752 – Irmandade ou Confraria
    de Nossa Senhora Aparecida.. 51
1761 – Os romeiros dormem dentro da capela......................... 57
1762 – Frei Antônio de Sant'Anna Galvão 59
1768 – Visita forânea 61
1770, 1773 e 1782 – Visitas pastorais 62

Segunda Parte.. 65
Aparecida antiga – 1803 a 1898... 67
1803 – Lugar Pio... 68
1817 a 1860 – Viajantes europeus visitam a capela.................. 69
1822 – Nossa Senhora Aparecida em Guaratinguetá
    e a visita de Dom Pedro... 74
1843 – Segundo cemitério,
    Nossa Senhora Aparecida 79
Aparecida em meados do século XIX.. 81
1868 – Visita da Princesa Isabel 82

1887 – Inaugura-se a Estação
    Ferroviária de Aparecida..86
1888 – Da reconstrução da capela à inauguração da igreja.......88
Frei Joaquim do Monte Carmello é nomeado empreiteiro......103
Inauguração solene da Igreja de Nossa Senhora......................111
1893 – A Igreja de Nossa Senhora
    recebe o título de Episcopal Santuário.......................... 119
1894 – Fundação do Seminário Bom Jesus............................. 121
1894 – Os "filhos" de Santo Afonso
    chegam a Aparecida.. 124
1898 – Seminário Redentorista Santo Afonso,
    para acolher seus filhos.. 136

Terceira Parte 139
Lembranças de Aparecida – 1900 a 1995............................. 141
Como era Aparecida em 1900?.. 142
1900 – Os romeiros chegam em romarias paroquiais............. 145
Fundação do "Jornal Santuário de Aparecida"....................... 163
1904 – Nossa Senhora Aparecida é coroada
    Rainha do Brasil... 168
1908 – Título de "Basílica Menor" para a Igreja de
    Nossa Senhora Aparecida... 192
1914 – A energia elétrica, em 1912, trouxe os bondes 195
1917 – Bicentenário do encontro da Imagem......................... 197
Arquiconfraria de Nossa Senhora Aparecida......................... 200
1919 – Vamos rezar na Igreja de São Benedito...................... 204
1928 – Criação do Município de Aparecida 212
1929 – Os padres redentoristas
    e a fundação da Santa Casa de Aparecida..................... 216
1931 – Papa Pio XI declara Nossa Senhora Aparecida
    Padroeira do Brasil... 218
1932 – Atuação dos padres redentoristas durante a
    Revolução de 1932 225
1940 – Visita do Presidente Getúlio Vargas 228
1946 – Santuário Nacional de Nossa Senhora Aparecida 231
Conhecendo o interior do Santuário Nacional (Basílica Nova) 249
1951 – Sintonize a Rádio Aparecida 254
Padre Vítor Coelho de Almeida, C.Ss.R. 256

Hino oficial a Nossa Senhora Aparecida 263
1954 – 12 de outubro – Festa de Nossa Senhora Aparecida ... 266
1958 – O Papa Pio XII cria a Arquidiocese de Aparecida 275
1964 – Posse do primeiro Cardeal de Aparecida,
      Dom Carlos Carmelo de Vasconcelos Motta 279
1967 – Jubileu dos 250 anos do encontro da Imagem 282
A Rosa de Ouro 307
1972 – Ano Marial 313
1978 – Posse do Arcebispo Dom Geraldo Maria
      de Morais Penido 315
1978 – Mãos abençoadas de Maria Helena Chartuni 316
1979 – Ano Mariano Jubilar 324
1980 – O Papa João Paulo II entre nós
      Feriado nacional – 12 de outubro 327
1982 – Tombamento da Basílica Histórica 330
1985 – XI Congresso Eucarístico Nacional 332
1995 – Posse do Cardeal Dom Frei Aloísio Lorscheider 335

Quarta Parte 337
Aparecida hoje 339
2004 – Posse do Cardeal
      Dom Raymundo Damasceno Assis 340
2004 – Centenário da Coroação da Imagem de
      Nossa Senhora Aparecida 341
2005 – Fundação da TV Aparecida 350
2007 – Aparecida hospeda o Papa Bento XVI 351
A Imagem de Nossa Senhora Aparecida na
      República Tcheca 354
2013 – Posse de Dom Darci José Nicioli 355
2013 – O Papa Francisco entre nós 356
Peregrinação para o "Jubileu 300 anos de Bênçãos"
      em 12 de outubro de 2017 364
Pontos culturais e turístico-religiosos 365
Bibliografia 372

PREFÁCIO

Nossa Senhora Aparecida é "cantada" em prosa e verso, pelo cancioneiro popular e por maestros eruditos, nos finos acordes de uma sinfonia clássica e no jeito brejeiro da música raiz ou caipira. A jovem e a velha guarda nela encontram inspiração: assunto para sociólogos e teólogos, jornalistas e romancistas, para profissionais da arte cênica, pictórica e da construção civil, como arquitetos e engenheiros. A imagem cria imagens, ilumina, provoca, encanta... É sinal que reenvia a outros significados e nos desperta para realidades outras: o arquétipo da mãe, a identidade de um povo, a beleza que salva, o profano e o sagrado...

E, para quem tem fé, nada é por acaso, ou seja, no "Khronos" – tempo dos homens – manifesta-se o "Kairós" – tempo de Deus – quando os fatos e os acontecimentos nos permitem ler a ação divina na história da humanidade. Assim tem sido a "saga" de Aparecida nesses 300 anos de história e devoção, desde aquela pesca milagrosa (1717), quando a imagem da Virgem foi encontrada, ainda no período colonial, varando a velha e a nova República, até o Brasil que hoje conhecemos. A devoção à Virgem "negra" de Aparecida – que um dia teve policromia – acompanha a história Pátria, constitui-se num primeiro fator de identidade como povo brasileiro e é relevante na consolidação institucional e pastoral da Igreja Católica, no Brasil.

A obra da professora Tereza Galvão Pasin, intitulada "Senhora Aparecida – Romeiros e Missionários Redentoristas na História da Padroeira do Brasil", que o leitor tem diante de si, é mais um instrumento para a compreensão dessa epopeia. A autora nasceu em Aparecida-SP, na ladeira que leva à antiga Basílica, à Rua Monte Carmelo, n. 79. Portanto, a singularidade é que ela viveu e vive Aparecida e seu Santuário, não somente como expectadora, mas como participante dessa história, na dinâmica das romarias e dos acontecimentos marcantes da municipalidade, como devota e com o olhar crítico de mestra e historiadora.

Numa sequência cronológica, o livro é fonte magnífica de documentos, de acontecimentos e de referências a personagens ilustres e figurantes não menos importantes. Com metodologia enciclopédica, traz conhecimento pelos "fatos e fotos", provocando a curiosidade do leitor e oferecendo-lhe rico material de pesquisa.

Para quem pouco sabe sobre a história de Aparecida e da devoção à sua Senhora, a Padroeira do Brasil, essa obra é referencial de grande valor e aqueles e aquelas que já são "iniciados" e d'Aparecida se fazem devotos sentir-se-ão enriquecidos no saber científico e na espiritualidade.

Louvamos e agradecemos à autora a hercúlea pesquisa, garimpando em fontes qualificadas e inusitadas, trazendo à luz elementos importantes para o entendimento dos misteriosos desígnios de Deus, a partir do encontro da Imagem, a Aparecida das águas, no Rio Paraíba do Sul, no longínquo outubro de 1717.

Trezentos anos são passados: 1717-2017! Este trabalho é uma feliz iniciativa que vem enriquecer as comemorações jubilares, inserindo sempre mais a todos nós, afortunados leitores, neste tricentenário de bênçãos e de graças.

Boa e proveitosa leitura!

Dom Darci José Nicioli, C.Ss.R.
Bispo-auxiliar de Aparecida-SP (Brasil)

APRESENTAÇÃO

Aos nossos humildes pescadores Domingos Martins Garcia, João Alves e Felipe Pedroso, Deus transmitiu o nobre encargo do encontro da Imagem da Imaculada Conceição, nas águas vagarosas do rio Paraíba do Sul; bem sabemos que se vai a Cristo mediante Maria e em um momento de profunda humildade.

A partir desse instante teve início a história da cidade de Aparecida, sob a proteção da Nossa Mãe Maior, Aparecida.

Em apenas quinze anos, o povoado foi conhecido e visitado como "Sítio das Romarias", no início do século XVIII. O Padre José Alves Vilella, pároco da Vila de Santo Antônio de Guaratinguetá, no ano de 1732 aproximadamente, após a notícia dos muitos prodígios que a Senhora fazia, registrou no I Livro do Tombo da Paróquia de Santo Antônio, à folha 78, "os prodígios desta Imagem foram autenticados por testemunhas que se acham no Sumário sem Sentença, e ainda continua a Senhora com seus prodígios, acudindo à sua santa casa romeiros de partes muito distantes a gratificar os benefícios recebidos desta Senhora..."

Os documentos pesquisados encontram-se no Arquivo da Cúria Metropolitana da Arquidiocese de Aparecida; procuramos seguir uma cronologia, principalmente em cada um dos temas, dentro dos quase trezentos anos, de 1717 a 2015, assim apresentados: – Primeira parte – Memórias de Aparecida, de 1717 a 1794. – Segunda parte – Aparecida antiga, de 1803 a 1898. – Terceira parte – Lembranças de Aparecida – de 1900 a 1995. – Quarta parte – Aparecida hoje..., que se prepara para celebrar o "Jubileu 300 anos de Bênçãos" do encontro da Imagem de Nossa Senhora da Conceição Aparecida, em 12 de outubro de 2017.

Nossa Senhora Aparecida, seus romeiros e os missionários redentoristas, aqui se conheceram por volta das 23 horas do dia 28 de outubro de 1894: bendito encontro!

Iniciamos com a vinda do Conde de Assumar...

Tereza Galvão Pasin

PRIMEIRA PARTE

MEMÓRIAS DE APARECIDA
1717 A 1794

Como foi Aparecida!?
Partida.
Pois partida foi achada!
Quebrada.
Foi em partes recolhida!
Dividida.

Como assim redimida
vos vejo Virgem Sagrada,
sendo do rio tirada:
partida, quebrada,
dividida.[1]

---

[1] Trecho da "Poesia de Preciliana", de 1756. Leia na íntegra na página 316.

1717
PEIXES PARA O CONDE DE ASSUMAR

O Conde de Assumar foi informado
do encontro da Imagem?
Não sabemos, mas as graças são pessoais!

Na Consulta do Conselho Ultramarino de 22 de dezembro de 1716, por despacho de Dom João V, Rei de Portugal, foi nomeado Dom Pedro Miguel de Almeida Portugal e Vasconcelos Governador e Capitão-geral da Capitania de São Paulo e das terras das Minas Gerais, que até então constituíam uma só Província. Antes de terminar o governo, em 1721, efetivou-se em 1720 o desmembramento de São Paulo e de Minas Gerais.

O novo Governador recebeu o título de Conde de Assumar em 1718, concedido durante a sua estada no Brasil; mais tarde Marquês de Castelo Novo, Marquês de Alorna e, após sua estada em Minas Gerais, Vice-Rei da Índia. Veio substituir Dom Braz Baltazar da Silveira.

Dom Pedro de Almeida, Conde de Assumar, embarcou em Lisboa, em março de 1717, com destino ao Rio de Janeiro, aonde chegou em junho.

Em sua viagem, veio por mar do Rio de Janeiro até a cidade de Santos e por terra de Santos até São Paulo, aonde chegou no dia 31 de agosto de 1717. Tomou posse do governo de duas capitanias em 4 de setembro. Passou por Guaratinguetá indo até Minas Gerais.

O Conde de Assumar deixou-nos um diário de sua jornada, cujos trechos relatamos a seguir.

> "**Julho, 24** – Saiu Sua Exma. da cidade do Rio de Janeiro pelas duas horas da tarde com muito acompanhamento de oficiais militares e de outras pessoas particulares da praça e saldou com treze pessoas e, continuando as marchas, chegou às cinco horas ao Engenho Novo dos Padres Jesuítas, na igre-

ja que se consagraria em 1720 a Imaculada Conceição, onde houve missa. Conduziram Sua Exma. a ver a fábrica do engenho, que não deixa de ser grandiosa pelos negros, que ocupa, e por moer com água e muito suor o trabalho; visto tudo despediu-se e continuou, e os padres trataram a sua Exma. com toda a grandeza, e os seus domésticos também.

[...]

Agosto, 31 – Marchamos pela manhã e experimentamos ainda uma légua de mais caminho, porém depois saímos a uma campina muito espaçosa que se perdia de vista. Uma légua antes de chegar à cidade, ou pouco menos, encontramos com cento e cinquenta cavalos formados e mandados pelo capitão-mor Manoel Bueno da Fonseca, cavaleiro de hábito, e um dos paulistas com entendimento e prudência. Logo que chegamos aonde eles estavam, dessa sala tocava muita charamela, eles vinham tão ridículos, cada um por seu modo, que era gosto ver a diversidade dos modos e das cores tão esquisitas, porque havia casacas verdes com botões encarnados, outras azuis agaloadas por uma forma nunca vista e, finalmente, todas extravagantes, vinham algumas com cabeleiras tão em cima dos olhos que se podia duvidar se tinham frente, traziam então o chapéu caído para trás, que faziam umas formosas figuras, principalmente aqueles que abotoaram as casacas muito acima. Com esta luzida continuamos e fomos encaminhados para a cidade e, no caminho, encontramos com muitas pessoas, que saíram a receber Sua Exma. e outras. Às onze horas entraria Sua Exma. na cidade a cavalo, cujas ruas estavam armadas com diversos arcos, uns guarnecidos com prata, outros com laranjas e flores, e o que estava no adro da Igreja de São Francisco era o melhor onde se apeou Sua Exma. Para fazer oração, toda a comunidade foi para o Palácio, que se lhe tinha aparelho e que estava muito bem concertado com bons cômodos para Sua Exma. e toda a sua família, todo o restante deste dia se passou com visitas, e Sua Exma. mandou recolher uma companhia de Infantaria, que estava de guarda à porta de seu Palácio. Pela noite houve luminárias, que continuaram nas duas seguintes. A Câmara veio também dar as boas-vindas a Sua Exma. e se retirou muito satisfeita do agrado com que a recebeu.

[...]

Setembro, 4 – Dia destinado para a posse. Depois do jantar vieram os oficiais da Câmara ao Palácio à procura de Sua Exma., que debaixo de um pálio de tafetá de carmesim, que o levassem quatro cidadãos, e conduziram à Igreja de Nossa Senhora do Carmo, que, por ser capaz pela sua grandeza, foi eleita para esta função. Deu endosso fazer na casa da Câmara, mas a sua pequenez o não permitia. Estava na parte esquerda em cima de um tablado, e a uma e outra parte estavam cadeiras para os oficiais da Câmara, e algumas mais, em frente do tablado estavam muitos bancos para o povo que chegar à Igreja, e sentado que esteve Sua Exma. tomou cada um o lugar que lhe tocava. O secretário do governador Domingos Silva leu a carta Patente, porque o Escrivão da Câmara a que pertencia, ou não sabia ler, eu a li muito mal por ser gago; lida a carta se fez assento no lugar, que assinou Sua Exma., e os camaristas, e depois proferiu uma oração com tanta eficácia e com tanta propriedade que todos ficaram admirados, e com o mesmo acompanhamento se recolheu Sua Exma. à casa: o Pálio foi dado ao secretário por dizer-se que lhe tocava.

[...]

Outubro, 1 – Marchou Pais Velloso com as cargas, e João Ferreira a preparar o seguinte alojamento, e neste se prepararam alguns ofícios e alguns postos militares.

[....]

Outubro, 2 – Saiu Sua Exma. acompanhado somente do Capitão-mor da Vila de Mogi, e caminhando cinco léguas sempre em cadeirinha por bem ruim caminho, por que passaram sete montes (a que chamavam morros) ditos os sete pecados mortais, chegou a uma aldeia de Índios de El Rey administrados por uma pessoa como provem dos Governadores com a invocação de Nossa Senhora da Escada, onde estava o vigário da vila de Iacarahy (Jacareí) esperando por Sua Exma. [...]

[...]

Outubro, 4 – Continuou Sua Exma. a jornada, e chegando a um sítio chamado *Iatevotiua*, no qual somente havia uma cozinha de palha, aí passou a noite bem perseguido de baratas, que era em abundância praga tão grande neste País, como na Europa os percevejos. O dono do rancho era paulista, o qual com generoso ânimo oferece a Sua Exma. para cear meio macaco e umas poucas formigas, que era com tudo quanto se achava. Agradecendo-lhe Sua Exma. a oferta e perguntando-lhe a que sabiam aquelas iguarias, respondeu que o macaco era a caça mais delicada que havia naqueles matos circunvizinhos e que as formigas eram tão saborosas depois de cozidas que nem a melhor manteiga de Flandes lhe igualaria. Marchou-se pela manhã e de passar quatro léguas de mato a que chamam de Capão Grande onde não faltaram papagaios, araras, bugios e diferentes castas de animais, chegou Sua Exma. a uma Ermida chamada capela de Caçapava, sob o título de Nossa Senhora da Ajuda, que é de um particular de Taubaté, o qual o hospedou com toda a grandeza.

[...]

Outubro, 6 – Partiu Sua Exma. pela manhã, e ao meio--dia chegaria à vila de Taubaté, onde foi recebido com as mesmas festas, que nas vilas antecedentes se tinham feito. Aqui se deteve Sua Exma. até o dia doze para descansar.

[...]

Outubro, 13 – Saiu Sua Exma. pela manhã com muito acompanhamento, o qual despediu logo, e continuando a sua marcha chegou às onze horas à vila de Pindamonhangaba, sob o culto de Nossa Senhora do Bonsucesso: nela foi recebido com muito festejo, e ainda que os moradores são poucos e a vila muito pequena, experimentou-se todo o regalo e bom tratamento, porque a gente é da melhor, que a da serra acima.

[...]

Outubro, 15 – Deteu-se Sua Exma. por achar-se com uma mui leve indisposição e neste dia partiu Sua Exma. para a vila de Guaratinguetá. Sua Exma. foi regalado por seis cavalos.

Outubro, 16 – Partiu-se desta vila pela manhã chovendo muito e às dez horas chegou Sua Exma. a um sítio de Antônio Cabrar Paulista, cuja hospedagem não foi a que se esperava segundo as vozes que corriam dos preparos que fazia e onde passa a tarde e pernoita. Ouviu Sua Exma. missa neste mesmo sítio, dia 17, domingo pela manhã, e imediatamente seguiu para a Vila de Guaratinguetá.

Outubro, 17 – Continua o diário. Chegou à vila de Guaratinguetá, por volta do meio-dia, onde foi recebido com duas companhias de Infantaria, uma de filhos da terra e outra dos do Reino, a maior parte marabutos e soldados [...]".[2]

---

[2] Revista do Serviço do Patrimônio Histórico e Artístico Nacional, n. 3, 1939, páginas 295 a 316. Arquivo da Cúria Metropolitana da Arquidiocese de Aparecida.

ENTRE OS DIAS 17 A 30 DE OUTUBRO, O CONDE DE ASSUMAR NA VILA DE SANTO ANTÔNIO DE GUARATINGUETÁ

Os sons da banda de música
queriam contar ao Conde de Assumar
o encontro da Senhora da Conceição Aparecida!

A Vila de Santo Antônio de Guaratinguetá, com uma excelente posição geográfica, originou-se de doação de uma sesmaria no sertão de Jaques Félix ao Capitão Domingos Luiz Leme em 1646, que para ali emigrou com sua família e com as de João do Prado Martins e Antônio Bicudo, provavelmente em busca do caminho das minas de ouro. A povoação iniciou por volta de 1630, sem ser desmembrada de outra freguesia, onde se construiu a Igreja de Santo Antônio de Pádua, sendo a primeira igreja de palha e parede feita à mão no lugar onde foi o adro; foi elevada à Vila em 13 de fevereiro de 1651, uma das mais antigas da província.[3]

"Vila de Santo Antônio de Guaratinguetá. Esta Vila tem uma Igreja Paroquial de Santo Antônio, com duas irmandades, a saber, uma das Almas e outra de Santo Antônio. Ao presente serve o Pároco o padre João da Costa. Tem seu distrito 61 fogos (casas) com 250 pessoas de comunhão."[4]

Consta do inventário à folha 175 do I Livro do Tombo da Paróquia de Santo Antônio de Guaratinguetá:

"A Irmandade de Santo Antônio, a mais antiga desta Freguesia, por ser o Santo Padroeiro dela, foi ereta aos 3 dias de novembro de 1701.
[...]

---

[3] Notas do Bispado do Rio de Janeiro no ano de 1687, quando a Vila de Santo Antônio de Guaratinguetá era conhecida como Vila de "Domingos Luiz Leme".
[4] Nota encontrada nos Documentos da Capela de Nossa Senhora Aparecida. Organizador padre Júlio Brustoloni, C.Ss.R. Volume II, folha 194, verso, ano 1782-1981.

Não há mais Provisão, nem licença de ereção, nem livros antigos nos quais conste alguma notícia desta Irmandade, senão uma tradição em algumas pessoas antigas que essa Irmandade reformará seu compromisso em tempo do Sr. Bispo Dom Francisco de São Jerônimo e que esse novo compromisso e mais livros da Irmandade, sendo Tesoureiro ou Procurador um defunto Miguel de Pontes, tinham perecido no ano de 1729, porque havendo neste ano uma tempestade muito grande que descobriu a Igreja toda e arruinou várias casas, os livros também pereceram, de sorte que hoje os livros que servem são rubricados em 1731 e por essa razão se regem pelo compromisso de 1701. [...] Tem seus ornamentos próprios e mais alfargas".[5]

O Morro dos Coqueiros já então deveria ter alguns moradores, ainda era zona rural da Vila de Guaratinguetá. Toda a Vila de Santo Antônio de Guaratinguetá aguardou o dia da chegada do Conde de Assumar, com muita expectativa, ocasião em que a Câmara ordenou que se servisse o melhor peixe ao Conde e comitiva, mesmo não sendo época boa para a pescaria, e assim o fizeram.

O Conde de Assumar foi informado do encontro da Imagem? Não sabemos, mas as graças alcançadas são pessoais!

Dom Pedro de Almeida, Conde de Assumar, permaneceu em Guaratinguetá até o dia 30 de outubro de 1717, pois tivera que esperar Paes Veloso, um dos membros de sua comitiva, que no dia 18 de outubro partiu para ir buscar em Nossa Senhora dos Remédios de Paraty-RJ a bagagem, voltando só no dia 27, em lombos de burros, guiados por escravos, pelo caminho do Mar (hoje Serra do Mar).

A Vila de Santo Antônio de Guaratinguetá em 1884 foi elevada à categoria de cidade.

---

[5] Folha 175 do I Livro do Tombo da Paróquia de Santo Antônio de Guaratinguetá.

DAS ÁGUAS DO RIO PARAÍBA

"Ave, Maria,
cheia de graça..."
Hoje a clamamos,
"Senhora da Conceição Aparecida!"

O Padre José Alves Vilella, clérigo presbítero do Hábito de São Pedro, com 29 anos de idade, assumiu como pároco da Vila de Santo Antônio de Guaratinguetá a partir de 1725, permanecendo até dezembro de 1740, quando se ausentou, retornando em agosto de 1741. Dentro da jurisdição onde se encontrava o porto de Itaguaçu, do rio Paraíba, e após vários relatos registrados no I Livro do Tombo da Paróquia de Santo Antônio de Guaratinguetá, folhas 98, verso, e 99, em agosto de 1757, pelo então Vigário Padre Dr. João de Moraes e Aguiar, autor da primeira narração, Padre Vilella deixou o manuscrito do evento prodigioso:

> "No ano de 1719, mais ou menos, passando por esta Vila para as Minas o Governador, delas e de São Paulo, o Conde de Assumar, Dom Pedro de Almeida, foram notificados pela Câmara os pescadores para apresentarem todo o peixe que pudessem haver para o dito Governador. Entre muitos, foram à pesca Domingos Martins Garcia, João Alves e Felippe Pedroso, em suas canoas; e principiando a lançar suas redes no porto de José Corrêa Leite, continuaram até o porto de Itaguaçu, distância bastante, sem tirar peixe algum, e lançando João Alves a sua rede de arrasto, tirou o Corpo da Senhora, sem a Cabeça; lançando mais abaixo outra vez a rede, tirou a Cabeça da mesma Senhora, não se sabendo nunca quem ali a lançasse. Guardou o inventor esta Imagem em um tal qual pano, e continuando a pescaria, não tendo até então tomado peixe algum, dali por diante foi tão copiosa a pescaria em poucos lanços, que, receosos, ele e os companheiros, de naufragarem pelo muito peixe que tinham nas canoas, se retiraram às suas vivendas, admirados deste sucesso".[6]

---

[6] I Livro do Tombo da Paróquia de Santo Antônio de Guaratinguetá, folha 77, verso.

Os pescadores iniciaram a pesca no porto do Capitão José Corrêa Leite, na margem esquerda do rio Paraíba, numa paragem chamada Teteqüera, na Vila de Nossa Senhora do Bom Sucesso de Pindamonhangaba, Capitania de Nossa Senhora da Conceição, hoje provavelmente no município de Roseira, limite da Vila de Santo Antônio de Guaratinguetá, próximo à Capela de Nossa Senhora do Rosário, conhecida como a Capela dos Corrêas, local onde o terço era cantado e rezado.

Embora o I Livro do Tombo da Paróquia de Santo Antônio de Guaratinguetá cite o ano de 1719 como o ano do encontro da Imagem, o ano correto de seu encontro é 1717.

A IMAGEM DE NOSSA SENHORA APARECIDA

"[...] A Imagem da Senhora Aparecida refulge no altar-mor, adornada com um precioso manto azul. E parecendo sorrir compassiva a todos os infelizes que a invocam e a quem jamais negou consolação e esperança."

Augusto Emílio Zaluar, 1860

"A imagem é de terracota, isto é, barro cozido que, depois de modelada, é cozida em forno apropriado, medindo 36 centímetros de altura. Como foi comprovada por peritos, era originalmente policromada: tez branca do rosto e das mãos, com manto azul escuro e forro vermelho granada. Estas eram as cores oficiais, conforme determinação de Dom João IV, no dia 25 de março de 1646, tornou a Santa Virgem, sob a invocação da Imaculada Conceição, por Padroeira do Reino de Portugal e seus domínios.

Pelo fato de ficar por muitos anos submersa no lodo das águas e, posteriormente, exposta ao lume e à fumaça dos candeeiros, velas e tochas, adquiriu a cor que hoje conserva."[7]

"Eis uma imagem de Maria Santíssima antes desconhecida dos nossos antepassados, por um acaso aparecendo no rio Paraíba, sem sabermos donde veio nem por quais mãos foi fabricada, e imediatamente saída das águas dando sinais do admirável valor de sua presença."[8]

A origem dessa pequenina escultura envolve-se em um mistério. Transcrevemos um dos relatos do padre Valentim Mooser, C.Ss.R., referente à imagem, do ano de 1956.

"Os antigos moradores de Aparecida contam que em Roseira Velha, antes do encontro da Imagem, numa fazenda à margem do rio Paraíba, havia uma capela com uma imagem de Nossa Senhora para veneração e para as devoções dos escravos do lugar. A pequena capela ficava bem na ribanceira do rio: as águas tranquilas do Paraíba, por ocasião das chuvas, avolumam-se, transformando em caudal agitado o leito do rio. A correnteza forte vai aluindo as margens e barrancos e leva de arrastão tudo o que encontra no caminho. A pequenina capela dedicada a Nossa Senhora e na qual os escravos a invocavam piedosamente nunca mais foi vista após uma estação de chuvas torrenciais. E nunca mais se soube da imagem de Nossa Senhora. Há, portanto, a possibilidade de ter sido esta pequenina imagem levada pela corrente do rio e achada depois na prodigiosa pesca de 1717, na predestinada curva do Paraíba, onde Ela se teria abrigado até o dia providencial de Seu Aparecimento para o amor e piedade de seus filhos."

---

[7] Arquivo da Cúria Metropolitana da Arquidiocese de Aparecida (avulso).
[8] Dom Joaquim Arcoverde, em discurso feito em 8 de setembro de 1904.

O ALTAR DE PAUS
O MILAGRE DAS VELAS!

"Tendo sido colocada a Imagem em
uma choupana de homens pobres,
eis que as velas que estavam acesas diante dela
ora se apagavam, ora reacendiam,
sem auxílio humano."
Dom Joaquim Arcoverde, 1904

A imagem ficou na casa de Felipe Pedroso, por ser o mais velho dos pescadores. Ele juntou com suas rudes mãos a cabeça ao tronco, firmou-a com "cera da terra", cera preta de arapuá – por ser uma cera pegajosa, foi muito própria para o primeiro conserto da imagem –, ajoelhou-se diante dela e rezou. Morava no Alto da Boa Vista, vizinho ao porto de Itaguaçu, à beira da Estrada Real. Depois se mudou para o sítio chamado "Lourenço de Sá". Em 1723, Felipe Pedroso passou a residir na beira do córrego da Ponte Alta. No ano de 1732, Felipe Pedroso voltou para o bairro do Itaguaçu e entregou a Imagem a seu filho Atanásio Pedroso; sua casa também ficava próxima à Estrada Real.

"Atanásio fez um oratório e, em um altar de paus, colocou a Senhora, onde todos os sábados se agrupava gente para cantar o terço e demais orações. E a Senhora Aparecida começou a manifestar-se. Em uma dessas ocasiões, apagaram-se duas luzes de cera da terra repentinamente, que alumiavam a Senhora; estando a noite serena, a escuridão era absoluta, e querendo logo Silvana da Rocha acender as velas, também se viram logo, de repente, acesas, sem intervenção de pessoa alguma.

Foi este o primeiro prodígio... o milagre foi contado e comentado.

Em outra ocasião semelhante, em uma sexta-feira para sábado (o que sucedeu várias vezes), juntando-se algumas pessoas para cantarem o terço, estando a Senhora em poder de Silvana da Rocha, guardada em uma caixa, ou baú velho, ouviram dentro da caixa muito estrondo, muitas pessoas, das quais se foi dilatando a fama até que, patenteando-se muitos prodígios que a Senhora fazia, foi crescendo a fé e dilatando--se a notícia, e chegando ao Vigário padre José Alves Vilella, este e outros devotos lhe edificaram um oratório de pau a pique.

Os prodígios desta Imagem foram autenticados por testemunhas que se acham no Sumário sem Sentença, e ainda continua a Senhora com seus prodígios, acudindo à sua santa casa romeiros de partes muito distantes a gratificar os benefícios recebidos desta Senhora [...]".[9]

---

[9] I Livro do Tombo da Paróquia de Santo Antônio de Guaratinguetá, folha 78 e verso.

1741
ABERTO O CAMINHO DA LADEIRA

Qual o romeiro de Nossa Senhora
que ainda não subiu devagar a ladeira,
mas com pressa em seu coração?

Em 1741, foi aberto o caminho, "caminho da ladeira", a primeira rua do povoado, trabalho dos escravos do Capitão Antônio Raposo Leme, da Vila de Santo Antônio de Guaratinguetá.

No Livro de Ata da Câmara Municipal de Guaratinguetá, folha 96, encontramos o Termo de Vereança – de 3 de maio de 1788: "Nela se passou o mandado para fazer a estrada que sobe para a Capela de Nossa Senhora da Conceição Aparecida".

Teve depois o título de Rua Calçada, com pedras irregulares, colocadas de 1825 até 1837, concluída pelo Padre Lourenço Marcondes de Sá, em 1838, que morava um pouco abaixo da Ponte do Sá, que dele tirou seu nome. Ele tinha também um sítio no bairro dos Forros, deixando a casa para os escravos. E, em 1892, Rua Monte Carmelo, em homenagem ao construtor da Igreja, Cônego Dr. Frei Joaquim do Monte Carmello (de nascimento, Joaquim dos Santos).

Segundo depoimento do Coronel Rodrigo Pires do Rio, de 5 de fevereiro de 1920, o primeiro nome da ladeira foi Rua dos Coqueiros.

1743
O BISPO DO RIO DE JANEIRO AUTORIZA A CONSTRUÇÃO DA PRIMEIRA CAPELA

"E não será a dita Capela de pau a pique, mas sim de madeira durável."
Dom Frei João da Cruz, 1743

O Padre Vilella visitou o altar na casa de Atanásio Pedroso e não o achou em condições de abrigar a Santa Imagem. Padre Vilella, Atanásio e mais alguns devotos edificaram uma capelinha de pau a pique no bairro do Itaguaçu (do tupi: *ita*: pedra; *guaçu*: grande), onde todos os sábados se ajuntava a vizinhança a cantar o terço e mais devoções.

Obra de Beto Leite. CDM – Santuário Nacional.

Em 1743, graças às esmolas deixadas pelos romeiros, Padre Vilella escreveu ao Bispo Dom Frei João da Cruz, da Ordem dos Carmelitas Descalços, solicitando a aprovação do culto à Imaculada Conceição sob o título de "Aparecida" e solicitou licença para construir sua capela.

Provisão para a construção: 05/05/1743 e o decreto canônico, erigindo a capela de Nossa Senhora da Conceição Aparecida

"Dom Frei João da Cruz, por mercê de Deus e da Santa Sé Apostólica, Bispo do Rio de Janeiro e do Conselho de Sua Majestade, fazemos saber que atendendo nós que por sua petição nos enviaram a dizer o Padre José Alves Vilella, vigário da Freguesia de Guaratinguetá, e os mais devotos de Nossa Senhora da Conceição Aparecida. Havemos por bem concedermos para que possam edificar uma capela com o título da mesma Senhora na dita Freguesia em lugar decente assinado pelo Rev. Pároco, e não será a dita Capela de pau a pique, mas sim de madeira durável, e depois de edificada, preparada com ornamentos das quatro cores, cálice de prata e as mais coisas necessárias, e feita escritura de dote; recorrerão com petição a nós para mandarmos visitar e benzer, e esta Provisão será guardada para título da dita Capela, dada nesta Vila do Ribeirão do Carmo (hoje cidade Mariana, Minas Gerais), sob nosso sinal, e selo de nossa Chancelaria aos cinco dias do mês de maio de 1743 anos, e eu, João de Oliveira Magalhães, Secretário de S. Exa. Revma., o subscrevi."[10]

O culto a Nossa Senhora, sob a invocação da Conceição Aparecida, foi aprovado por Dom Frei João da Cruz, Bispo do Rio de Janeiro.

Foi escolhida uma colina, o Morro dos Coqueiros, por ser um local longe das cheias do rio Paraíba.

Como consta da Provisão para a construção, Dom Frei João da Cruz exigiu como condição para erigir a nova Capela de Nossa Senhora Aparecida que o Padre Vilella adquirisse um patrimônio, uma exigência das "Constituições Primeiras do Arcebispado da Bahia", de 1707. Conseguiu de devotos proprietários lotes de terra. Os três primeiros benfeitores foram: Margarida Nunes Rangel, Domingos da Costa Paiva e Lourenço de Sá.

---

[10] I Livro do Tombo da Paróquia de Santo Antônio de Guaratinguetá, folha 22 e verso.

Nossa Senhora Aparecida é agraciada com as primeiras doações de terras

– Escritura de doação de Margarida Nunes Rangel:

"Saibam quantos este público instrumento de escritura de dádiva, e esmola de setecentas braças de terra de testada (frente), ou como em Direito melhor nome ou lugar haja, que sendo no ano do Nascimento de Nosso Senhor Jesus Cristo de 1744, dia 6 do mês de maio do dito ano, nesta Vila de Santo Antônio de Guaratinguetá em casa da moradora de Margarida Nunes Rangel, viúva do defunto André Bernardes de Brito, onde eu Tabelião adiante nomeado fui vendo, e sendo aí apareceu presente mim a dita Margarida Nunes Rangel, moradora desta Vila e pelo que conheço pela própria aqui nomeada e por ela me foi dito e outorgado em presença das testemunhas, abaixo nomeadas e assinadas, que ela entre os mais bens de raiz que possuía e estava de posse, era um sítio no termo desta Vila chamado sítio da Ponte Alta, em cujo tem um morro chamado dos Coqueiros que terá vinte e cinco até quarenta braças de testada, principiando este do marco das terras de Lourenço de Sá até entestar no fim do dito morro com terras que lhe ficam correndo no mesmo sítio para a parte da Ponte Alta, correndo o sertão (fundos) até entestar com as terras de Domingos da Costa, que tem trezentas braças pouco mais ou menos, cujas braças de testada e de sertão, ou o que na verdade lhe pertencer desse dava e doava, como, com efeito, logo deu e doou de hoje para sempre à Virgem Maria Nossa Senhora da Conceição, chamada Aparecida, para que no dito morro chamado dos Coqueiros, pela disposição que a dita paragem tem possam fazer a sua nova Capela e disperem das mais terras do sertão como for a bem da dita Senhora, cuja esmola e dádiva faziam de sua livre vontade, e próprio consentimento, sem constrangimento de pessoa alguma, por assim haver prometido à dita Senhora, e que nem ela doadora nem seus herdeiros presentes e futuros poderão ir contra a firma desta Escritura, nem sobre ela possa haver causa alguma e que a sua pessoa e bens com o bom agrado deles obrigava a todo o tempo fazer boa as ditas terras, tirá-las de qualquer dúvida, ou embaraços de qualquer pessoa lhe ponham; de cujas terras aqui declaradas pertencentes a todo Morro dos Coqueiros e sertão que em direito lhe couber lançava de si fora toda posse e domínio que nelas tinha, e que tudo dá por empossada a dita Senhora, e que judicialmente o poderão fazer seus procuradores, ou protetores que as divisas tiver, o que tudo desde agora há por bem feito; e que se nesta escritura se achasse algum ponto ou cláusula das em direito necessárias para maior validade sua, de que se não tenha feito menção disse as dava por expressas e declaradas para em tudo se cumprir, e logo por estar presente o Vigário José Alves Vilella, por ele me foi dito em presença das mesmas testemunhas, que por parte da dita Senhora aceitava esta escritura, na forma que nela se declara; e em fé de que assim disseram e outorgaram pediram lhe fizesse esta escritura nesta nota, que depois de lhe ser lida aceitaram; e eu Tabelião aceito também em nome de quem tocar a presente em direito, como pessoa pública, estipulante e aceitante, que as estipulei e aceitei, sendo testemunhas presentes Manoel Nunes dos Reis, Pedro Alves D'Araújo, que se assinaram, e a rogo da doadora por não saber escrever assina Antônio Rapozo Leme, todos moradores desta Vila e pessoas reconhecidas de mim Tabelião Máximo d'Águiar da Costa, que a assinou digo que a escrevi.

Assino a rogo da doadora Margarida Nunes Rangel – Antônio Rapozo Leme – padre José Alves Vilella – Manoel Nunes dos Reis – Pedro Alves d'Araújo".[11]

– *Escritura de doação. Domingos da Costa Paiva* e sua mulher Fabiana Fernandes Telles doaram por escritura pública aos 16 de maio de 1744 trinta braças de terras de testada, partindo com Lourenço de Sá e Salvador da Motta, correndo o sertão para Mato-Dentro.

– *Escritura de doação. Lourenço de Sá* e sua mulher, Maria da Conceição de Jesus, doaram uma sorte de terras, que principia do córrego da estrada para cima a entestar com terras de Margarida Nunes Rangel, correndo para cima até entestar com terras de Domingos da Costa, e vão findar no fim do morro que vem do Mato-Dentro, por escritura pública de 28 de maio de 1744. Des-

---

[11] I Livro de Receita e Despesas, folha 12 e verso.

tas terras tomou posse judicialmente por parte de Nossa Senhora o Rev. Padre José Alves Vilella, então vigário, e da vara, como consta no Livro da Instituição da Capela, folha 15.

Os benfeitores dizem o seguinte em suas escrituras de doação:

> "cuja sorte de terras aqui declaradas, disseram que davam e doavam, com efeito a deram e doaram de hoje para sempre à Virgem Maria, Senhora Nossa da Conceição chamada Aparecida, para ajuda do Patrimônio de sua Capela, que em outras terras que a dita Senhora tem circunvizinhas a esta se há de fazer, cuja esmola e dádiva lhe faziam de suas livres vontades e próprio consentimento, sem constrangimento de pessoa alguma, por assim haverem prometido à dita Senhora, e que desde hoje para todo o sempre lançavam de si fora toda a posse e domínio que nas ditas terras tinham e delas hão por empossada a dita Senhora, ou seus procuradores, com posse atual, civil e natural, para que as ditas terras declaradas possam dispor como for sua vontade a bem da dita Senhora: um sítio da Ponte Alta, em que tem um morro chamado dos Coqueiros que terá vinte e cinco até quarenta braças de testada [...] para que no dito morro chamado dos Coqueiros pela disposição que a dita paragem lhe possam fazer a sua nova Capela e disporem das mais terras do sertão como for a bem da dita Senhora".[12]

No século XVIII, Tomé Ferreira Teixeira: "Deixo a Nossa Senhora da Conceição Aparecida quatrocentos mil réis, para se porem a juros com bons fiadores abonados para dos juros mandarem vir azeite doce do Rio de Janeiro, para estar a lâmpada de dia e de noite sempre acesa".[13]

Imaginemos agora a colina e o início das obras da Capela; desde as margens do rio Paraíba do Sul, essa colina era toda coberta de mato ou coqueiros juntos, daí o nome Morro dos Coqueiros, e muitas pedras, assim como em toda a sua cercania. Morro que se fez de escada até a Capela. Local agradável, escolhido pelos indígenas e seus descendentes, em tempos longínquos,

---

[12] Arquivo da Cúria Metropolitana da Arquidiocese de Aparecida (avulso).

[13] I Livro do Tombo da Paróquia de Santo Antônio de Guaratinguetá, folha 97, verso.

entre a colina e a beira do rio, onde foram encontradas suas urnas funerárias no bairro do Itaguaçu, no bairro Alto de São João e no local onde hoje se encontra a Rodoviária de Aparecida. Na época, faziam parte as terras do Teteqüera (hoje Roseira, antigo porto de José Corrêa Leite), Itaguaçu ou Pedra Grande, Pitas, Ponte Alta e Morro dos Coqueiros, Ribeirão do Sá, Aroeiras ou Arueiras, Boa Vista e Mato-Dentro (hoje Santa Rita).

1745
PADRE JOSÉ ALVES VILELLA CONSTRÓI A CAPELA NO MORRO DOS COQUEIROS

As orações em família, agora, as orações com as famílias!

A imagem veio em procissão do Itaguaçu, da capelinha de pau a pique até as encostas do Morro dos Coqueiros, onde se deu a inauguração da "Capela" de Nossa Senhora da Conceição sob o novo título de "Aparecida". O povoado recebeu o nome de "Capela da Conceição Aparecida"; os romeiros preferiam chamá-la de "Sítio das Romarias".[14]

Obra de Beto Leite. CDM Santuário Nacional.

---

[14] *Ecos Marianos*. Aparecida, Editora Santuário, 1973, página 5.

Provisão para benzer

"José Alves Vilella, clérigo presbítero do hábito de São Pedro, vigário na paróquia Igreja de Santo Antônio de Guaratinguetá, e da vara toda a sua comarca, e de Taubaté, Juiz de casamentos, de Justificações, capelas e resíduos pelo Exmo. e Rev. Frei João da Cruz, Bispo deste Bispado, e sua Diocese... Certifico que a Capela de Nossa Senhora da Conceição Aparecida está situada em um lugar decente, escolhido por mim em virtude de uma provisão de ereção de Sua Exa. Revma. com dote de terra no mesmo lugar por doação de três escrituras, das quais tomei posse como aceitante da parte da mesma Senhora o que tudo constados e traslados que de verbo *ad verbum* em um livro para título da mesma Capela. Tem ornamentos das quatro cores e mais paramentos necessários, e vão por inventário do mesmo livro, e achando-a assim decentemente paramentada, eu a benzi, a vinte e seis de julho, dia da Senhora Santa Ana, neste presente ano, de mil e setecentos e quarenta e cinco, para nela se celebrar o santo sacrifício da missa, tudo na forma do Ritual Romano, e com efeito no mesmo dia se celebrou na dita Capela, missa, para benzer de manhã, tudo em cumprimento do mesmo Ritual e Provisão retro de S. Ex. Revma. e por verdade, e a todo tempo constar passei o presente.
Capela da Conceição Aparecida, 26 de julho de 1745.
ass. Padre José Alves Vilella."[15]

Descrição da Capela

"Entre todos estes templos que temos visto no interior do país, nenhum achamos tão bem colocado, tão poético, e mesmo, permitam-se-nos a expressão, tão artisticamente pitoresco como a solitária Capelinha da milagrosa Senhora da Aparecida" (Augusto Emílio Zaluar, 1860).

"Está situada esta Capela a uma légua pouco menos da Matriz em lugar alto, aprazível e naturalmente alegre. A igreja de taipa de pilão tem o altar-mor com tribuna, em que está

---

[15] I Livro do Tombo da Paróquia de Santo Antônio de Guaratinguetá, folha 13 e verso.

a Imagem da Senhora com dois altares colaterais, todos pintados e o teto da Capela-Mor; é toda forrada e alegre e, por baixo, assoalhada de madeira com Campas: tem coro, dois púlpitos, sacristia com duas vias-sacras, corredores assobradados de ambas as partes com casas por baixo; tem uma torre; a Sacristia pintada; Ornamentos de todas as cores; além da Imagem encontrada no rio Paraíba, havia uma outra de Nossa Senhora da Conceição, maior para ser usada nas procissões; havia também dois mantos preciosos: um de galão e outro de seda com ramos de ouro, ambos com rendas, um de prata e outro de ouro, e duas coroas: uma coroa de prata (peso de libra e meia) e outra perfurada de 22 oitavas."[16]

O altar-mor tinha como fundo o retábulo, que era de madeira com entalhes dourados e dele fazia parte o nicho para a milagrosa imagem já com seu manto. Do pedestal, destacavam-se duas fitas que desciam até o altar e que os romeiros beijavam.

A Capela em taipa de pilão foi construída por escravos, sob as ordens do fazendeiro Capitão Antônio Raposo Leme, genro da doadora de terras Margarida Nunes Rangel. O problema maior durante a construção foi a falta de água no Morro dos Coqueiros; os escravos a transportavam provavelmente do Mato-Dentro, depois bairro dos Machados.

Em 1760, a fachada foi reconstruída, recebendo duas torres, novo altar e retábulo.

Arredores da Capela

O pátio funcionava como pasto para animais de moradores e romeiros e também como cemitério. Alguns foram enterrados dentro da Capela, em suas campas.

A Capela tornou-se cada dia mais visitada por romeiros. Padre José Alves Vilella solicitou, em 3 de agosto de 1745, seis frades da Comunidade de Taubaté para a fundação de um convento

---

[16] "Os ornamentos de todas as cores" e os mais móveis constam do Inventário de 1745 à folha 171 do Livro do Tombo, segundo anotações do Padre José Alves Vilella.

franciscano em Guaratinguetá. Seu pedido foi atendido em 24 de março de 1746.

Ainda no ano de 1746, o padre Vilella prestou informações ao Procurador do Bispado de São Paulo sobre as terras das imediações da Vila de Santo Antônio de Guaratinguetá, especialmente sobre as localizadas às margens do rio Paraíba:

> "Aos 15 de novembro de 1746, em Guaratinguetá, na casa do Ouvidor-Geral e Corregedor Dr. Domingos Luiz da Rocha, compareceu o Procurador da Mitra do Bispado de São Paulo, para ouvir depoimentos de duas testemunhas residentes em Guaratinguetá, Luiz da Silva Porto, de 56 anos, e Padre José Alves Vilella, de 50 anos.
>
> Entre os quesitos a serem respondidos figuram estes:
>
> 1. Qual a última vila, lugar ou freguesia, da capitania de São Paulo pelo litoral?
>
> 2. Qual o nome do sítio costeando o Rio Paraíba para a divisa dos três bispados?
>
> 3. Qual a última vila da capitania de São Paulo?
>
> As respostas dadas por outras tantas testemunhas arroladas por unanimidade afirmaram:
>
> 1. Ubatuba, a última vila do litoral.
>
> 2. Divisa na altura do Rio Paraíba seria o "sítio chamado Aparição".
>
> 3. A última Vila da Capitania Paulista, incluindo a nova freguesia de Nossa Senhora da Piedade (Lorena), era Guaratinguetá".[17]

---

[17] MACHADO, padre João Corrêa. *Aparecida, na história e na literatura*. Campinas, edição do autor, 1983, p. 193.

SALA DAS PROMESSAS

Após várias mudanças,
sempre em um espaço maior,
e hoje novamente está pequena,
e sempre estará pequena!

No início, na capelinha do Itaguaçu, eram deixados pelos romeiros seus ex-votos para "pagar" suas promessas, dependurados nas paredes, como fez João Fernandes de Souza: "Deixo de esmola a Nossa Senhora da Conceição Aparecida, em Itaguaçu, para uma lâmpada votiva de prata, a quantia de 200$00 réis, se ela não a tiver no dia de meu falecimento".[18]

Na Capela do Morro dos Coqueiros, construída pelo Padre José Alves Vilella em 1745, existiu a primeira Sala dos Milagres, ou "Casa dos Milagres"; também ficou conhecida por "Quarto dos Milagres", ao lado da sacristia.

"Provimento da visita na cidade de Guaratinguetá. Dom Antônio Joaquim de Mello, por mercê de Deus e da Santa Sé Apostólica – Bispo de São Paulo – 23 de junho de 1854.

[...] Fomos à Capela de Nossa Senhora Aparecida, visitamos a Casa dos Milagres e achamos muita pintura que não convém, ainda mais as gravadas em papel. Nós proibimos com pena de culpa ao capelão que consinta mais pintura alguma em papel, aceitará as em cera ou madeira..."[19]

"Mulher, tu és tão grande e poderosa,
que aquele que deseja uma graça
e não recorre a Ti verifica a
sua súplica tombar sem asas..."
(Dante, canto XXXIII do Paraíso)

---

[18] Livro da Instituição da Capela de Nossa Senhora da Conceição Aparecida, folha 7.
[19] I Livro do Tombo da Paróquia de Santo Antônio de Guaratinguetá, folha 107, verso.

Sendo impossível escrever sobre todos os milagres, passamos a narrar os escolhidos pelo Frei Dr. Joaquim do Monte Carmello, que foram fixados em telas pelo pintor alemão Thomas Driendl e colocados na cornija da Igreja de Nossa Senhora Aparecida em 1878.

– O milagre da pesca milagrosa (citado anteriormente na p. 26).

– O milagre das velas acesas (também citado anteriormente na p. 30).

– O milagre do escravo Zacarias:

> "Ao passar em Aparecida, tendo avistado a Capela de Nossa Senhora, pediu ao Capitão do Mato que lhe deixasse aportar no intuito de ver a Santa.
>
> Quando pediu clemência a Nossa Senhora Aparecida, por ter fugido de uma fazenda de Curitiba, sendo capturado em Bananal, neste Estado, no ano de 1850, pouco mais ou menos.
>
> Foi atendido – enquanto o escravo estava em oração, foi visto, ali mesmo, cair a corrente, que se encontra na Sala das Promessas.
>
> O fazendeiro de Curitiba, surpreendido ao receber o atestado do tesoureiro da Capela de Aparecida, narrando o acontecido, deixou o escravo para Nossa Senhora, enviando mais dois, um por nome de João Belin, organista da Igreja de Nossa Senhora Aparecida, e sua irmã Lúcia, que assumiu o serviço de passadeira e engomadeira das alfaias, e mais o Marciano, e viveram por muito tempo..."[20]

– O milagre da menina cega de Jaboticabal:

> "Dona Gertrudes, diante dos pedidos de sua filha cega para que a trouxesse à Capela de Aparecida, pois tinha certeza de que Nossa Senhora Aparecida a faria enxergar de novo, colocou-se com sua filha em romaria. Foram quase três meses de caminhada. Ao chegarem na curva do caminho de Itaguaçu, e que por isso hoje se chama Boa Vista, a menina

---

[20] CAMARGO, Professora Conceição Borges Ribeiro. *Separata do Almanaque de Nossa Senhora Aparecida*. 1989.

chamou pela mãe dizendo que estava enxergando a Capela de Nossa Senhora Aparecida".[21]

– O caçador que escapou de uma onça:

"Diante de uma onça feroz, Tiago Terra, não tendo forças nem arma para se defender, na iminência de ser atacado pela fera, deu um forte grito: 'Valha-me, Nossa Senhora Aparecida!'. Foi então que a onça ficou estupefata e tomou um caminho à direita e por ele seguiu, deixando Tiago ileso".

– O milagre do menino Marcelino:

"Antônia Maria de Jesus afirma com sua mãe Angélica Maria de Jesus este milagre:

No porto da Ponte Alta, morava do outro lado do Paraíba uma família, cujo chefe tinha por nome Francisco Gonçalves da Silva, com seus 80 anos. Era meu pai, e eu tinha nessa ocasião 18 anos, e minha mãe, 50 anos. Meu pai passava na canoa para o outro lado com oito pessoas e entre elas um dos meus irmãos, Marcelino S. da Silva, que apenas contava com 10 anos. Faltando dois metros para chegar ao Porto, caiu n'água o meu irmão. Meu pai, confiando na poderosa Virgem da Aparecida, tirou somente o chapéu. Deixando as pessoas no Porto voltou para salvar seu filho que já tinha rodado oito metros. Somente apareciam os cabelos eriçados n'água. Eu e minha mãe estávamos do outro lado e vimos tudo, e de joelhos pedimos com tanto fervor a Nossa Senhora Aparecida que ele não perigasse até que meu pai fosse para salvá-lo. Graças a Nossa Senhora, ouviu os nossos rogos, e meu pai chegou a tempo e o salvou do perigo que o estava esperando. Salvou-o agarrando pelos cabelos, e ele não tinha bebido uma gota sequer d'água. Só ficou um pouco atordoado três dias, mas graças a bondosa Nossa Senhora ele sarou e morreu com 30 anos como casado".[22]

---

[21] *Revista de Aparecida*. Publicação do Santuário Nacional de Aparecida para a Campanha dos Devotos. Aparecida, Gráfica Plural, 2008, p. 12.

[22] I Livro do Tombo da Paróquia de Santo Antônio de Guaratinguetá, folha 80, verso.

Em 1860, Emílio Zaluar, ao visitar a Capela, escreveu: "Afortunados os rudes sertanejos que têm mais fé na intervenção divina do que nos resultados tantas vezes mentirosos da ciência humana".[23]

Frei Dr. Joaquim do Monte Carmello, durante a construção da Igreja em 1886, mudou a sala dos ex-votos para uma tribuna, atrás do altar-mor.

O padre José Wendl, C.Ss.R., em uma de suas crônicas enviadas à Alemanha, escreveu em 1901 sobre a Sala dos Milagres:

> "A Sala dos Milagres mostra-nos o grau de devoção dos brasileiros para com Nossa Senhora Aparecida e quanto são recompensados por Ela. Tem 8x6x6, embora tão alta, não há mais lugar para quadros, fotografias e ex-votos.
>
> [...]
>
> As paredes são cobertas de ex-votos, às vezes sobrepostas, enquanto do forro pendem vestidos de todo feitio e valor. Os brasileiros oferecem não só dinheiro colocado generosamente no cofre [...] mas oferecem à querida Mãe vestes, que só usaram uma vez para visitar a igreja: especialmente muitos vestidos de noiva de bela seda, após o casamento realizado diante do altar de Nossa Senhora; oferecem anéis, correntes de ouro, comprando-os novamente da Mãe de Deus, a fim de as guardarem como lembrança dela. Alguns chegam a estabelecer como condição 'sine qua non' de se casarem em Aparecida [...]".[24]

No ano de 1904, devido à coroação de Nossa Senhora Aparecida, a sala dos ex-votos foi para a tribuna da nave lateral direita, ainda na Basílica Histórica, com entrada pela porta da torre.

Assim escreveu Dom Joaquim Arcoverde em 9 de junho de 1905:

> "Pois daquele tempo (1717) até agora, os fiéis de todas as partes do Brasil, que para lá se dirigem para rezar à Sagrada imagem da bondosa Mãe, nunca se têm afastado daquele sagrado lugar sem verem atendidas suas preces. Pelo que é im-

---

[23] Arquivo da Cúria Metropolitana da Arquidiocese de Aparecida (avulso).

[24] BRUSTOLONI, padre Júlio J., C.Ss.R. *Coletânea de Documentos e Crônicas da Capela de Nossa Senhora Aparecida (1717-1917)*. Aparecida, 1978, p. 101.

possível dizer com que liberalidade e profusão são de graças se digna a SS. Virgem ouvir e cumular a todos. Na verdade são quase incontáveis os milagres que incessantemente aí se dão, como o atestam os numerosos presentes, estandartes, imagens, quadros e ex-votos que, como lembrança, pendem das paredes do Sagrado templo e outras manifestações semelhantes com que as pessoas costumam demonstrar os seus sentimentos de gratidão".[25]

Em 1913, ganhou um novo espaço, ao lado do Convento dos Redentoristas, e ali ficou até 1958, quando o local foi ocupado pela Cúria Metropolitana, sendo transferida para uma grande sala na galeria do Hotel Recreio.

"A Sala dos Milagres que até agora funcionou no primeiro andar da Igreja Nova foi mudada para o antigo lugar dos batizados, ao lado do salão-refeitório dos romeiros", em janeiro de 1975, um espaço ainda maior, no subsolo da Nova Basílica, com a nova denominação "Sala das Promessas".[26]

> *"Ah! se a Imagem*
> *pudesse falar, quantos*
> *milagres da graça*
> *haveria de contar!"*
>
> *Dom Aloísio Lorscheider, 2004*

"Na sala das promessas foram registradas mais de 230 mil graças alcançadas no ano de 2007", conforme dados da *Revista de Aparecida*.[27]

A Sala das Promessas mantém em exposição os objetos (ex-votos) deixados pelos romeiros, como forma de agradecimento a Nossa Senhora Aparecida. As fotografias são inúmeras e estão colocadas no teto da Sala.

---

[25] Arquivo da Cúria Metropolitana da Arquidiocese de Aparecida (avulso).
[26] I Livro do Tombo do Santuário Nacional, folha 41.
[27] *Revista de Aparecida*, ano de 2008, p. 6.

1748
OS JESUÍTAS PREGAM MISSÃO

Chegaram finalmente
à Capela da Virgem Conceição,
que os moradores chamam
"Aparecida"!

Dois missionários jesuítas pregaram a primeira missão aos moradores da Capela da Virgem da Conceição Aparecida, situada na Vila de Guaratinguetá, que os moradores chamam Aparecida.

Os jesuítas iniciaram o beijamento da imagem de Nossa Senhora Aparecida.

Em 15 de janeiro de 1750, o padre Francisco Silveira, do colégio dos jesuítas da Bahia, enviou um relatório da Missão pregada no povoado da Capela em 1748 a seu Superior-Geral em Roma: "Aquela imagem foi moldada em barro, de cor azul escuro, conhecida pelos muitos milagres realizados. Hoje sabemos o nome do escultor da Imagem de Nossa Senhora Aparecida: foi Frei Agostinho de Jesus, nascido no Rio de Janeiro e discípulo do mestre ceramista português, beneditino, Frei Agostinho da Piedade".[28]

"Confirmando as circunstâncias do manuscrito histórico do Padre Vilella e a fama dos extraordinários prodígios operados, dá também testemunho de romarias vindas, já nessa época, de lugares distantes para rezarem ante a Imagem da Senhora e descreve o sucesso das missões aí pregadas: conversões de pecadores afastados há muitos anos dos Santos Sacramentos [...] Refere-se também à generosidade com que os devotos manifestam sua gratidão ao patrocínio de Nossa Senhora, lucrando todos os meses mais de 100 mil réis.

Esse povoado se consumia em acirradas inimizades, que todos, porém, desfizeram reatando publicamente a amizade, após o sermão que houve sobre a concórdia com o próximo." [29]

---

[28] Arquivo da Cúria Metropolitana da Arquidiocese de Aparecida.
[29] Cf. *IBIDEM*.

O Padre José Alves Vilella continuou morando na Vila de Santo Antônio de Guaratinguetá, em suas funções como Vigário da Vara. Até 1749 há notícias de sua presença na capela de sua fazenda dedicada a São José, distante légua e meia da Vila.

Livro da Instituição da Capela

Desde 1749, logo após as Missões pregadas na Capela de Aparecida, em virtude de novas doações de terras para a construção de casas que pudessem acolher os peregrinos, fazia-se mister anotar esta administração em um livro especial, independentemente do Livro do Tombo da Matriz de Guaratinguetá; foi então determinado o "Livro da Instituição da Capela". Traz o seguinte termo de abertura:

> "Este livro há de servir para nele se lançarem as provisões e mais clarezas pertencentes à Capela de Nossa Senhora Aparecida e Inventários de Bens da mesma Senhora: folhas 2 até 39. E da folha 40 até o fim para lançar os termos de aforamentos dos chãos para casas de pessoas particulares que querem fazer casas próprias para os mesmos aforarem terras, sendo feitos com toda a clareza em cada folha e nas costas dela os pagamentos dos anuais, o qual livro vai todo numerado e rubricado por mim com minha rubrica costumada – 'França' – e leva o termo de encerramento.
> Guaratinguetá, 4 de janeiro de 1750.
> João Lopes França, Visitador."[30]

Sobre os bens e alfaias da Senhora Aparecida, consta de um Inventário de 5 de janeiro de 1750 o seguinte:

> "Uma coroa de ouro de filigrama que pesa seis oitavas. Uma dita de prata sobre dourada que pesa vinte e duas oitavas. Um manto de gala encarnado, com ramos de ouro e renda de prata forrado de tafetá carmesin".

---

[30] *IBIDEM.*

"Uma Imagem de Nossa Senhora da Conceição que tem de comprimento perto de dois palmos, a mesma dos milagres que apareceu no rio Paraíba, que é de barro." E mais: "Um dito manto na mesma Senhora, de rendas de carmesin e com ramos de ouro sobre seda branca, doado por Francisco Soares Bernardes, da cidade de Mariana, Minas Gerais".

Nesse mesmo Inventário consta ainda que a imagem tinha pendurada no pescoço, "uma meada de aljôfares que tem a Senhora no pescoço".[31]

---

[31] Brustoloni, padre Júlio J., C.Ss.R. *Coletânea de Documentos e Crônicas da Capela de Nossa Senhora Aparecida (1717-1917)*. Aparecida, 1978, p. 393.

1752
IRMANDADE OU CONFRARIA
DE NOSSA SENHORA APARECIDA

Os romeiros que trazem no peito a devoção
à Senhora Aparecida, agradecem a primeira Irmandade!

Antes da fundação da Irmandade, no ano de 1752, Nossa Senhora Aparecida recebeu mais uma importante doação de terra.

As três doações de terras feitas em 1744 abrangem as áreas do sítio da Ponte Alta, incluindo o Morro dos Coqueiros, o Mato-Dentro e o sertão.

A doação do Morro das Pitas ou Aroeiras, indo para o porto de Itaguaçu, foi efetivada em 1752.

> "Digo eu, Jerônimo Ornelas de Menezes, e minha mulher, Lucrécia Leme Barbosa, que nós somos os verdadeiros senhores de umas terras que partem com as terras que foram do defunto Pedro da Mata Pais e a parte das Pitas com as terras que foram da defunta Lucrécia Leme Barbosa, e parte do Paraíba e suas margens do dito Rio e para a parte de Sertão. E conforme a escritura que no cartório se acha nessa Vila, e as comprei a João de Campos, sogro de João Leal. E por eu ser o verdadeiro senhorio e minha mulher Lucrécia Leme Barbosa, das ditas terras mencionadas acima, de minha própria vontade e da dita minha mulher Lucrécia Leme Barbosa, sem constrangimento de coisa alguma, mas sim de nossa própria vontade as demos a Nossa Senhora Aparecida, com condição que os pobres que estiverem nas ditas terras se não botarão fora, só sim pagarão de foro a Nossa Senhora Aparecida, cada morador que estiver nas ditas terras, dois cruzados para a dita Senhora, sem deste poder levantar, nem mais do que aqui se declara. E quando algum dos ditos moradores sair das ditas terras, não poderá vender as benfeitorias, só sim deixá-las na forma em que estiver, em que achou, para qualquer pobre que nelas quiser estar. Outrossim que não havendo nesta terra Tabelião para se passar esta doação em pública forma, ficamos ambos obrigados, digo, forma, que tenha esta tinta o

mesmo vigor de Escritura Pública, ficando toda obrigação a quem tiver a seu cargo as dependências do (inelegível) mandar lançar a presente e mandar-me o translado em pública forma, para se saber se está conforme e o que nela se contém. E por assim ser eu na verdade, Jerônimo Ornelas de Menezes e minha mulher Lucrécia Leme Barbosa declaramos de hoje para sempre haver feito doação das ditas terras, para que ninguém, nem nossos herdeiros as tornem arrecadar em tempo algum, fazemos copiar na forma acima esta escritura,

Manuel Gonçalves de Mesquita, pedimos assinasse. 17 de abril de 1752.

Manuel Gonçalves de Mesquita, Jerônimo Ornelas de Menezes. José Leite de Oliveira. Miguel Antônio Barbosa. Luiz G. Barbosa."[32]

Conforme o costume daquele tempo, apenas construída a Igreja, constituía-se uma Irmandade leiga para zelar por ela.

Provisão da Ereção da Irmandade, que se junta por certidão

"Dizem os devotos de Nossa Senhora Aparecida da freguesia de Guaratinguetá que, pretendendo eles para maior glória, honra e veneração da Senhora formar uma Irmandade, alcançaram para isso de Sua Excelência Provisão de ereção, a qual, mandando-se para esta vila, sucedeu perder-se, e porque para requerimento que tem se lhes faz preciso uma certidão que conste que com efeito houve à dita Provisão; e no dia, mês e ano em que foi passada, o que tudo há de constar do livro do Registro.

Passa como pedem

para Vossa Revma. se digne mandar que o Rev. escrivão do registro passe a dita Certidão em modo que faça fé.

Félix Martins de Araújo – escrivão do registro geral deste Bispado, pelo Exmo. Senhor Dom Frei Antônio da Madre de Deus, Bispo de São Paulo e do Conselho de S. Majestade Fidelíssima. Certifico que revendo os Livros em que se registram as Provisões no livro n. 4 à f. 86 se acha um assento

---

[32] I Livro do Tombo da Paróquia de Santo Antônio de Guaratinguetá, folhas 76, verso e 77.

do teor seguinte: Aos vinte e oito dias do mês de fevereiro de mil setecentos e cinquenta e dois, pela Câmara Eclesiástica se passou Provisão de Ereção da Irmandade ou Confraria de Nossa Senhora da Conceição Aparecida, cujo teor é o seguinte: Dom Frei Antônio da Madre de Deus Galvão da Santa Sé Apostólica – Bispo de São Paulo e do Conselho de S. Majestade Fidelíssima. Aos que esta nossa Provisão virem, saúde e bênção. Fazemos saber que os devotos de Nossa Senhora da Conceição Aparecida, termo da Vila de Guaratinguetá, a nós apresentaram por sua petição que lhes desejavam erigir uma Irmandade ou Confraria para zelarem dos bens da dita Senhora, e eles darem o culto, honra e veneração devida, pedindo-nos por fim e conclusão de Sua Súplica lhes mandássemos passar Provisão de Ereção da dita Irmandade em Confraria, e atendendo nós a tão justa e piedosa Súplica e a ser ação tão louvável e do serviço de Deus: havemos por bem dar faculdade e conceder licença aos ditos devotos, para que possam erigir e formar a dita Irmandade ou Confraria de Nossa Senhora da Conceição Aparecida, e depois de ereta formarão e ordenarão seu compromisso para o bom regime e direção dos irmãos, o qual nos será apresentado para o aprovarmos.

Dada nesta cidade de São Paulo sob nosso Sinal e Selo, aos vinte e oito de fevereiro de 1752".[33]

Aprovação da Irmandade

"Dom Frei Antônio da Madre de Deus, por mercê de Deus e da Sé Apostólica, bispo de São Paulo e do Conselho de S. Majestade Fidelíssima.

Aos que esta nossa Provisão virem, saúde e bênção: Fazemos saber que os Irmãos da Irmandade de Nossa Senhora Aparecida, ereta da Freguesia de Guaratinguetá, representaram-nos por sua petição terem feito e ordenado seu Compromisso para boa direção e regime da mesma Irmandade, o qual era o que nos apresentavam, pedindo-nos que aprovássemos para sua inviolável observância. E atendendo nós benignamente ao requerimento dos suplicantes, havemos por bem aprovar e confirmar autoridade ordinária o dito Com-

---

[33] I Livro do Tombo da Paróquia de Santo Antônio de Guaratinguetá, folha 98.

promisso que consta de 13 capítulos que se observarão inviolavelmente e se lhe não acrescentará, nem diminuirá coisa alguma sem nossa licença, e esta mesma impetrarão para o ministério de Ermitão.

Dada nesta cidade de São Paulo aos 25 de maio de 1756. Frei Antônio. Bispo de São Paulo."

Síntese dos 13 capítulos da Irmandade

"Primeiro: Diretoria e eleição.

Os oficiais desta Irmandade serão Juiz, Escrivão, Tesoureiro, Procurador e o Presidente da Mesa que será o Vigário da Freguesia.

Segundo: Juramento.

Os irmãos eleitos exercerão suas ocupações com zelo do serviço e honra da Mãe de Deus. Juntos os oficiais novos e velhos receberão e prestarão contas pelo Livro de Receita e Despesa.

Terceiro: Contribuição para Festa.

Serão obrigados o Juiz e demais oficiais a contribuir do seu para a Festa da Senhora no seu próprio dia, aos 8 de dezembro. E querendo o Juiz exceder no gasto da Festa sem consentimento dos mais oficiais, ou qualquer outro dos oficiais, o excesso da Festa pagará quem o requerer.

Quarto: Admissão e anuidade.

Quem for admitido terá seu nome no livro competente que assinará e dará a esmola de 320 réis. Cada Irmão ficará obrigado a pagar esta anuidade de 160 réis quinze dias antes da Festa. Se algum Irmão quiser livrar-se de pagar todos os anos, aceitar-se-lhe-ão 2.500 réis, os quais a juros tanto rendem. Se alguém cair em pobreza tal que não possa pagar os anuais poderá a mesa dispensá-los. Se tiver solvidos os anuais com prontidão ou feito algum benefício à Irmandade, esta poderá assisti-lo com esmolas.

Quinto: Expulsão.

Deixando de pagar as anuidades ou se viver com escândalo, serão expulsos.

Sexto: Sufrágio aos mortos.

Pelos irmãos vivos e defuntos se dirá todos os anos uma capela de missas e pelos falecidos se dirão cinco missas e cada irmão rezará um terço e sendo eclesiástico um noturno dos defuntos.

Sétimo: Insígnia da Irmandade.

Os Irmãos vestirão Opas brancas e com elas assistirão às funções e acompanharão os Irmãos defuntos em duas alas, e o Irmão que faltar sem motivo será condenado a pagar dois vinténs à Irmandade.

Oitavo: Irmão andador e ermitão.

A Mesa elegerá um Irmão para Andador, o qual não pagará o seu anual e terá obrigação de avisar os Irmãos para se fazer a Mesa da Reunião e para outras funções.

A Capela terá um homem ou Ermitão, aprovado pelo Vigário, que terá o cuidado da limpeza da Capela e os mais pertencentes à Igreja e será pago conforme o seu merecimento.

Nono: Os livros da Irmandade.

A Irmandade terá três livros rubricados: no primeiro se assentarão os nomes dos Irmãos com seus anuais. Um segundo para receita e despesa. No terceiro os termos e eleições com os Inventários dos bens móveis e de raiz.

Décimo: O cofre da Capela.

O cofre terá três chaves em poder do Vigário, do Juiz e do Tesoureiro. Aberto o cofre, o dinheiro será registrado no livro com data. Esse dinheiro será usado nas obras principiadas da Senhora, tudo decidido em Mesa com a presença do Vigário. O Juiz só poderá fazer alguma coisa sem a mesa até dez mil réis.

Décimo primeiro: Reforma dos Compromissos.

Para o bom regime da Irmandade, aumento dela e fervor, poderá a Mesa determinar o que for conveniente, e os irmãos serão obrigados a essas determinações feita pela Mesa e presidida pelo Vigário.

Décimo segundo: Enterros.

Os Irmãos serão obrigados a acompanhar os irmãos defuntos com luzes, guiarão a cruz e vestidos de suas Opas brancas. Se alguém que não for irmão quiser ser acompanhado pela Irmandade dará de esmola dois mil réis. O Irmão que desejar ser enterrado na Capela da Senhora, pagará somente a metade da esmola.

Décimo terceiro: Atribuições dos Oficiais.

Ao Juiz, como principal cabeça, compete o maior zelo e cuidado da Irmandade.

O Escrivão, em falta do Juiz, faz as suas vezes.

O Tesoureiro conservará os bens da Irmandade, arrecadando esmolas, tratando das cobranças, registrando tudo para prestar contas.

O Procurador cuidará que os Irmãos não faltem às suas obrigações. O Juiz, o Escrivão, o Tesoureiro e o Procurador farão ou darão no seu ano de gerência alguma esmola à Senhora, conforme a sua devoção, dirigindo tudo para a glória e honra de Deus e de sua Santíssima Mãe."[34]

A Irmandade elegeu sua Mesa até o ano de 1809, mas não mais administrou os bens da Capela, quando passou para o poder civil em 1805.

A Mesa Administrativa da Irmandade tinha sob sua guarda as terras doadas a Nossa Senhora Aparecida e todos os bens inventariados no Livro do Tombo e no Livro da Instituição da Capela.

---

[34] Brustoloni, padre Júlio J., C.Ss.R. *Coletânea de Documentos e Crônicas da Capela de Nossa Senhora Aparecida (1717-1917)*. Aparecida, 1978, p. 67 a 73.

1761
OS ROMEIROS DORMEM DENTRO DA CAPELA

O momento mais sagrado,
o encontro entre o filho e a Mãe Aparecida!

Após o milagre do encontro nas águas do rio Paraíba do Sul e entre muitos milagres e acontecimentos, creio que um seja de expressivo significado: "os romeiros dormem dentro da capela". Voltamos ao ano de 1761: os romeiros, após tirarem a Imagem de Nossa Senhora da Conceição Aparecida de seu Camarim, com fé, com a humildade de quem quer ter a sua mãe em seus braços, e a Mãe Maior Aparecida ali estava, no momento mais sagrado do encontro, entre o filho e a mãe!

No I Livro do Tombo da Paróquia de Guaratinguetá encontra-se o termo de visita pastoral, à folha 5:

"No ano de 1761 Luiz Teixeira Leytão, comissário do Santo Ofício, Cônego da Catedral de São Paulo e Visitador ordinário das Igrejas da Comarca de Guaratinguetá e outras mais deste Bispado, pelo Dom Frei Antônio da Madre de Deus, Bispo de São Paulo e do Conselho de S. Majestade Fidelíssima, fez a visita pastoral na paróquia de Guaratinguetá e lavrou no fim um termo que tem a data de 22 de agosto de 1761. Neste termo há o seguinte trecho referente a Aparecida:

Visita Pastoral na Capela

Da mesma sorte fui informado que algumas pessoas a quem se tem encarregado o cuidado e zelo da Imagem de Nossa Senhora Aparecida, preocupados da sua cegueira, permitem que os romeiros durmam e habitem nos corredores da mesma Capela, de que resulta muitas vezes entrarem no Camarim em que está a Senhora e do Trono a tiram e trazem nas mãos (sem reverência) a Imagem da Senhora, e estas se devam evitar para atalhar maiores irreverências; portanto, ordeno e mando que daqui em diante pessoa alguma, de qualquer condição que seja, não consinta que sem o beneplácito do R. Vigário desta Igreja Matriz se continue no referido, sob pena de excomunhão maior esse fato; e havendo-se de dar a oscular a mesma soberana Imagem será com decência devida, tendo primeiro luzes ou velas acesas, estando o sacerdote de sobrepeliz e estola; incensando primeiro a Imagem e fazendo as mais cerimônias em semelhantes atos, para o que o mesmo R. Pároco terá em sua mão a chave da porta do Camarim ou tribuna, e assim o cumprirá logo sob pena de obediência e de lhe dar conta na futura visita".

No mesmo ano, são dadas normas para o beijamento da Imagem. O vigário incensa-a e segura-a com duas velas acesas, enquanto os devotos a beijam.

As primeiras casas para romeiros foram construídas ao redor do pátio fronteiriço, para impedir a prática de dormir dentro da capela, e no caminho da ladeira voltado para o rio Paraíba do Sul.

No Livro de Instituição da Capela, o sr. Miguel Martins de Araújo pagava aforamento de casa que tinha construído no caminho da ladeira.

1762
FREI ANTÔNIO DE SANT'ANNA GALVÃO

"Foi um dos mais extraordinários devotos da Senhora Aparecida, seu conterrâneo, além de tudo nascido a tão escassos quilômetros de sua pequenina Vila de Santo Antônio de Guaratinguetá, à curta distância de seu lar paterno."
Affonso de E. Taunay

Pelo ano de 1739, nasceu na Vila de Santo Antônio de Guaratinguetá o menino Antônio Galvão de França, filho do Capitão-mor Antônio Galvão de França e de Dona Isabel Leite de Barros, sendo sobrinho materno do capitão José Corrêa Leite, rico fazendeiro, proprietário do porto onde os pescadores iniciaram a pesca em 1717.

Aos 13 anos foi estudar no Seminário de Belém, na cidade de Cachoeira, na Bahia. Como o seminário fechou, aos 18 anos retornou para Guaratinguetá. Em seguida foi para o Convento Franciscano de São Boaventura de Macacu, na cidade de Itaboraí-RJ. Como lembrança de suas orações em família à imagem de Sant'Anna, em sua homenagem, passou a se chamar Antônio de Sant'Anna Galvão.

No ano de 1762, na cidade do Rio de Janeiro, Frei Antônio de Sant'Anna Galvão ordenou-se sacerdote, quando fez o juramento de defender que "a Virgem Maria Nossa Senhora foi concebida sem o pecado original e dele preservada pelos merecimentos de Nosso Senhor Jesus Cristo, seu Santíssimo Filho".

Fundou em São Paulo o Mosteiro de Nossa Senhora da Conceição da Luz, e Dom Frei Francisco Manoel da Ressurreição deu a bênção de sua inauguração.

Faleceu em 23 de dezembro de 1822, na cidade de São Paulo.

Foi beatificado no dia 25 de outubro de 1998 pelo Papa João Paulo II, dele recebendo os títulos de "Homem da Paz e da Caridade" e de "Patrono da Construção Civil do Brasil". Esse dia passou a ser comemorado em louvor a Frei Galvão. Foi canonizado pelo Papa Bento XVI no dia 11 de maio de 2007, tornando-se o primeiro santo brasileiro, em solene cerimônia realizada no Campo de Marte, em São Paulo, diante de milhares de pessoas: "Declaramos e definimos como santo o beato Antônio de Sant'Anna Galvão e o inscrevemos na lista dos santos. E estabelecemos que em toda a igreja ele seja devotamente honrado entre os santos", Papa Bento XVI.

1768
VISITA FORÂNEA

No I Livro do Tombo da Matriz de Guaratinguetá, folha 12, encontra-se longa referência desta visita.

"Gaspar de Souza Leal, cura da Santa Sé Catedral da cidade de São Paulo, formado nos sagrados cânones, Promotor e Procurador da Mitra deste Bispado e Visitador ordinário das Freguesias de serra acima e de toda a comarca de Guaratinguetá pelo Revmo. Sr. Dr. Vigário Capitular, sede vacante etc., visitou aos seis de novembro deste corrente ano de 1768, pessoalmente, a paróquia de Santo Antônio de Guaratinguetá em presença do pároco dela o Revmo. Manuel Esteves Correia. No fim desta visita lançou entre outros um capítulo referente à Capela de Aparecida, como segue:

O Juiz e mais irmãos da Mesa de Nossa Senhora Aparecida logo mandarão pintar o teto do corpo da igreja e compor ou retocar a pintura do teto da Capela, onde estiver danificado: e porque o trono do Camarim está improporcionado e sem regra alguma mandarão fazer risco por pessoa inteligente e lançar fora o trono velho e fazê-lo de novo de sorte que a mesma banqueta fique no mesmo lugar onde está a velha e daí se vão, seguindo as mais conforme pedir risco até chegar em cima à última banqueta a ficar recuada para trás três palmos, para o que tem lugar suficiente o camarim advertido que pode servir o mesmo trono em que está a Senhora e depois de completa esta obra por-lhe o último fim com pintura competente, o que tudo se fará pelos réditos da Senhora. Advirto ao irmão tesoureiro que de mês em mês ponha os ornamentos a tomar ar fora dos caixões e na casula da gola se lhe introduzir por dentro um pano branco para não chegar o ouro um a outro, isto para evitar em todos os ornamentos o mofo com que os achei na visita que fiz na capela.

Guaratinguetá, 1 de dezembro de 1768.

Visitador Gaspar de Souza Leal."

1770, 1773 E 1782
VISITAS PASTORAIS

"Para que todos tenham vida
e a tenham plenamente."
João 10,10

Policarpo Abreu Nogueira, Presbítero do hábito de São Pedro, Visitador ordinário das freguesias do Norte e Comarcas de Guaratinguetá e Mogi Mirim pelo Revmo. Sr. Dr. Mateus Lourenço de Carvalho, Vigário Capitular durante a sede vacante da cidade de São Paulo etc., visitou aos 20 de novembro de 1770, pessoalmente, a Igreja da Vila de Santo Antônio de Guaratinguetá, na presença de seu pároco, Antônio José de Abreu.

A respeito da Capela de Aparecida, na data de 4 de dezembro de 1770, encontra-se o seguinte:

> "O tesoureiro da Capela de Nossa Senhora Aparecida disporá dos cordões grossos de ouro dados à Senhora por não serem trastes por sua grossura que hajam de servir para conserto da imagem da mesma Senhora e tudo o mais que o DD. Vigário da Vara e Igreja virem ser do necessário e supérfluo e do sempre cedido ou de outro qualquer; depois de inteirado os quatro mil cruzados comprará um cálice de prata todo dourado e de bom feitio para as ocasiões e festas de maior rito, como também um frontal rico para as ocasiões que se usar da casula rica e também um véu ou coisa semelhante para as mesmas ocasiões e porá também todo o cuidado na cobrança das dívidas para se fazer a obra do camarim ordenado na visita pastoral".[35]

> "Firmino Dias Xavier, Presbítero do hábito de São Pedro, Visitador ordinário do Bispado de São Paulo pelo Ilustríssimo e Revmo. Sr. Dr. Antônio de Toledo Lara, cônego da Sé Catedral, comissário da Bula da santa cruzada e Governador do Bispado.

---

[35] I Livro do Tombo da Paróquia de Santo Antônio de Guaratinguetá, folhas 14, verso e 15.

Faço saber que, aos vinte de maio de 1773 anos, visitei pessoalmente a Igreja Matriz de Santo Antônio de Guaratinguetá em presença do Revmo. Pároco Antônio Antunes de Campos etc.

A respeito da Capela disse:

Vendo que ainda não haviam terminado as obras do Trono onde estava o nicho de Nossa Senhora, obras exigidas desde a primeira visita, a respeito da Capela de Aparecida determina com firmeza:

Mando que acabem as obras da Capela de Nossa Senhora Aparecida e como não chegam as esmolas que tirou o Ermitão da Capela, ordeno que se acabem as obras ditas com o dinheiro do Cofre ou da Irmandade; e para isto se concluir melhor, mando que se não dê do Cofre dinheiro a juros e desta mesma determinação dará dentro de um mês o Revmo. Vigário conta ao Ilmo. Revmo. Dr. Governador do Bispado.

Desta sorte e por findos estes capítulos que os leia ao Revmo. Vigário em um dia festivo à estação da missa conventual.

Guaratinguetá, 4 de junho de 1773.

Firmino Dias Xavier."[36]

O Livro do Tombo de Guaratinguetá, folha 21, registra a visita Pastoral de Dom Frei Francisco Manoel da Ressurreição, de 1782: "Exortamos ao Revdo. Vigário que explique aos fregueses os mistérios de nossa sagrada religião e fará com eles atos de fé, esperança e caridade, principalmente aos domingos e dias santificados".

Nessa época era costume levar a Imagem de Nossa Senhora Aparecida à Igreja de Santo Antônio, na Vila de Guaratinguetá, no período das secas, intercedendo por chuvas.

Desde a inauguração da Capela em 1745, os registros do "Livro de Óbitos", 1787, à folha 44, da Igreja de Santo Antônio fazem referências importantes sobre o "bairro da Capela", ou "sepultado na Capela de Aparecida". Registro alguns exemplos:

---

[36] I Livro do Tombo da Paróquia de Santo Antônio de Guaratinguetá, folha 22 e verso.

"Aos 15 de janeiro de 1782 eu fiz nesta Vila o assentamento de óbito da falecida Mariana, exposta em casa de Gaspar de Bastos Antunes, enterrada com licença minha na Capela de Aparecida e nela recomendada pelo Rev. Capelão dela, Roque Gonçalves Cunha: foi amortalhada em pano branco. O Coadjutor: João da Costa Portela".

Na página 79 do Livro de Óbitos da Capela de Aparecida encontra-se o óbito de Potência Leite, falecida em 12 de janeiro de 1790, solteira e muita rica, filha de Pascoal Leite de Miranda e de Izabel de Barros. Em forma de testamento redigiu a doação de seus bens; lembrava expressamente seu direito adquirido: "Meu corpo será sepultado na Capela de Nossa Senhora Aparecida; e deixava ofertas pedindo destiná-las à celebração de missas, na mesma Capela, em sufrágio de sua alma".

O Livro de Óbitos também registra, aos 16 de setembro de 1794, "Irmão José; o registro de sua morte, o seu testamento e solene enterro por ser ele o mui afamado Ermitão da Capela da Senhora Aparecida". Ermitão, segundo a Irmandade de Nossa Senhora Aparecida, era aprovado pelo Vigário, cuidava da limpeza da Capela e os mais pertencentes à Igreja e pago conforme seu merecimento.

E assim a devoção a Nossa Senhora Aparecida foi crescendo...

SEGUNDA PARTE

APARECIDA ANTIGA
1803 A 1898

" *A vós me dirijo, filhos daquele Santíssimo Doutor da Igreja,*
amante como poucos de Maria Imaculada,
cujo nome trazia sempre nos lábios e no coração,
a qual nunca se cansou de louvar com ardor seráfico em seus
escritos,
vós, repito sequazes e filhos de Affonso de Ligório e insignes
imitadores de tão ilustre pai e fundador.
Como são doces e suaves os louvores de Maria
proferidos por vossos lábios nas vossas prédicas!
Como são agradáveis as considerações sobre Maria Santíssima
que fazeis nos vossos comentários!"[1]

Dom Joaquim Arcoverde, 8 de setembro de 1904

---

[1] Leia na íntegra na p. 173.

1803
LUGAR PIO

*"Daqueles reis que foram
dilatando a fé, o império..."*
Luiz Vaz de Camões

Tão importante era a Capela de Aparecida, já no início do século XIX, que mesmo em sua condição de simples 'capela rural' sem ser 'Igreja Matriz', sua fama chegou à Corte de Lisboa e mereceu a consideração oficial de 'Lugar Pio'. Foi assim declarada pelo decreto de Dom João, ainda em Portugal, aos 24 de maio de 1803, decreto que, por motivos óbvios do tempo e distância para as correspondências ultramarinas, somente teve execução em 1809, após a chegada da Família Real ao Brasil.

"[...] Em 6 de fevereiro de 1818, D. João VI, então no Brasil, criou a Ordem Militar da Conceição, em memória – lê-se no decreto real – [...] da devoção que consagro a Nossa Senhora da Conceição, Invocada por Padroeira destes Reinos pelo Senhor Rei Dom João IV, meu Predecessor e Avô."[2]

---

[2] Arquivo da Cúria Metropolitana da Arquidiocese de Aparecida (avulso).

1817 A 1860
VIAJANTES EUROPEUS VISITAM A CAPELA

E os europeus chegaram, escreveram, desenharam
Nossa Senhora Aparecida.
O que realmente sentiram não foi possível
escrever nem mesmo desenhar.

Dois ilustres viajantes europeus, o Doutor Johann Baptist von Spix, zoólogo, e o Doutor Karl Friedrich Philipp von Martius, célebre botânico, ambos professores da Academia de Munique, capital da Baviera, Alemanha, passando por Guaratinguetá e Aparecida nos dias 24 e 25 de dezembro de 1817, hospedaram-se na residência do capitão-mor Jerônimo Francisco Guimarães, situada no largo da Capela de Nossa Senhora Aparecida, e deixaram-nos a seguinte impressão, às folhas 62 e verso do I Livro do Tombo da Paróquia de Santo Antônio de Guaratinguetá:

"Após uma légua de Guaratinguetá, está situado o Sítio das Romarias de Nossa Senhora Aparecida, cuja capela situa-se num outeiro, cercada de algumas casas. Trouxemos então ao capitão-mor de Guaratinguetá, que aqui mora, algumas cartas do Revmo. Ele nos recebeu com verdadeiras mostras de alegria e hospedou-nos do melhor modo que pôde. A cordialidade em receber um estrangeiro, a pressa que todos têm em servi-lo causam uma boa impressão ao viajante europeu.

Habituados no estrangeiro a tudo comprar, o que de outro modo não é facultado, julgávamos aqui estar transportados à patriarcal hospedagem oriental de outros tempos, quando o nome do hóspede impunha direitos a tal recepção e o incômodo ocasionado à tranquilidade da família era mais desculpado.

Antes de tudo foi nos mostrado a capela, que já consta para mais de 70 anos (uma data bem respeitável nessa terra) e é construída de pedra somente em parte, dourada e adornada no interior de alguns afrescos e quadros a óleo. A milagrosa Imagem atrai muitíssimos romeiros de toda a província, principalmente de Minas Gerais. Tais romeiros encontramos muitas vezes no caminho, principalmente na véspera de Natal. Aqui não só os homens trazem atrás de si a mulher (na garupa) sobre a sela. O traje dessa gente está em perfeita conformidade com os costumes do lugar [...].

Todos os que passavam por nós, montados em bestas, mostravam-se excelentes cavaleiros, sobretudo pela pressa com que procuravam fugir à trovoada que ameaçava de todos os lados. [...]

No dia de Natal seguimos viagem para Pindamonhangaba, cinco léguas distante de Guaratinguetá [...]".

Aquarela da Capela de Aparecida no século XVIII, desenho de Thomas Ender.
Arquivo da Cúria Metropolitana da Arquidiocese de Aparecida.

Nesse período, de 1817 a 1818, o pintor austríaco Thomas Ender acompanhou a Missão Científica de Karl Friedrich e Johann Baptist, em uma "Viagem pelo Brasil", patrocinada pelo príncipe austríaco Klemens Wenzel von Metternich, e percorreu a região, fazendo o seguinte relato:

"Logo ao pé de Guará chegaram ao arraial de Aparecida, num outeiro dominado pela importante igreja do mesmo nome, parcialmente construída de pedra no último quartel do século 18.

A fama da milagrosa imagem exposta no altar-mor atraía de longe romeiros, principalmente de Minas, a viajar, segundo velhíssimo hábito, o marido trepado no burro e a mulher na garupa, segurando os trastes do casal".[3]

No "Diário de Viagem" do pintor francês Arnaud Julien Pallière, nos últimos dias de julho de 1821, encontramos: "Partimos na mesma tarde, quarta-feira, e paramos em Nossa Senhora d'Apparecida, a pouca distância de Guaratinguetá..." e desenhou a fachada da Capela de Nossa Senhora Aparecida.

O botânico francês Auguste de Saint Hilaire passou pela Capela de Aparecida e fez a seguinte descrição:

"Campos de Inhá Moça, 24 de março de 1822.

Passamos a noite num rancho situado à extremidade da Vila e dependente de uma venda vizinha.

A região que atravessamos, entre Guaratinguetá e Aparecida, é muito risonha. À esquerda ficam colinas, à direita a estrada domina terrenos baixos e úmidos, no meio dos quais serpeia o Paraíba. A uma légua apenas de Guaratinguetá, passamos diante da Capela de Nossa Senhora Aparecida.

A imagem, que ali se venera, passa por milagrosa e goza de grande reputação, não só na região, como nas partes mais longínquas do Brasil.

Aqui vem ter gente, dizem, de Minas Gerais, Goiás e Bahia, cumprir promessas feitas a Nossa Senhora da Aparecida. A igreja está construída no alto de uma colina, à extremidade de uma grande praça quadrada e rodeada de casas. Tem duas torres que fazem de campanário, mas seu interior nada apresenta de notável. O que o é realmente vem a ser a vista encantadora desfrutada do alto da colina.

Descortina-se a região alegre, coberta de mata pouco elevada; o Paraíba ali descreve elegantes sinuosidades, e o horizonte é limitado pela alta cordilheira da Mantiqueira. A cerca de duas léguas de Nossa Senhora Aparecida, encontra-se à beira do caminho, uma capelinha chamada Capela do Rosário [...] O caminho desde Guaratinguetá aqui é verdadeiramente magnífico e a região tão plana que se viajaria, sem dificuldade, numa berlinda [...].

---

[3] Arquivo da Cúria Metropolitana da Arquidiocese de Aparecida (avulso).

No dia 20 de abril passei novamente pela Capela de Aparecida. Subi o morro onde está construída a igreja de Nossa Senhora Aparecida e ali novamente gozei da deliciosa vista que já descrevi. Fui ver o capitão-mor da vila de Guaratinguetá, que mora perto da igreja de Nossa Senhora. Encontrei o capitão-mor compenetrado nas mesmas ideias políticas que os demais habitantes da região. Fala com respeito e simpatia do Rei e do Príncipe e mostra-se muito pouco amigo das mudanças de regime. Enquanto eu o visitava, meus burros de carga seguiam sempre".[4]

Aparecida em 1827, arquivo da Cúria Metropolitana da Arquidiocese de Aparecida.

O francês Jean Baptiste Debret, em 1827, numa visita à Capela, deixou-nos uma aquarela retratando a devoção das famílias a Nossa Senhora Aparecida.

Augusto Emílio Zaluar, formado em Medicina, em Portugal, poeta e escritor português residente no Rio de Janeiro, visitou a Igreja no mês de junho de 1860 e fez esta constatação:

> "Entre todos estes templos que temos visto no interior do país, nenhum achamos tão bem colocado, tão poético e mesmo, permitam-se-nos a expressão, tão artisticamente pitoresco como a solitária Capelinha da milagrosa Senhora da Aparecida, situada a pouco mais de meia légua adiante da cidade de Guaratinguetá, na direção de São Paulo.

---

[4] SAINT HILAIRE, Auguste de. *Segunda Viagem do Rio de Janeiro a Minas Gerais e a São Paulo (1822)*. São Paulo, Companhia Editora Nacional, 1932, p. 148 e 149.

A sua singela e graciosa arquitetura está de acordo com a majestosa natureza que a rodeia e com a montanha que lhe serve de pedestal, e domina, moldurando em um horizonte infinito um dos panoramas mais arrebatadores que temos contemplado em nossas digressões. [...]

A fama da milagrosa Virgem espalhou-se por tal forma e chegou a tão longínquas paragens, que dos sertões de Minas, dos confins de Cuiabá e do extremo do Rio Grande vem todos os anos piedosas romarias cumprir as religiosas promessas que nas suas enfermidades ou desgraças fizeram àquela Senhora, se lhes salvasse a vida ou lhes desse conforto nas tribulações do mundo.

As paredes da Capela quase que não têm já lugar para as figuras de cera, troncos, cabeças, braços, pernas e mãos de todos os tamanhos e feitios que se veem simultaneamente pendurados ao lado de numerosos painéis.

Numerosas e mesmo avultadas são as esmolas que todos os anos entram nos cofres da bem-aventurada Senhora. As muitas curas que tem operado nos enfermos do mal de S. Lázaro, que tanto abundam neste ponto da província de São Paulo e na de Minas, estendendo-se mesmo às outras que lhe são limítrofes, são o incentivo à maior parte das romarias que o povo faz a este templo solitário e à protetora Imagem da Senhora Aparecida, que refulge no altar-mor, adornada com um precioso manto de veludo azul, ricamente bordado de ouro, parece sorrir a todos os infelizes que a invocam, e a quem jamais negou consolação e esperança".[5]

---

[5] ZALUAR, Emílio Augusto. *Peregrinação pela Província de São Paulo (1860-1861)*. São Paulo, Livraria Martins Editora, p. 86, 87 e 88.

1822
NOSSA SENHORA APARECIDA EM GUARATINGUETÁ E A VISITA DE DOM PEDRO

Como foi citado na página 63, era costume levar a Imagem de Nossa Senhora Aparecida à Vila de Santo Antônio de Guaratinguetá, também sob o pretexto do mau estado da Capela. A festa de Nossa Senhora Aparecida celebrava-se primeiro em Guaratinguetá, no mês de outubro ou novembro, e depois na sua Capela. Mas no ano de 1822 a situação da seca se agravou.

"Desde há muito havia o costume, se as águas escasseavam e advinham grandes secas, ia o povo de Guaratinguetá buscar a Sagrada Imagem e levá-la a essa cidade. Iam em procissão fluvial, pedindo chuvas. A Virgem atendia e as chuvas vinham abundantes.

Essas saídas da Imagem faziam-se com desgosto do povo local e provocava desavença, até que as autoridades diocesanas proibiram esses atos.

Há cartas do Padre Silvano Fortunato Pinna, Capelão de Aparecida, ao Juiz da Comarca levantando a questão, em 1822, e reclamando providências.

Ao Ilmo. Sr. Provedor

Bernardo Pereira de Vasconcelos.

Consta-me toda certeza que o Vigário publicou hoje na Matriz de Guaratinguetá que amanhã devem conduzir a Senhora Aparecida para aquela Vila, a requerimento do povo, a fim de se fazer preces e aplacar semelhante seca, e como vejo que é contrário ao provimento de V. S., o qual diz que jamais levasse a Santa Imagem da dita Senhora para fora de sua Capela e que, quando haja necessidade, se façam preces aqui mesmo, estou perplexo sem saber o que hei de fazer, por cujo motivo vou buscar as ordens de V. S. para observá-las retamente.

Também ouço dizer que quando eu não entregar a chave que ficarei suspenso, e a Igreja interditada. Enfim, meu Senhor, estou muito triste! Estimo a saúde de V.Sa. que Deus guarde por muitos anos.

Padre Silvano Fortunato de Pinna, 13 de janeiro de 1822."

Em carta de 24 de janeiro de 1822, o Padre Silvano, Capelão de Aparecida, reclamou providências ao Juiz de Guaratinguetá:

> "Todos os romeiros, que aqui chegam, ficam descontentes por não verem a Senhora na sua Capela [...].
> Ilmo. Sr. Provedor
> Bernardo Pereira de Vasconcelos.
> Muito meu Senhor. Dou parte a V. S. que há onze ou doze dias aqui levaram Nossa Senhora Aparecida para a Vila depois de fazermos ver ao Vigário e povo que vieram buscá-la o provimento que tínhamos de V. S., nada foi bastante, e já vinham dispostos a levar a Senhora, e caso não se entregassem as chaves, arrombar as portas e tirar a Santa, o que em visita contarei a V. S. o acontecido. Sabendo na véspera que vinham buscar a Senhora, imediatamente escrevi a V. S. para saber como havia me haver: porém fui tão infeliz que o portador não achou a V. S. em Lorena por ter ido para Cunha. Ora, meu Senhor, tudo isto me tem agonizado de tal forma que aqui vivo triste demais, acompanhado de mil moléstias que já me desacorçoa, principalmente sabendo e agora que Nossa Senhora não vinha tão cedo! V. S. queira dar alguma providência sobre isso que está aqui uma tapera e todos os romeiros que aqui chegam vão descontentes por não verem a Senhora na sua Capela.
> Estimo saúde de V. S.
> 26 de janeiro de 1822,
> Padre Silvano Fortunato de Pinna".[6]

Como o Vigário de Guaratinguetá, Padre Manuel da Costa Pinto, porém, não atendeu ao pedido nem à intimação judicial, o Juiz Provedor, Dr. Bernardo Pereira de Vasconcelos, dirigiu-se em ofício ao Governo Imperial, pedindo intervenção. Expondo o caso textualmente, escreve: "Lembrando-me de que era meu dever zelar por aquela Capela como Nacional [...] provi, nas contas tomadas no corrente ano de 1822, que não trouxessem mais para a Matriz a Imagem da Senhora, sendo mais decente que na sua Capela se fizessem as orações..."[7]

---

[6] Arquivo da Cúria Metropolitana da Arquidiocese de Aparecida (avulso).
[7] *IBIDEM.*

Quanto à ida da Imagem que saía da Capela para a Igreja Matriz de Guaratinguetá, em 26 de julho de 1825 veio a resposta do Imperador:

> "Nenhum poder nem jurisdição tem o provedor nos atos religiosos e processionais, por serem estes da privativa competência dos Prelados e Juízes Eclesiásticos [...] não pode proibir que venha para a Matriz nas ocasiões acostumadas, assim como não pode nem deve se intrometer na vinda da Senhora para a Matriz, nas ocasiões em que o Prelado ou Juiz Eclesiástico determinar, por assim julgar conveniente ao bem do povo".[8]

O jornal "O Parayba", edição de 31/08/1873, traz a seguinte matéria: "Romaria à Capela de Nossa Senhora Aparecida para pedir proteção na seca".

> "Torna-se já bastante sensível à lavoura a falta de chuva, para regar a terra, algumas pessoas requererão vocalmente, para ir-se buscar a milagrosa Imagem de Nossa Senhora Aparecida, como é costume em casos idênticos: Porém considerando que não devemos lançar mão desse meio, se não em casos extraordinários e desesperados. Achei mais conveniente o alvitre de fazer-se uma romaria à Capela da mesma Senhora e ali implorar sua proteção, fazendo-se um tríduo de preces, com o Santíssimo Sacramento exposto, cantando-se a ladainha dos Santos e a antífona Tota Pulchra e bênção final; para cujo fim designo os dias 6, 7 e 8 do próximo mês de setembro; e começarão as Preces às 4 horas da tarde dos referidos dias. Vamos, ó fiéis, vamos à Capela da Conceição Aparecida, vamos aos pés do trono das misericórdias."[9]

---

[8] Arquivo da Cúria Metropolitana da Arquidiocese de Aparecida (avulso).
[9] *IBIDEM.*

As últimas saídas da Imagem para a Matriz aconteceram nos meses de janeiro e outubro de 1889. Neste último, quando a Imagem voltou para sua Capela, houve festa nos dias 14, 15 e 16 de outubro, com enfeites e arcos de triunfo nas ruas, banda de música e fogos de artifício.

Nossa Senhora Aparecida recebe a visita do Príncipe Regente Dom Pedro

Como os romeiros,
o príncipe Dom Pedro também
se ajoelhou para rezar
aos pés de Nossa Senhora Aparecida.

No mesmo ano, no mês de agosto, provavelmente dia 20, a caravana que acompanhava Dom Pedro, ao chegar a Aparecida, já em número de doze os integrantes e todos a cavalo, tornou-se mais fácil sua hospedagem fora da Vila, num sítio ou fazenda, como vinha acontecendo em todos os povoados da excursão. E o afamado Sítio das Romarias, a pouca distância do centro da Vila, oferecia melhores recursos para todos. E, segundo cronista da Corte, foi hóspede do capitão-mor de Guaratinguetá, que era ainda o mesmo Jerônimo Francisco Guimarães, cuja residência situava-se ao lado da Capela de Aparecida. A Câmara de Guaratinguetá determinou "preparar as testadas de suas casas e pôr luminárias na noite em aqui pernoitar..." Comprova-se, enfim, a visita de Dom Pedro à Capela de Aparecida pelo exame e estudo de documentos inéditos (manuscritos e cópias) que se encontram na Arquidiocese de Aparecida, no ano de 1822, e também em longa carta do Juiz de Guaratinguetá, pela mesma época, endereçada ao Governo Provisório na Regência do Império, sobre a mesma Capela de Aparecida.

O Vale do Paraíba foi a única região no Brasil a participar diretamente dos acontecimentos que culminariam com a separação do Reino do Brasil do Reino de Portugal.

Durante o período de 1803 a 1824, a administração da Capela passou a ser civil, e não mais da Irmandade de Nossa Senhora Aparecida. Após sua visita em 1822, Dom Pedro I, demonstrando seu interesse pela Capela, determinou a reintegração de todos os membros da Irmandade, através de uma portaria datada de 1823, e que nenhuma nomeação fosse feita sem prévia consulta ao Bispo.

No Livro das Sessões da Irmandade,

> "Ano do Nascimento de Nosso Senhor Jesus Cristo de 1823, aos 8 dias do mês de março do dito ano, nesta Capela da Senhora da Conceição Aparecida, termo da Vila de Guaratinguetá, quando foi vindo o Juiz de Fora para a execução de uma Portaria de Sua Majestade Imperial datada de 23 de janeiro de 1823, mandada cumprir por uma ordem do governo desta Província, datada de 17 de fevereiro do corrente ano, foi declarado que em consequência da ordem sobredita... os membros expulsos antes da ordem pelo reverendo Lourenço Marcondes de Sá voltaram...".

1843
SEGUNDO CEMITÉRIO,
NOSSA SENHORA APARECIDA

E assim o terceiro cemitério,
cemitério de Santa Rita...

Durante cem anos, o pátio e o interior da Capela foram utilizados como cemitério. Os moradores eram sepultados no pátio e os benfeitores na Capela, em seu interior, nas Campas.

> "No Livro de Atas das Sessões da Câmara Municipal de Guaratinguetá, na sessão ordinária de 2 de outubro de 1842, indicou o Vereador padre Israel Pereira dos Santos Castro a criação de outro cemitério na freguesia de Nossa Senhora Aparecida, ponderando que há grande necessidade dele, porque o Pátio da Igreja está ficando defeituoso por causa dos corpos que aí se enterram e que para esse fim se oficiasse ao Sr. Juiz Municipal para autorizar a Mesa Protetória para fazer o dito cemitério, e sendo aprovada esta indicação oficiou-se ao mesmo."[10]

> "Deliberou-se, com efeito, mandar construir o dito cemitério; quanto ao local do edifício, deliberou-se dever ser um terreno existente atrás da sacristia da mesma Capela e que, para obter-se, se fazia necessário primeiramente comprá-lo dos arrendatários, para o que se passou a obter faculdade do dito Doutor Juiz Municipal e Provedor da Capela..."[11]

Por volta de 1843, foi construído o segundo cemitério, chamado de Nossa Senhora Aparecida, no centro do povoado, atrás da Basílica de Nossa Senhora, onde hoje é a Rua Vereador Oswaldo Elache, local do Convento das Irmãs Missionárias de São Carlos Barromeu, construído com o dinheiro do cofre da Capela.

---

[10] I Livro do Tombo da Paróquia de Santo Antônio de Guaratinguetá, folhas 107, verso e 108.
[11] 1º Livro de Sessões da M. Protetoria, folha 53. Em 8-10-1843.

A partir de 1852, os sepultamentos deixaram de ser feitos no interior da Capela e em seu pátio.

> "Provimento da visita na cidade de Guaratinguetá: Dom Antônio Joaquim de Mello, por mercê de Deus e da Santa Sé Apostólica Bispo de São Paulo – 23 de junho de 1854. Continuando as providências, mandamos que o Reverendo Pároco nenhum enterro faça à noite sem prévia Provisão do Revmo. Vigário da Vara. Os emolumentos dos enterros à noite são dobrados. Proibimos com pena de culpa ao Revmo. Pároco que haja nos enterros mais de três ministros nem dobres de sinos mais do que marca a Constituição do Bispado [...]".[12]

Por ficar fechado desde 1883, os padres resolveram desativar o Cemitério Nossa Senhora Aparecida em 31 de maio de 1913.

> "Querendo o Exmo. Sr. Arcebispo destinar o terreno do Cemitério velho desta localidade outro fim, a Administração da Basílica avisa aos moradores de Aparecida que o prazo para desenterrarem os ossos de seus parentes é de 60 dias contados desta data. Decorrido esse prazo, a Administração mandará retirar os ossos restantes para os transferir para uma sepultura comum no cemitério novo".[13]

O cemitério velho citado é o de Nossa Senhora Aparecida e o novo, Santa Rita.

Os sepultamentos passaram a ser feitos no Cemitério Santa Rita, atualmente mantido pela Prefeitura Municipal de Aparecida.

Em 1922, através de um testamento do sr. Gabriel Ribeiro de Souza, da cidade de Lorena-SP, a quantia de 4:000$000 (quatro mil réis) foi usada para a construção da Capela do Cemitério de Santa Rita.

A cidade tem ainda o Cemitério Pio XII, também municipal, construído em terras doadas pelo Santuário Nacional de Nossa Senhora Aparecida.

---

[12] I Livro do Tombo da Paróquia de Santo Antônio de Guaratinguetá, folha 108.
[13] I Livro do Tombo da Paróquia de Nossa Senhora Aparecida, folha 78, verso.

APARECIDA EM MEADOS DO SÉCULO XIX

A parecida era nos meados do século XIX uma insignificante povoação composta de um pequeno núcleo de casas no cume do outeiro, cujas encostas eram cobertas de mato. Uma única via estreita descia do alto e era a atual Rua Calçada (hoje, Monte Carmelo), ao longo da qual e a grandes intervalos se viam algumas casinhas e dava comunicação para Guaratinguetá.

Ao fundo do pequeno largo existente, já então no cume do outeiro, eleva-se a pequena igreja.

Somente a partir da segunda metade do século XIX é que a Freguesia da Capela de Nossa Senhora Aparecida apresenta algum desenvolvimento."[14]

Foi quando se iniciaram as atividades do comércio e as hospedarias.

---

[14] Arquivo da Cúria Metropolitana da Arquidiocese de Aparecida (avulso).

1868
VISITA DA PRINCESA ISABEL

A Princesa Isabel
visita a Rainha do Brasil,
Nossa Senhora Aparecida!

A Princesa Imperial Dona Isabel, filha de Dom Pedro II, esteve visitando Nossa Senhora Aparecida, em companhia de Dom Luiz Felipe Gastão d'Orleans, Conde d'Eu, seu esposo, entre os dias 7 e 8 de dezembro de 1868. Veio suplicar a graça de um herdeiro para o trono.

"Livro de Atas das Sessões da Câmara Municipal de Guaratinguetá, de 8 de julho de 1868 a 23 de março de 1872.

16 de novembro de 1868. O Visconde de Guaratinguetá, presidente da Câmara, comunicou a próxima vinda de S. A. a Sereníssima Princesa Imperial a esta cidade e que nessa ocasião irão à Capela de Nossa Senhora Aparecida, posto em discussão, resolveu-se solicitar ao Exmo. Governo da Província, pedindo a quota votada no orçamento Provincial para a fatura da ponte e estrada até a Capela, fazendo-lhe sentir que já mandou fazer essas obras, ficando encarregado de fazer a estrada Eleutério Aguiar das Rosas, sob a Administração do Vereador Silva Pinto.

A passagem por Guaratinguetá de suas altezas Dona Isabel e o Conde d'Eu, no dia 7 de dezembro de 1868, está registrada no livro 12 de Vereanças, folhas 15, da Câmara dessa cidade, onde o Visconde de Guaratinguetá, Francisco de Assis de Oliveira Borges, Presidente da Câmara Municipal, comunicava em sessão realizada no dia 3 de novembro: tem de passar por esta cidade na primeira quinzena do próximo futuro mês suas altezas a Sereníssima Princesa Imperial e seu Augusto Esposo Conde d'Eu – e na comunicação, todas as providências pelo faustoso acontecimento, inclusive oficiar ao Reverendíssimo Vigário e o mestre da Capela, para celebrar um '*Te Deum laudamus*' no dia da chegada e afixar o Edital, convidando o povo."

De fato, assistiram ao último dia da novena e à própria festa de Nossa Senhora, nos dias 7 e 8 de dezembro de 1868, Dona Isabel e o Conde d'Eu.

> "Dezembro 7 – Do alto da colina, a Princesa foi recebida solenemente, e no Largo da Capela foi saudada por um escravo, que tocava perfeitamente o trombone, daí ser conhecido por Antônio trombonista – que, sendo avisado da visita pelo Padre Joaquim Ferreira Ramos, preparou um belo número.
> Dona Isabel e o Conde d'Eu entraram na Capela às 6 horas da tarde para assistirem à novena da festa de Nossa Senhora Aparecida.
> Dezembro 8 – Houve a Sessão da Mesa Administrativa para o fim de proceder-se à eleição e nomeação dos festeiros para festejarem a mesma Senhora no ano próximo futuro de 1869.
> Deliberou a Mesa por unanimidade de votos nomear a suas altezas, a Princesa Isabel e seu Augusto esposo Dom Luiz, Conde d'Eu.
> Assim é que Suas Altezas foram os últimos festeiros da Festa tradicional de Nossa Senhora, visto que doravante a Mesa Administrativa encarregou-se de fazer a dita festa [...]"[15]

Após a novena, a Princesa ofereceu à Senhora Aparecida um rico manto com 21 brilhantes, representando os 21 estados brasileiros.

O jornal "O Paraíba", em edição do dia 13 de dezembro de 1868, página 2, descreveu:

> "Milagre de Nossa Senhora Aparecida [...] Acaba de verificar-se um novo verdadeiro milagre de Nossa Senhora da Conceição Aparecida, de tal modo prodigioso que em verdade se assemelha aos mais notáveis de que há tradição [...] Foi preso no dia 10 do corrente um guarda nacional que fora novamente designado, não obstante já tê-lo sido há meses dispensado pelo governo da província da capital [...], e chegando aqui no dia 11 pelas autoridades da cidade de Pinda-

---

[15] Arquivo da Cúria Metropolitana da Arquidiocese de Aparecida (avulso).

monhangaba sob uma escolta de policiais aqui estacionados, comandados pelo tenente Víctor, e passando pela Capela de Aparecida, disse ao dito tenente que queria ir fazer oração à Santíssima Virgem. Chegando o preso à referida Capela, por um verdadeiro acaso ou antes milagre, logo depois que ali se ajoelhou perante a Imagem de Nossa Senhora e começava a orar, SS.AA., que ninguém ali esperava, apearam-se junto ao templo e penetraram dentro, imediatamente o preso algemado atirou-se aos pés deles, pedindo a SS.AA. proteção e reparação da injustiça que sofria.

SS.AA. ficaram sumamente como era de esperar-se de seu nobre, reto e benéfico coração, e S.A.I., lançando os olhos sobre os pulsos do preso, e vendo-os manietados como que proferindo palavras, dirigindo-se a seu augusto esposo – 'mandai tirar estas algemas!'

S.A. o Conde d'Eu mandou incontinenti chamar o tenente Víctor, e logo fez a este as seguintes perguntas: Que fez este homem? É assassino, é criminoso? O tenente respondeu: Não, senhor! É um guarda nacional designado. Prorrompeu S.A. o Conde d'Eu a seguinte exclamação: 'Um guarda nacional designado!' Pois conduz-se, assim, algemado, um guarda nacional num país livre! 'Oh, sr. tenente, mande tirar estas algemas, o guarda nacional irá como homem de bem', e dirigindo-se ao guarda o aconselhou a seguir assim, dizendo-lhe que não podia soltar porque não tinha para isso direito, e que era preciso respeitar as leis, acima de quem ninguém está, e as ordens das autoridades imediatamente escreveram duas linhas em papel e entregou ao preso, dizendo-lhe: 'que para alguma coisa lhe serviria aquele escrito', e deu-lhe a quantia de 10$000 réis.

Mandando o tenente Víctor tirar as algemas do preso, e vendo a princesa imperial roxeados os pulsos do guarda nacional, virou o rosto profundamente consternada, dizem alguns que algumas lágrimas assomaram-lhe aos olhos..."

Voltou novamente em novembro de 1884, para agradecer. O trono já possuía herdeiros. Teve três filhos: Dom Pedro de Alcântara, Dom Luiz Maria e Dom Antônio. Como devota, ofereceu uma riquíssima coroa de ouro cravejada de brilhantes, pesando 300 gramas, que foi usada na coroação de 1904.

No dia 28 de setembro de 1888, na Capela Imperial, por ocasião da entrega da "Rosa de Ouro", presente do Papa Leão XIII à

Princesa Isabel, Dom Macedo Costa, Bispo de Belém, no Pará, assim se pronunciou:

> "Ó meu Brasil! Pátria minha querida! Curva o teu joelho reverente diante de Jesus Cristo, e acharás no seu Evangelho a verdadeira liberdade; no conforto de suas graças, alegrias puras, suavíssimas, as verdadeiras alegrias, que começam na terra e se consumam no céu!"[16]

---

[16] Arquivo da Cúria Metropolitana da Arquidiocese de Aparecida (avulso).

1887
INAUGURA-SE A ESTAÇÃO FERROVIÁRIA DE APARECIDA

Vamos de trem para Aparecida do Norte!

Dom Pedro II, por gratidão a Nossa Senhora Aparecida, após a inauguração da linha férrea entre o Rio de Janeiro e São Paulo, a Estrada de Ferro Central do Brasil, mandou que se construísse a "Estação de Aparecida", para facilitar a vinda dos romeiros, e era bem modesta, inaugurada em 3 de julho de 1887.

Os romeiros vinham de trem, com destino para a estação de trem "norte", em São Paulo. Mesmo descendo na Estação de Aparecida, ficou conhecida como "Aparecida do Norte". Por ser uma viagem longa, o trem oferecia mais conforto, como banheiro e vagão restaurante.

Estação Ferroviária de Aparecida por volta de 1922.

No dia 14 de novembro de 1922, o novo edifício da estação ferroviária foi inaugurado, de estilo arquitetônico inglês.

"A solenidade teve início às 10 horas com a bênção do novo edifício pelo Padre José Clemente, C.Ss.R. Em seguida, foi lida a ata da inauguração, que foi assinada por todos os presentes. Em seguida foi servida uma farta mesa de doces, havendo muitos discursos e à noite o indispensável baile que se prolongou até meia-noite."[17]

---

[17] II Livro do Tombo da Paróquia de Nossa Senhora Aparecida, folha 68.

1888
DA RECONSTRUÇÃO DA CAPELA
À INAUGURAÇÃO DA IGREJA

Antes um primitivo oratório, depois capela, agora
uma majestosa igreja, no Morro dos Coqueiros.
Seu primeiro Santuário,
para abrigar todos os seus romeiros!

Durante 143 anos, de 1745 a 1888, Nossa Senhora da Conceição Aparecida ficou em sua primeira capela, no Morro dos Coqueiros, com apenas 18 metros de comprimento e 8,40 metros de frente, que se tornou pequena para acolher os seus romeiros.

Em 1834, teve início no mesmo local a reconstrução, que já passara por reformas e ampliações.

A partir de 1878, a capela passou a adquirir a arquitetura que mantém até hoje. É inaugurada em 1888 a Igreja de Nossa Senhora Aparecida, conhecida por Basílica Histórica.

Para compreendermos a lentidão da construção da Capela, é necessário que conheçamos ao mesmo tempo a sua administração. Por um longo período, o Cofre da Capela foi utilizado para tudo, menos para as despesas e reformas da Capela.

A administração da Capela – de 1745 a 1890

São dois períodos: o primeiro sob a influência da Igreja e sua ação pastoral, e o segundo, conduzido pelo Império.

Primeiro período: Eclesiástico – 1745 a 1805

A influência pastoral mais benéfica sobre a Capela aconteceu de 1745 a 1800. O atendimento religioso era exercido pelo vigário da paróquia e seus cooperadores.

O Livro do Tombo registra, nesse período, Cartas e Visitas Pastorais, já citadas, que objetivavam a orientação pastoral do clero. Depois da Visita Pastoral de Dom Frei Francisco Manuel da Ressurreição em 1782, somente em 1854 o primeiro bispo brasileiro a ocupar o bispado de São Paulo, Dom Antônio Joaquim de Mello, visitou pessoalmente a Capela, dando normas para o culto de Nossa Senhora.

No ano de 1802, já existia uma preocupação com a formosura da Capela.

> "A Francisco José Pereira foi concedido chão para fazer casa de habitação, pois se deseja o aumento e formosura desta Capela. Não poderá vender ou alugar, senão a pessoas de boa nota e com a aprovação do Revmo. Capelão, sem a qual ficará nula a venda ou locação; de não consentir à gente do lugar jogos, desordens, nem habitar pessoas de mau procedimento."[18]

A Irmandade de Nossa Senhora Aparecida: 1756 a 1805 (citada na p. 51)

Segundo período: Administração Secular – 1805 a 1890

A intervenção na administração da Capela data de 21 de abril de 1805. A Mesa Administrativa da Capela homologou em 24 de maio do mesmo ano a nomeação do Capitão-mor Jerônimo Francisco Guimarães, da Vila de Santo Antônio de Guaratinguetá. Este, como autoridade secular, passou a ter o título de "Protetor da Capela" e a fiscalizar sua administração.

Em setembro de 1805, o patrimônio da Capela e as esmolas do Cofre foram incorporados oficialmente aos bens públicos, passando a pertencer à Fazenda Nacional.

---

[18] Livro da Instituição da Capela, folhas 18 e 23, verso. Contratos e Arrendamentos.

Nesse mês e ano, foi realizada na Vila de Guaratinguetá a Correição pelo Provedor Joaquim Procópio Picão Salgado. Foram depoentes o Protetor da Capela, Capitão-mor Jerônimo Francisco Guimarães, e o capelão padre Francisco Xavier Gusmão. No inventário todos os bens móveis e imóveis da Capela foram catalogados.

No edital da correição lemos: "Outrossim ordeno e mando a todos os administradores, protetores ou diretores de Irmandades, Confrarias ou Ordens Terceiras, Hospitais, Capelas e toda e qualquer instituição [...] façam à mesa apresentação de modo e forma acima dita de todos os livros, provisões, privilégios e mais papéis relativos às ditas administrações sem reserva de alguns, ainda os transatos".[19]

Auto de Inventário

"Auto de Inventário dos Bens e pertences da Capela de Nossa Senhora da Conceição Aparecida no termo da Vila de Guaratinguetá a que procedeu o Ministro Doutor Provedor Joaquim Procópio Picão Salgado em presença do Protetor Capitão-mor Jerônimo Francisco Guimarães e o Capelão Francisco Xavier de Gusmão.

Ano do Nascimento de Nosso Senhor Jesus Cristo de 1805 aos 22 de setembro, nesta Capela de Nossa Senhora da Conceição Aparecida, distrito da Vila de Santo Antônio de Guaratinguetá, comarca da cidade de São Paulo, onde veio o Ministro Doutor Provedor atual Joaquim Procópio Picão Salgado, que se achava de correição na mesma Capela e tendo vindo a este sítio da Capela acima referida para efeito da Inventariação de todos os bens e mais pertences da dita Capela, sendo presente o Capitão-mor Jerônimo Francisco Guimarães, protetor da mesma Capela, a ele deferiu o Ministro o juramento dos Santos Evangelhos em um livro deles em que pôs sua mão direita na forma

---

[19] Arquivo da Cúria Metropolitana da Arquidiocese de Aparecida (avulso).

devida, encarregando-lhe que com pura e sã consciência declarasse e desse a descrever e inventariar todos os bens que a referida Capela pertencem. O vigário da paróquia nem sequer foi mencionado. No termo de responsabilidade dos "Autos de Inventário", encontramos a declaração de transferência dos bens da Capela para a administração pública. Ao Capelão foi entregue somente a responsabilidade da celebração.

[...]

Escravos:

1 – Boaventura, mulato, que terá quarenta e quatro anos, casado, organista da Capela, responsável também com sua família pela limpeza da Capela e do rancho em que os romeiros guardavam seus animais.

2 – Isabel, mulata, sua mulher, que terá trinta e três anos.

3 – Francisco, mulato, filho dos ditos, que terá sete anos.

4 – Benedito, mulato, também filho, que terá cinco anos.

5 – Manoel, também filho, que terá de idade quatro anos.

6 – Luiz, mulato, que terá de idade vinte e cinco anos, que anda aprendendo ofício de carpinteiro.

Gado:

Uma junta de bois mansos.

Casas:

Duas moradas de casas novas, sitas no pátio desta Capela, uma assoalhada, que partem de um lado com a porteira do pasto que serve aos animais dos romeiros.

E por outro lado com as casas da mesma Capela; mais velhas.

Duas moradas mais da mesma Capela, que são as que partem com as novas e por outro lado com Maria Soares ou Maria Esteves Leite. Outra morada de casas que estão no mesmo pátio e linha das outras, mas não partem com alguém, e nelas moram os escravos da Capela.

[...]

Mais casas:

Outra morada de casas no mesmo pátio em terras da

mesma Capela, que partem por um lado com casas da mesma Capela, em que moram os escravos e do outro com Maria Esteves Leite, cujas casas andam litigiosas.

Mais escravos:

João Mulato, que terá 18 anos, que se acha aprendendo o ofício de pedreiro, o qual deixou a Nossa Senhora Aparecida em testamento Dona Ana Ribeiro de Escobar, da Vila de São Sebastião, do litoral paulista, mulher que foi do Capitão Francisco R. Da Fonseca. Visto em correição."[20]

A Capela também mantinha, desde 1800, curso de alfabetização para os filhos dos escravos que estavam a seu serviço. Os escravos Francisco e Benedito aprenderam a ler e escrever com o professor Francisco de Paula Ferreira dentro da Capela.

O Provedor Joaquim Procópio Picão Salgado ainda confirma em outro inventário: "Uma Imagem da Senhora da invocação do título desta Capela, a principal Imagem, que se acha colocada na capela-mor dentro de seu nicho, com coroa de prata dourada e mais adereços; outra Imagem da mesma invocação, de quatro palmos d'alto, que serve nas procissões no aniversário da festa da Senhora, com coroa de prata".[21]

Desde 1808 o saldo do cofre foi empregado em obras públicas. O próprio Dom João VI, conforme atesta o inspetor-contador Costa Cabral, mandou recolher por duas vezes o dinheiro do cofre da Capela para socorrer as necessidades do Estado.

Em 3 de abril de 1809, o Ministro Antônio de Azevedo instalou na Capela a Mesa Protetória. O capelão seria escolhido por essa Mesa.

A administração da Capela foi montada conforme as normas da administração pública.

> "Aos 22 de junho de 1822, nesta Capela da Senhora Aparecida, juntou-se a Mesa Protetória para discutir e prover as obras necessárias à mesma Capela; e nela se deliberou o con-

---

[20] I Livro do Tombo da Paróquia de Santo Antônio de Guaratinguetá, folhas 34 e 35.
[21] Arquivo da Cúria Metropolitana da Arquidiocese de Aparecida (avulso).

serto de um Lampadário, já usado, com o ourives José de tal, dando-lhe de feitios cinco (doblas).

[...] Deliberou-se também tirar os adobes de cima da taipa do corpo da Capela, por ameaçar grande ruína e, em seu lugar, levantar-se uma parede de pau a pique barreada; também, pôr vinte alizares nas tribunas e púlpitos do corpo da Igreja e Capela-Mor [...] Providenciou-se também mandar tirar a jornal uns formigueiros, que principiam a danificar o pasto da Senhora com prejuízo dos Romeiros.

Padre Manuel Gonçalves Silva e Franco, Capelão interino."[22]

Em 30 de maio de 1825, a Mesa pede ao Dr. Provedor de Capelas e Resíduos, José Gonçalves Gomes, autorização para as seguintes obras e seus respectivos gastos: "[...] o tiramento das pedras e suas conduções, demolimento do frontispícios, caso seja necessário, fatura da calçada do Morro e paredão ou peitoril".[23]

O Capitão-mor Jerônimo Francisco Guimarães, que estava devendo à Capela, entregou o sobrado onde residia no ano de 1826, situado junto à Capela. "A Mesa Protetória comprou o sobrado para a Capela pela quantia de 1:400$000R$, dos quais foram descontados 1:090$300R$, que ainda devia à caixa da Capela do seu tempo de tesoureiro dela."[24]

No ano de 1828, outra provisão imperial foi enviada ao Provedor de Capelas de Guaratinguetá. O Provedor havia nomeado o padre Vitoriano José para o cargo de recebedor de esmolas. A Irmandade protestou formalmente e o Imperador respondeu em ofício dizendo que as eleições dos cargos deviam ser realizadas conforme o compromisso da Irmandade.

A partir de 1833 em diante, a Irmandade não teve mais nenhuma influência na administração da Capela e aos poucos ela desapareceu.

No ano de 1834, por apresentar fragilidade, resolveram novamente reconstrui-la, não de taipa de pilão, mas de pedra, no

---

[22] *IBIDEM.*
[23] 1º Livro de Sessões da Mesa Proterória, folha 22.
[24] I Livro de Recibos da Capela, 1810 a 1828, folha 63.

mesmo local da primitiva Capela do Padre José Alves Vilella, inaugurada em 1745.

> "No mês de julho de 1834, deu-se princípio a obra do novo frontispício e torres de pedra, demolindo-se o velho que ameaçava ruína e que era feito de taipa de pilão, colocando-se aquele além do alicerce deste quanto a grossura do velho somente. Levantaram-se as paredes de fora um pouco mais até a altura da cornija das torres, sendo tudo amadeirado artificialmente e seguro com segunda ordem de travessões de ferro. Fez-se uma nova sacristia no fundo da Capela-mor, assoalhou-se a velha, entradas das portas travessas e da principal até as colunas do coro, que também foram renovadas, forradas, assoalhados ambos os corredores, rebocado e branqueado todo o interior, e o exterior em parte. Todas estas obras feitas com esmolas dos fiéis [...]."[25]

Em 26 de fevereiro de 1838, o inspetor e contador da Província Vicente José da Costa Cabral deu esta informação ao Presidente da Província de São Paulo, Dr. Venâncio José Lisboa: "A Capela foi fundada e governada pelo poder eclesiástico até o ano de 1805 e depois passou a ser administrada pelo poder secular, em virtude de uma Resolução do Rei e Senhor Dom João VI, de 19 de outubro de 1800, tomada em consulta da Mesa de Consciência e Ordens em 26 de novembro de mesmo ano".[26]

Questões Júridicas sobre a Capela de Nossa Senhora Aparecida

Lei que criou a Mesa Administrativa da Capela, bens e esmolas. Lei Provincial de 30 de março de 1844.

Lei n. 43, de 30 de março de 1844. Manoel Felisardo de Souza e Mello, Presidente etc.

---

[25] I Livro do Tombo da Paróquia de Santo Antônio de Guaratinguetá, folhas 24, verso e 25.
[26] BRUSTOLONI, Padre Júlio J., C.Ss.R. *Coletânea de Documentos e Crônicas da Capela de Nossa Senhora Aparecida (1717-1917)*. Aparecida, 1978, p. 177.

Artigo 1º – Fica criada uma Mesa Administrativa da Capela, bens e esmolas de Nossa Senhora d'Aparecida do Município de Guaratinguetá.

Artigo 2º – Esta Mesa será composta do Pároco, que será Membro nato e não perceberá por isso gratificação; de um Administrador, que servirá também de Tesoureiro; e mais de um Escrivão; e estes serão nomeados pelo Juiz Provedor de Capelas e perceberão cinco por cento repartidamente de todos os rendimentos da dita Capela.

Artigo 3º – O Juiz Provedor de Capela, em conformidade de que dispõem as leis gerais, deverá todos os anos tomar conta desta administração e conservar ou demitir os empregados por ele nomeados, quando assim o julgue conveniente a bem da mesma Capela, salvar as atribuições do Juiz de Direito em correição.

Artigo 4º – Cada um dos Membros da Mesa terá em seu poder uma chave do Cofre: as entradas e saídas dos dinheiros se farão do mesmo modo até agora, segundo os provimentos, que nesta parte ficam em inteiro vigor.

Artigo 5º – A Mesa se reunirá todos os meses em um dia, em que concordarem os seus Membros, e a ela compete:

§ 1º – Propor para Capelão um sacerdote idôneo, cuja proposta será confirmada pelo Exmo. Bispo.

§ 2º – Velar na conservação do Templo joias e alfaias e propor todos aqueles melhoramentos que julgar convenientes; nenhuma despesa, porém, far-se-á sem que seja autorizada pelo Provedor de Capela.

Artigo 6º – A Mesa, no final de cada ano, fará remessa das esmolas do ano ao Cofre da Tesouraria, remetendo ao Governo conta das somas despendidas com a Capela; e só com a Capela, não podendo fazer outra aplicação sem autorização desta Assembleia.

Artigo 7º – Ficam revogadas as disposições em contrário.

A Mesa Administrativa, portanto, era composta por três membros: tesoureiro, escrivão e o vigário da paróquia como membro nato da Mesa.

Num período de 40 anos, de 1844 a 1884, quando a Assembleia teve de intervir, nomeando diretamente o tesoureiro, passaram pela Administração 25 tesoureiros.

A Mesa Administrativa, que cuidava dos bens da Capela, pediu, em julho de 1844, ao mestre pedreiro José Mello Costa que verificasse o seu estado. Constatado o perigo, a Mesa decidiu, na sessão de 26 de setembro desse mesmo ano, demolir a torre e construir outra, o que foi autorizado pelo Juiz Provedor.

O transporte das pedras foi iniciado em janeiro de 1845, pelo Padre Antônio Francisco de Oliveira, que possuía carros de bois e escravos para esse serviço. Como era difícil para os carros subirem a Rua Calçada, hoje Monte Carmelo, a Mesa decidiu, em fevereiro do mesmo ano, abrir outro caminho por trás do morro da Capela, para facilitar o transporte.

> "Um ofício do Presidente do Estado datado de 19 de agosto de 1848 participou a esta Câmara ter dado ordem a Tesouraria para mandar pôr à disposição da Mesa Administrativa da Capela de Nossa Senhora da Conceição Aparecida a quantia de três contos de réis com aplicação às obras da respectiva Igreja; ficou esta Câmara inteirada da portaria na sessão ordinária de 9 de outubro."[27]

> "Livro de Atas das Sessões da Câmara Municipal de Guaratinguetá, de 16 de abril de 1849 a 17 de março de 1854.
> [...]
> Aos 31 de maio de 1849, numa sessão extraordinária presidida pelo Rev. Francisco Antunes de Oliveira e convocada a fim de representar ao Exmo. Governo Principal sobre a obra da Capela da Senhora Aparecida, foi redigido um ofício ao Exmo. Presidente da Província contendo a necessidade de que há meios para a conclusão das duas torres que estão construindo na Capela da Senhora Aparecida que, para não parar de todo, tem o tesoureiro da dita Capela feito avanças de suas algibeiras para mais de dois contos de réis; e achando-se na Tesouraria desta Província ainda 6000$000 de réis pertencentes à mesma Capela, é de justiça que dita quantia seja aplicada à dita obra; e fundada nesta razão esta Câmara

---

[27] I Livro do Tombo da Paróquia de Santo Antônio de Guaratinguetá, folha 110.

espera que Sua Exma. se dignará dar as providências a fim de essa quantia ser posta à disposição da Mesa Administrativa da Capela para ser aplicada na continuação da dita obra."[28]

Em 1849 a Mesa Administrativa fez esta observação: "Dar a oportunidade para beijar a Imagem e para tirarem medidas dela para maior aumento da fé que lhe consagram".[29]

Em 1852, o Tesoureiro, Capitão João dos Santos Silva, deu início à primeira corporação musical de Aparecida. Foi professor o sr. Inácio Custódio de Oliveira.

A Igreja de Nossa Senhora Aparecida nos fará lembrar as manifestações musicais que deram o tom e o acorde na construção desta terra abençoada e louvada.

> "Deliberou-se, mais esta Mesa, que se abrisse uma nova rua nesta Capela, principiando do beco de casas do sobrado e depois em linha reta, e sair-se na estrada real, porque oferece grande vantagem não só para formozear a dita Capela, como também pela utilidade pública, e grande interesse que ela oferece com novos arrendamentos a pessoas que pediram termo para levantar edifícios."[30]

> "Provimento da visita na cidade de Guaratinguetá, Dom Antônio Joaquim de Mello, por mercê de Deus e da Santa Sé Apostólica Bispo de São Paulo.
> Fazemos saber que no dia 23 de junho de 1854 visitamos pessoalmente a Igreja Matriz de Santo Antônio desta cidade de Guaratinguetá [...].
> Começamos nosso Provimento e Providência sobre esta mesma Capela. Haverá sempre nela o Santíssimo Sacramento no Tabernáculo e se conservará a luz, a conta das esmolas que se dão ao Santuário... Nas quintas-feiras depois da Missa haverá Bênção com o Santíssimo Sacramento."[31]

---

[28] *IBIDEM*, folha 111.
[29] I Livro de Atas da Mesa, 18/09/1852, folha 78.
[30] Arquivo da Cúria Metropolitana da Arquidiocese de Aparecida, 05/05/1852 (avulso).
[31] I Livro do Tombo da Paróquia de Santo Antônio de Guaratinguetá, folhas 107, verso e 108.

No dia 8 de dezembro de 1854, o Papa Pio IX definia a Imaculada Conceição de Nossa Senhora Aparecida.

Em 7 de outubro de 1856, foi colocado na torre o grande sino de 105 arrobas, que foi fundido em São Paulo, de lá veio de carro até Jacareí e dali pelo rio Paraíba. Em 1858 foi comprado no Rio de Janeiro um sino pequeno e, assim, com os dois mais antigos, tinha a igreja quatro sinos.

Em 1935, por ter rachado o sino maior, foi adquirido um carrilhão possante de seis sinos de bronze, pesando 4.976 quilos. O primeiro e maior é dedicado a Nossa Senhora Aparecida; o segundo em homenagem a São Paulo; o terceiro dedicado à Sant'Anna; o quarto a Santo Afonso Maria de Ligório, fundador da Congregação dos Missionários Redentoristas; o quinto a São Geraldo; e o sexto a São José. Foram colocados nas torres da Basílica Histórica de Aparecida, no dia 30 de junho de 1935, um domingo, data em que lhes foi dada a bênção. Até os dias de hoje, os sinos da Basílica Histórica tocam diariamente ao meio-dia e às 18h, hora da Ave-Maria ou do *Angelus* e foram comprados em Trento, na Itália, pelo padre Antonio Penteado de Oliveira, C.Ss.R.

A primeira torre, do lado direito, ficou pronta em 1859, e foram colocados a esfera, a cruz e o galo, obra do artista João Júlio Gustavo.

> "A esfera é o símbolo da perfeição, do ciclo realizado, o retorno da criatura ao Criador, a volta da terra ao céu e a plenitude de todo acabamento. A cruz é o símbolo da terra e o mais totalizante dos simbolismos fundamentais pela intercessão de duas linhas com o centro, formando quatro segmentos, base de todos os símbolos de orientação. O galo é um símbolo solar, porque o seu canto anuncia o nascer do sol."[32]

Em fevereiro de 1862, a Mesa decide carrear as pedras necessárias para a construção da segunda torre e "depois das chuvas fazer o engenho para fazê-las subir e concluir a torre".

---

[32] *Almanaque de Nossa Senhora Aparecida*. Aparecida, Editora Santuário, 1997, p. 9.

O primeiro serviço de água encanada para a Capela e para as ruas foi realizado pela administração da Capela, que, numa sessão ocorrida no dia 20 de fevereiro de 1862, conforme narrado no 2º Livro de Sessões da Mesa Protetória, folhas 76, verso e 77, decidiram:

> "deliberou-se mais que se possa pedir autorização à Assembleia Legislativa, para despender a quantia que for necessária com encanamentos de canos de chumbo para conclusão das obras do chafariz da mesma Capela, empreendida pelo Revmo. ex-tesoureiro Luiz dos Reis França, atento à grande utilidade pública e aos romeiros a que naquela Capela afluem, com suas oblações em dinheiros e joias a Nossa Senhora da Aparecida: foi unanimemente aprovada esta deliberação".

A torre do lado esquerdo ficou pronta em 1864; também foram colocados a esfera, a cruz e o galo, do mesmo artista.

São muito interessantes as observações sobre a construção das duas torres.

> "Há uma discordância de documentos quanto ao tempo exato do início da construção das torres. O Livro de Receita e Despesa fala da demolição da primeira torre em março de 1846, e da segunda em janeiro de 1849, ao passo que o Livro de Atas diz que a primeira torre já estava sendo construída em maio de 1845. E a ata de 7/3/1849 diz: Deliberou-se mais mandar tirar por João Guilherme um risco para por ele se concluir as Torres da Capela, e que se pedisse licença ao atual Juiz Municipal e Provedor para esta despesa."[33]

As obras se prolongaram por quase 20 anos, o que reflete bem a situação calamitosa da Administração do cofre que estava na mão do Governo. Em 1855, a Mesa oficia ao mestre das obras José Pinto dos Santos pedindo que conclua primeiro a construção da primeira torre que está mais adiantada para depois concluir a outra. Mas no final do mês, aos 31 de maio, o mestre de obras dá as razões para não parar com a segunda torre. Nessa mesma sessão

---

[33] 1º Livro de Atas, fls. 75, verso.

de 31 de maio de 1855 a Mesa não concorda que se prossiga com outras obras sem primeiro terminar a primeira torre que se acha bem adiantada.[34]

No 1º Livro da Instituição da Capela de Nossa Senhora Aparecida, folha 44, consta o Testamento do Padre Lourenço Marcondes de Sá:

> "Certifico que revendo o testamento do finado Padre Lourenço Marcondes de Sá, aberto em 11 de outubro de 1838, de que foi testamenteiro Antônio Galvão de França, que aceitou a testamentaria no mesmo dia, mês e ano da abertura, cujo testamento se acha junto aos autos da prestação de contas, tomadas no ano de 1853, no mesmo testamento a folhas quatro, verso, acham-se as verbas seguintes:
>
> Primeira: Declaro que possuo uma chácara no lugar chamado Ponte Alta – a qual deixo para as filhas de meu compadre Domingos Pereira de nomes Margarida e Gertrudes, as quais terão somente o usufruto da referida chácara tanto durante suas vidas, como de seus filhos (quando os tenham) e por falecimento destes ou das donatarias (quando os não tenham), devolver-se-á a dita chácara para a administração da Senhora Aparecida.
>
> Segunda: Declaro que possuo umas terras, chamando-as de Pitas, das quais deixo o usufruto a José Francisco e a sua mulher Gertrudes de Sá, enquanto vivos forem, e por morte destes, voltarão, segundo minha vontade, à administração desta Capela da Senhora Aparecida. Nada mais se continha na declaração das duas verbas testamentárias, que a pedido do atual administrador da Capela, o padre Antônio Luiz dos Reis França transcrevi de verbo *ad verbum* na presente certidão, que conferi com os originais e estando aos mesmos conforme; do que dou fé e assino.
>
> Guaratinguetá, 15 de outubro de 1867.
>
> E eu, Joaquim Gomes Guimarães, escrivão do Provedor a escrevi, conferi e assino".

---

[34] Cf. II Livro de Atas, fls. 11, aos 22/05/1855.

A pintura total da Capela iniciou-se em 20 de julho de 1867, terminando em 2 de novembro de 1868, para a qual foram gastos cinco contos e duzentos mil réis, no período em que se deu a visita da Princesa Isabel.

Na sessão de 20/12/1869, no 2º Livro de Sessões da Mesa Protetória, folha 172, lemos:

> "foi proposto que se começasse agora com as obras da Capela, interrompidas por deliberação desta Mesa, começando-se, porém, pelas mais urgentes, como sejam o chafariz e a escada da torre – ouvido primeiramente o parecer do Dr. Charles Romien, engenheiro..."

Em 1875, foi acrescentado à imagem um pedestal de prata, com a seguinte inscrição: "Thesoreiro FMM = Vigº BTSP – 6 de março de 1875". Sendo tesoureiro o sr. Francisco Marcondes de Moura e o pároco de Guaratinguetá Cônego Benedito Teixeira da Silva Pinto.

No ano de 1877, houve a inauguração das duas torres. No dizer do Padre Redentorista José Wendel, "as torres detinham os romeiros, quando ainda longe avistavam, para um instante de preces e de alegria. E apeando-se de seus cavalos, ajoelhavam-se no chão, agradecendo a Deus e cantando hinos à Senhora Aparecida".[35]

Vista de Aparecida, destacando-se as torres da Igreja, 1910.

---

[35] Arquivo da Cúria Metropolitana da Arquidiocese de Aparecida (avulso).

Com o passar dos anos, os edifícios foram cobrindo as torres, que hoje não avistamos mais... O que um dia foi rodeado por coqueiros, hoje está encoberto por cimento... E o mais triste é ver hoje a Praça tomada por comerciantes! Local do início das procissões, das festas, um quadrilátero que é sala de visitas!

"Onde está o arvoredo? Desapareceu.
Onde está a águia? Desapareceu. É
o final da vida e o início da sobrevivência."[36]

---

[36] *Seatle – chefe indígena, 1854. Carta ao Presidente dos Estados Unidos.*

FREI JOAQUIM DO MONTE CARMELLO É NOMEADO EMPREITEIRO

Arquivo da Cúria Metropolitana da Arquidiocese de Aparecida.

O Dr. Frei Joaquim do Monte Carmello nasceu em Salvador, Bahia, em 19 de setembro de 1817, e foi batizado em casa por se achar em perigo de morte.

Entrou no noviciado na Bahia em 17 de setembro de 1835. Era da Ordem dos Beneditinos.

Em 1845, secularizou-se e tornou-se Cônego da Catedral de São Paulo. Foi nomeado "Cavaleiro da Ordem de Cristo" por Decreto Imperial, em 7 de abril de 1846, assinado por Dom Pedro II, em São Paulo.

De grande cultura, formou-se Doutor em Teologia pela Universidade Gregoriana de Roma.

Por volta de 1878, os administradores dos bens de Nossa Senhora eram nomeados pelos Juízes Municipais, que tinham sempre em vista com este emprego remunerarem serviços eleitorais...

A nomeação do Dr. José de Barros Franco para Juiz Municipal de Guaratinguetá, que tinha o culto da justiça, não hesitou em romper com velhos e escandalosos abusos que se praticavam na administração da Capela.

Por esse tempo, residia em Guaratinguetá Frei Joaquim do Monte Carmello, íntimo do Dr. Barros Franco, e, de comum acordo, resolveram dar novo rumo aos rendimentos da Capela de Nossa Senhora Aparecida, empregando-os na construção de uma nova Igreja a construir por cima da velha Capela: e assim fez.

Frei Monte Carmello chegou a Aparecida no dia 28 de janeiro de 1878, quando foi nomeado Capelão da igreja.

Encontra-se no Arquivo da Cúria Metropolitana da Arquidiocese de Aparecida uma descrição do Dr. Frei Joaquim do Monte Carmello sobre a Capela de Nossa Senhora Aparecida.

> "Bem pouco ou nada sabemos sobre os princípios desse Santuário célebre, além da tradição que ali corre de boca em boca, isto é, que a Santa Imagem venerada de um modo tão extraordinário e tão edificante, pelos fiéis desta Província, das do Rio de Janeiro, Minas, Paraná, Espírito Santo, Santa Catarina e quase todas as outras do Império, fora achada por alguns pescadores do Paraíba, que, em obediência às ordens do Capitão-Mor de Guaratinguetá que esperava hospedar o Governador Geral de São Paulo, acham-se no começo do século passado no exercício de sua Profissão. Tamanhos foram os Prodígios que anunciaram o precioso evento, que os povos circunvizinhos e ainda os dos lugares mais remotos afluíram com suas oblações à Santa Virgem, e bem depressa converteu-se a primitiva Ermida em Oratório em um dos mais belos Templos da Província, como demonstravam ainda a pouco os restos de sua telha e douramento. Sendo, porém, cada vez maior a concorrência dos fiéis, reconheceu-se a insuficiência do respectivo templo, e desde então conceberam plano de aumentá-lo, começando pela parte exterior que compreendia a porta principal da Igreja, as três janelas do coro, a cimalha e frontispício, tudo feito de modo mais aparatoso, seguro e artístico."[37]

---

[37] Arquivo da Cúria Metropolitana da Arquidiocese de Aparecida (avulso).

Frei Carmello, que dirigia as reformas, instalou sua moradia na sacristia da velha Capela, para mais de perto fiscalizar os serviços que lhe estavam afetos, e depois foi residir na Rua Calçada. O mestre pedreiro era José Vieira.

Nunca, porém, foram interrompidos os ofícios divinos e Dom Lino Deodato acompanhou toda a reforma da Capela.

A nova Igreja foi construída em harmonia com o frontispício que já se achava construído desde a quarta década do século passado.

Em sessão extraordinária de 13 de novembro de 1879, no II Livro de Atas da Mesa, folha 227, encontramos:

> "a fim de deliberar-se sobre um ofício do Ilmo. Revmo. Sr. Dr. Joaquim do Monte Carmello, empreiteiro da atual igreja em construção que nos solicita autorização para mandar vir da Bahia seis imagens: a de São Joaquim, São José, Santa Isabel, São João Batista, São Elias e São Bernardo, para maior esplendor e magnificência do mesmo templo, custando cada uma quatrocentos mil réis, e que estarão prontas em novembro p. futuro ano [...]. Pede-nos também autorização para com os materiais da demolição do corpo da igreja velha, edificar quatro casas no quintal do Sobrado da mesma Santa que servirão para receber os fiéis que afluem em romarias a Nossa Senhora da Aparecida e que estas serão feitas a expensas sua; ao que a Mesa pondo em votos, as autorizações solicitadas foram unanimemente aprovadas".

Nossa Senhora Aparecida recebeu escravos como cumprimento de promessas por graças alcançadas. João Belin, um escravo, foi doado por um fazendeiro de Curitiba-PR e ficou conhecido como "o escravo de Nossa Senhora".

> "Embora escravo e humilhado, causava inveja aos outros pretos e a muitos brancos, pela estimação em que era tido e pela propensão para a música. [...] Para o povo do lugarejo, que o estimava de um modo que nem se pode imaginar e para os seus colegas de sorte, era um prazer incomparável ver o escravo de Nossa Senhora, João Belin, como se chamava, assentar-se e com a mais tenra devoção, rodeado de todos os seus amigos e conhecidos, com a admiração dos romeiros

que vinham ao Santuário e com a de seu próprio senhor, o padre que estava no altar, escutar e ao mesmo tempo cantar as mais antigas músicas sacras. [...] E com esses feitos progressivos, João Belin cativava seu amo, que já o olhava com ternura e simpatia, e conquistara do povo as amizades mais nobres, reunindo a isto a simpatia de todos em geral. [...] E assim João Belin ia tornando-se até um ente saudoso para os devotos que iam visitar Nossa Senhora d'Aparecida, tal era a impressão que desse escravo de lá traziam. [...] Foi no ano de 1880 que quem escreve essa notícia o conheceu. E nesse mesmo ano, ao amanhecer de um dia mais belo que outros, em que como no dia dos romances o sol nasce deixando os píncaros das montanhas e dando às gotinhas de orvalho dormentes nas folhas pitorescos aspectos, foi que se soube da notícia negra e fatal da morte do escravo de Nossa Senhora d'Aparecida. O bom preto João Belin. [...] E debaixo da maior pompa, com acompanhamento das principais pessoas do lugar, alguns romeiros e quase todos os outros habitantes da antiga Aparecida, depois de encomendado o corpo pelo padre Monte Carmello, eis que João Belin parte desse mundo para a eterna mansão, com honras de um grande."[38]

"A Mesa deliberou colocar na Capela (povoado) sete lampiões para iluminação noturna, cujas despesas de assentamento e conservação devem ser feitas pelos cofres da dita Capela até que a Câmara Municipal a chame a si; duas torneiras d'água: uma na Rua Nova e outra em frente ao cemitério. Vender quatro coroas de ouro, sendo uma cravada de brilhantes, outras de prata, alguns castiçais pequenos (quatro) e outros objetos improdutivos, pede a V. Sra. a necessária autorização para prover as despesas inerentes àquelas obras e para vender da forma que mais conviesse aos interesses da Capela os objetos mencionados.

Guaratinguetá, 16 de agosto de 1882.

O Provedor Antônio Ferreira de Castilho aprovou o orçamento e autorizou a obra aos 25 de agosto de 1882.

---

[38] Acontecimentos Extraordinários referentes a Nossa Senhora Aparecida – 1743-1872, folha 81.

Mesa Administrativa da Capela de Nossa Senhora Aparecida.
Dr. Juiz Provedor de Capelas
Antônio Ferreira de Castilho."

"Blas Crespo Garcia, marmorista estabelecido na Corte que, em 1878, contratou com o Frei Dr. Joaquim do Monte Carmello, empreiteiro de Nossa Senhora da Conceição Aparecida, o fornecimento do altar-mor de mármore para o templo, conforme a planta incluída, tendo recebido à vista 3.000$000 (três contos de réis) e para receber o restante 15.000$000 (quinze contos de réis) quando a encomenda chegasse da Itália ao porto do Rio de Janeiro.

No mesmo mês e ano, Frei Joaquim do Monte Carmello consegue, com o apoio da firma marmorista do Rio de Janeiro 'Blas Crespo Garcia', o alvará do Juiz permitindo à Capela fazer um empréstimo de 15 contos de réis para retirar da alfândega do Rio de Janeiro o altar de mármore importado da Itália. O altar foi encomendado em 1878, com prazo de três anos para entrega e já se encontrava na alfândega desde fevereiro de 1882 [...] O altar e seu conjunto custou 18.000$000 (dezoito contos de réis).

Recibo
Frei Dr. Joaquim do Monte Carmello.
A Blas Crespo Garcia, encomendas feitas para a Capela de Nossa Senhora Aparecida.
Por um presbitério de mármore para a Capela-mor, oito soleiras da dita. Uma pia batismal de mármore, duas pias para a entrada da porta principal, uma Estátua de mármore da Conceição Aparecida para colocar na frente da Capela e um altar de mármore para a capela-mor.
Declaro que o frete desses objetos da Corte até a Estação de Aparecida será pago por minha conta. Ficando as despesas de armazenagem do trapiche por conta do empreiteiro.
Recebi por conta em 2 de agosto de 1878 a quantia de trezentos contos de réis.
Rio de Janeiro, 20 de fevereiro de 1882.
Blas Crespo Garcia."[39]

---

[39] Arquivo Memória de Guaratinguetá – Museu Frei Galvão (avulso).

Em 1883, quando a situação administrativa do Cofre da Capela tornou-se insustentável, o Senador Dr. José Vicente de Azevedo, grande devoto de Nossa Senhora, propôs à Assembleia Provincial de São Paulo um projeto de lei para organizar a administração da Capela e as esmolas que os devotos depositavam no cofre. O Senador Dr. José Vicente de Azevedo assim se expressou: "Ao coração católico punge profundamente contemplar os fatos escandalosos que ali se dão continuamente".

No dia 29 de novembro de 1883, Frei Joaquim fez um documento, pedindo apoio para terminar as obras.

> "O abaixo-assinado empreiteiro do novo templo em construção de Nossa Senhora, situado no bairro da Capela do mesmo nome, em empenho de erguer um Santuário digno da extraordinária afluência dos fiéis que ali concorrem diariamente desta Província, das do Rio de Janeiro, Minas, Paraná e de quase todas as outras do Império, meteu-se insensivelmente em despesas muito superiores a seus primitivos orçamentos. Sujeitas, porém, as obras feitas e por fazer, ao exame de perito, foram estas avaliadas na quantia de sessenta e seis contos de réis, obrigando-se a Mesa Administrativa da Capela, completamente autorizada, a pagar o empreiteiro o excedente dos orçamentos pela forma estipulada nos contratos anteriores.
>
> (...) Assim prosseguiram as obras até que o abaixo-assinado empreiteiro foi surpreendido pela inesperada recusa que lhe fizera o atual tesoureiro de continuar com os pagamentos ajustados. A este fato seguiu-se o da mais iníqua das sentenças em que o juiz de direito da comarca, sem audiência nem citação do abaixo-assinado, condenou-o às custas e a abandonar sua empreitada sem ao menos apontar-lhe o menor defeito de construção, e apenas fundado em que as despesas para as obras de que se encarregara o abaixo-assinado deviam ser autorizadas não como foram pelo juiz provedor de capelas e resíduos, e sim por aquele juiz.
>
> Semelhante pretensão é inteiramente nova e não se apoia sobre lei alguma. Todas as despesas feitas já com o frontispício da capela, já com a construção da fachada e torres, já com a aquisição e encanamento de água que ali há, foram sempre autorizadas pelo juiz provedor de capelas e resíduos, que ainda há pouco e no tempo atual juiz de direito e sem re-

clamação alguma deste autorizou a Mesa Administrativa da Capela a contrair um empréstimo de quinze contos de réis e a mandar fazer consertos orçados em quatro contos e setecentos e tantos mil réis e que abaixo fez gratuitamente.

Entretanto, por efeito da sentença aludida, lá estão as obras do novo Templo de Nossa Senhora Aparecida quase inteiramente paradas, com gravíssimo prejuízo, que, no ponto em que se acham, muito devem sofrer com tais interrupções.

Para evitar, pois, maior transtorno, enquanto os tribunais superiores não lhe fazem como espera, inteira justiça, vem o abaixo-assinado solicitar dos dignos devotos de Nossa Senhora Aparecida o auxílio eficacíssimo de suas esmolas.

Subscrevendo cada qual o que lhe permitirem suas circunstâncias, adquirirão todos os direitos de dizerem ao verem-se dentro do mais célebre Santuário dedicado à Santíssima Virgem que possui esta Província: 'aqui se acha a parte mais bem aproveitada do suor de meu rosto, o pouco que aqui empregamos ser-nos contado centuplicadamente por aquele que não desperdiça nem esquece o pequeno copo d'água que dermos em Seu Nome'.

Aparecida, 29 de novembro de 1883.

Dr. Joaquim Monte Carmello."[40]

Diante da situação difícil para o término da obra, o Vigário da cidade de Bananal, padre Miguel Martins da Silva, solicitou uma ajuda:

"Bananal, 2 de dezembro de 1883.

Aos meus queridos paroquianos que quiserem e puderem dar uma esmola para a conclusão das obras do majestoso templo consagrado à Nossa Senhora Aparecida, garanto que o sr. Cônego Joaquim do Monte Carmello, empreiteiro das mesmas obras, além de ser um caráter sério, probo e honrado na extensão da palavra, tem se dedicado de corpo e alma à realização daquele piedoso e santo edifício, já consumiu a sua fortuna e está resolvido até a consumir a própria existência para realizar o seu sonho dourado, que é dar à miraculosa Mãe de Deus uma morada digna da fé e da piedade dos fiéis, que de todas as partes concorrem para ali implorarem os seus

---

[40] Arquivo da Cúria Metropolitana da Arquidiocese de Aparecida (avulso).

poderosos e divinos auxílios. Quem, pois, lhe der o seu óbulo pode ficar seguro que concorreu com o produto do seu trabalho para a majestade e brilho da casa que se tem de ofertar à Nossa Senhora Aparecida".[41]

Matéria publicada no jornal "Correio Paulistano", no dia 8 de janeiro de 1884, descreve a Capela de Aparecida:

> "Quem for à Capela de Aparecida com olhos verdadeiramente desprevenidos, sem interesses particulares e afeições pessoais, verá que tudo o que dissemos ontem por esta folha sobre as obras que ali se ostentam é exatíssimo. Verá mais que estas obras começaram todas de um modo superior aos planos do empreiteiro, a quem não cessavam de dizer os juízes que autorizaram as obras: 'não poupe sacrifícios nem despesas para construir um templo, que corresponda à extraordinária afluência de devotos, que desta província, das de Minas, Rio de Janeiro, Paraná e outras comparecem aqui todos os dias'".[42]

Mesmo antes do término da obra da Igreja Velha, em 1885, foi criada a banda musical de Aparecida "Aurora Aparecidense", fundada pelo Maestro Isaac Júlio Barreto, que era organista, funcionário da Igreja e diretor do coral, para tocar na missa do Santíssimo Sacramento e em ofícios religiosos.

O projeto de lei, proposto em 1884 pelo Conde Dr. José Vicente de Azevedo, não foi adiante, mas por sua influência a Assembleia nomeou para 35º Tesoureiro o Tenente Coronel Domiciano Ferreira da Encarnação, empossado em outubro de 1885.

Em meados de 1886, o Frei Monte Carmello iniciou a demolição do que sobrara da antiga nave. Com isso, a imagem de Nossa Senhora Aparecida e o antigo cofre foram transferidos para a Capela do Santíssimo, à direita do altar-mor, onde ficaram até as vésperas da inauguração. A imagem de Sant'Anna, que era a mesma da primitiva Capela, foi colocada em seu altar, abaixo do arco do lado esquerdo, com seus ornatos de prata na cabeça.

---

[41] BRUSTOLONI, Padre Júlio J., C.Ss.R. *Coletânea de Documentos e Crônicas da Capela de Nossa Senhora Aparecida (1717-1917).* Aparecida, 1978, p. 265 e 266.
[42] *IDEM, IBIDEM.*

INAUGURAÇÃO SOLENE DA IGREJA DE NOSSA SENHORA

Frei Dr. Joaquim do Monte Carmello, nosso agradecimento!

Arquivo da Cúria Metropolitana da Arquidiocese de Aparecida.

" A primeira notícia dos preparativos para a inauguração da Capela se encontra na Ata de 29 de fevereiro de 1888. [...] Declarou que estando as obras do novo templo concluídas e devendo para a comunidade dos devotos o mais depressa possível ser entregue ao culto público, de combinação com a Mesa resolveu tratar da sua solene inauguração. [...]"[43]

Consta das Crônicas da Casa Redentorista de Aparecida que o Cônego Dr. Joaquim do Monte Carmello recebeu uso de ordens no dia da inauguração da Capela.

---

[43] Brustoloni, Padre Júlio J., C.Ss.R. *Coletânea de Documentos e Crônicas da Capela de Nossa Senhora Aparecida (1717-1917)*. Aparecida, 1978, p. 178.

A festa da inauguração foi maravilhosa, sendo o programa da festa publicado por dez dias nos jornais "Província de São Paulo" e "Gazeta de Notícias" do Rio de Janeiro.

> "O dia da grande inauguração ocorreu no dia 24 de junho de 1888, um domingo. Frei Joaquim do Monte Carmello não celebrava missas há algum tempo, por motivos que só a ele eram afetos. No entanto, a primeira missa de inauguração da Igreja foi celebrada por ele, que pregou um belo sermão intitulado 'A Igreja perante a Arte e a Arte perante a Igreja'. Um morador de Aparecida, Cel. Rodrigo Pires do Rio, afirmou a respeito: Após a missa o celebrante foi abraçado por quase todos que a ela assistiram, confundindo-se as lágrimas dos abraçadores com a do abraçado."[44]

Dom Lino celebrou às 10h30 a Missa Pontifical, inaugurando solenemente o novo templo. Ao evangelho, usou da palavra o Arcediago do Cabido de São Paulo e o Dr. Francisco de Paula Rodrigues Alves.

No dia 28 de junho de 1888, de acordo com o III Livro de Atas, folhas 91, verso, consta que a Mesa pediu ao Sr. Bispo que aprovasse Frei Monte Carmello como capelão, depois da renúncia do Padre Francisco Filippo.

No dia da Imaculada Conceição, 8 de dezembro, a Igreja recebeu uma nova bênção de Dom Lino Deodato Rodrigues de Carvalho.

Destacavam-se em seu interior seis milagres fixados em telas pelo pintor alemão Thomas Driendl (Munich 1846 – Rio de Janeiro 1916), que foi patrocinado pelo Conselheiro Ferreira Vianna, amigo do Frei Dr. Joaquim do Monte Carmelo. Esses milagres retratados foram colocados na cornija em 1878 e se perderam após várias reformas. Os milagres retratados nas telas que hoje encontramos são mais recentes:

- o da pesca milagrosa;
- o das velas acesas;

---

[44] Brustoloni, Padre Júlio J., C.Ss.R. *Coletânea de Documentos e Crônicas da Capela de Nossa Senhora Aparecida (1717-1917)*. Aparecida, 1978, p. 82.

- o milagre do escravo Zacarias;
- o milagre da menina cega da cidade de Jaboticabal;
- o caçador que escapou de uma onça;
- o milagre do menino Marcelino.

Dois púlpitos de madeira foram esculpidos em cedro da Bahia, encomendados por Frei Monte Carmello, incrustados na parede; testemunhas mudas das pregações, e quantas... dos padres redentoristas. Sempre a Basílica Histórica repleta de romeiros... Pessoas rudes e cultas, pobres e ricos, negros e brancos, idosos e crianças, mas todos com carência de uma palavra de evangelização.

Esculturas do Irmão Bento (1837-1912): o Calvário (Cristo e Nossa Senhora das Dores), para celebrar a passagem do século XIX para o século XX, e a Coroa de Nossa Senhora Aparecida, pintada em 1904, que está na abóbada do altar-mor.

Sobre a nave principal, emoldurada em resplendor, destacava-se a inscrição: *"Ave Gratiae Plena Dominus Tecum"* e hoje "Ave, Maria".

O Bispo Diocesano, Dom Joaquim Arcoverde de Albuquerque Cavalcanti, concedeu a licença de erigir a devoção da Via-Sacra no Santuário de Nossa Senhora Aparecida e de benzer os quatorze quadros, pintados pelo Irmão Redentorista Maximiliano Schmalzl (1850-1930), nascido na Alemanha. A Via-Sacra, pintura de estilo neoclássico, foi inaugurada em 1º de março de 1896. Danificados pelo tempo, foram restaurados pela artista Maria Helena Chartuni, no Museu de Arte de São Paulo (MASP), e a reinauguração ocorreu em 25 de março de 1987.

No ano de 1897, o Padre Valentim von Riedl, C.Ss.R., em carta citada em "Documentos e Crônicas da Capela", folha 135, sobre a devoção à Senhora Aparecida e o chamado para a salvação, assim escreveu:

> "Não há dúvida de que a devoção de muitos são exterioridades, mas tudo serve para a Mãe de Deus. A Rainha do Céu e Senhora vê os corações que a amam e converte-se

em Mãe de Misericórdia para os pobres abandonados espiritualmente, concedendo-lhes favores nas necessidades e chamando-os, de modo admirável, a virem à sua igreja para se confessarem, ingressando no caminho da salvação".

Interior da Basílica Histórica (data desconhecida).
Arquivo da Cúria Metropolitana da Arquidiocese
de Aparecida.

Muitos são os hinos e poemas em homenagem a Nossa Senhora. Destacamos *"O Peregrino da Senhora Aparecida"*, de Telésforo de Oliveira:

"Senhora, peço licença para entrar
e também – se for possível – descansar.
Sabes, melhor que eu, donde venho.
Por onde andei e qual o meu empenho.
Venho de longe, das estradas do mundo.
Trago n'alma o sinete fatal do vagabundo.
Vaguei errante em busca da Alegria, da Beleza e da Amizade
Fugidia...

No fundo das taças, ao sorver o licor,
sobrou-me apenas a gota de amargor.
No fim de cada estrada – solidão,
o desengano atroz de mais ilusão...
Dos longos caminhos, vês como a poeira
cobriu minhas vestes de tanta sujeira.
Olha como as pedras feriram-me os pés.
Esta meia é de lama, Senhora; não vês?
Mas como é bom agora descansar
nesta tua casa, sob o teu olhar...
Disseram que eras boa, terna, carinhosa,
que não tens espinhos como toda rosa.
Ouvi que teu amor não é mercenário,
mas da pureza é o próprio santuário.
Soube também que eras destra enfermeira
e que tens um remédio p'ra toda cegueira.
E eu acreditei... E aqui estou, Senhora!
Ó bela Virgem negra de lábios cor da aurora!
Estou cansado, tão cansado... Deixa-me ficar
sob a suave sombra do teu meigo olhar.
Nada te posso dar, além de minha pobreza.
Tudo espero de ti, cheia de graça e beleza.
Dá-me um pouco de paz no milagre do Pão
e um raio de esperança para meu coração.
Ó potente Senhora, ajuda-me um instante
a carregar da vida o fardo acabrunhante...
Inda peço que laves esta roupa manchada
no lodo das ruas, Mãe Imaculada.
Lava-me no Sangue do Cordeiro imolado.
Ó Mãe da Dor e do Amor crucificado!
Aclara meu caminho como u'a réstia de luz
e acompanha-me, enfim, aos pés de Jesus.
Só assim poderei tranquilamente
repousar para sempre da jornada inclemente".[45]

---

[45] *Ecos Marianos*. Aparecida, Editora Santuário, 1973, p. 119.

O Tenente-Coronel Domiciano Ferreira da Encarnação deixou o cargo no dia 15 de novembro de 1889, pois era monarquista. Depois dele, outros dois tesoureiros ocuparam o cargo por um breve período.

Através do Decreto n. 119-A, de 7 de janeiro de 1890, foi declarado o regime de separação entre a Igreja e o Estado, voltando a administração da Capela para a Diocese de São Paulo.

Decreto n. 119-A, de 7 de janeiro de 1890 (fim ao regime de Padroado)

"Proíbe a intervenção da autoridade federal e dos Estados federados em matéria religiosa, consagra a plena liberdade de culto, extingue o padroado e estabelece outras providências.

O Marechal Deodoro da Fonseca, chefe do Governo Provisório da República dos Estados Unidos do Brasil, constituído pelo Exército e Forças Armadas, em nome da Nação, decreta:

Artigo 1º – É proibido à autoridade federal, assim como à dos Estados federados, expedir leis, regulamentos ou atos administrativos, estabelecendo alguma religião, ou vedando-a, e criar diferenças entre os habitantes do país, ou nos serviços sustentados à custa do orçamento, por motivo de crença, ou opiniões filosóficas ou religiosas.

Artigo 2º – A todas as confissões religiosas, pertence por igual a faculdade de exercerem o seu culto, regerem-se segundo a sua fé e não serem contrariadas nos atos particulares ou públicos, que interessem o exercício deste decreto.

Artigo 3º – A liberdade aqui instituída abrange não só os indivíduos nos atos individuais, senão também as igrejas, associações e institutos em que se acharem agremiados, cabendo a todos o pleno direito de se constituírem e viverem coletivamente, segundo o seu credo e a sua disciplina, sem intervenção do poder público.

Artigo 4º – Fica extinto o Padroado com todas as suas instituições, recursos e prerrogativas.

Artigo 5º – A todas as igrejas e confissões religiosas se reconhece a personalidade jurídica, para adquirirem bens e os administrarem, sob os limites postos pelas leis concernentes à propriedade da mão-morta, mantendo-se a cada uma o domínio de seus haveres atuais, bem como dos seus edifícios de culto.

Artigo 6º – O Governo Federal continua a prover à adequação, sustentação dos atuais serventuários do culto católico e subvencionará por um ano as cadeiras dos seminários, ficando livre a cada Estado o arbítrio de manter os futuros ministros desse ou de outro culto, sem contravenção do dispostos nos artigos antecedentes.

Artigo 7º – Revogam-se as disposições em contrário.

Sala das sessões do Governo Provisório, 7 de janeiro de 1890, 2º da República – Manoel Deodoro da Fonseca – Aristides da Silveira Lobo – Ruy Barbosa – Benjamin Constant Botelho de Magalhães – Eduardo Wandenkolk – M. Ferraz de Campos Salles – Demétrio Nunes Ribeiro – Quintino Bocayuva."

Dom Lino nomeou o Capelão, Cônego Dr. Joaquim do Monte Carmello, e o Major, Antônio Martiniano de Oliveira Borges, como Tesoureiro e um Escrivão, para novamente cuidar da administração da Igreja de Nossa Senhora Aparecida, com o fim do Padroado.

No início do ano de 1893, Dom Lino autorizou um auxílio, conforme original no Arquivo da Cúria Metropolitana de Aparecida.

> "Autorizamos ao Ilmo. Sr. Tesoureiro da Capela de Nossa Senhora da Conceição Aparecida da Freguesia de Guaratinguetá, deste Bispado, João Maria de Oliveira César, a entregar por conta do Cofre da Capela um auxílio de vinte contos de réis em favor das obras do Colégio de Meninas de Nossa Senhora das Graças – terreno por nós aforado ao Recolhimento de Nossa Senhora da Luz, nesta capital, serviço esse a cargo do Ilmo. Sr. Dom Porfírio A. Figueira de Aguiar, que passará o competente recibo.
> São Paulo, 20 de março de 1893.
> Dom Lino, Bispo Diocesano."

O Cônego Dr. Frei Joaquim do Monte Carmello retirou-se para o mosteiro de São Bento, na Bahia, onde faleceu em 11 de agosto de 1899.

A igreja, agora consagrada Basílica, continuou recebendo melhorias. No dia 6 de fevereiro de 1927, ocorreu a inauguração do novo órgão, vindo da Alemanha, a pedido do Vigário, Padre José Francisco Wand, C.Ss.R. A bênção foi dada pelo Arcebispo de São Carlos, Dom José Homem de Mello. Em seguida, entoaram pela Basílica as notas sonoras do órgão, em prelúdio, executado pelo seu fabricante, sr. João Speith.

1893
A IGREJA DE NOSSA SENHORA
RECEBE O TÍTULO DE EPISCOPAL SANTUÁRIO

"A vós, pura e imaculada Conceição Aparecida,
vem rezar ajoelhada a minha alma desvalida."
Luís da Câmara Cascudo, 1904

Após a inauguração da Igreja de Nossa Senhora Aparecida, em 1888, cinco anos mais tarde, no dia 28 de novembro de 1893, Aparecida foi separada da paróquia de Guaratinguetá e declarada autônoma por Dom Lino Deodato de Carvalho, no começo com o título de "Curato", mas logo com o de paróquia, tanto que os registros eclesiásticos oficiais dão a data como a criação da paróquia. Eis o teor do decreto:

Provisão de Isenção e Graças

"Dom Lino Deodato Rodrigues de Carvalho, por mercê de Deus e da Santa Sé Apostólica, Bispo de São Paulo, no Brasil.

Havendo nós resolvido fundar o Santuário de Nossa Senhora da Conceição Aparecida uma Escola Apostólica, resolução esta que merece a aprovação e bênção do SS. Papa Padre Leão XIII, gloriosamente reinante, e além desta, outras obras exclusivamente diocesanas para o desenvolvimento da piedade e devoção dos fiéis, bem da Diocese e aproveitamento dos católicos brasileiros: Havemos por bem pela presente declarar isento da jurisdição paroquial o dito Santuário com os limites seguintes: Ribeirão de Sá até o alto do morro, cabeceiras do mesmo, que verte para o Santuário, pelos altos do dito morro até cabeceiras do Ribeirão da Ponte Alta, por este abaixo até a confluência do Ribeirão do Sá, onde principia.

A administração de todos os sacramentos em tal circunscrição será feita pelo Capelão do Santuário, como Nosso Delegado, observadas as disposições canônicas. Outrossim nos manifestar a nossa devoção e amor ao dito Santuário e esperanças que nutrimos em Maria Imaculada, sua padroei-

ra, havemos por bem conceder ao referido Santuário o título de 'Episcopal Santuário de Nossa Senhora da Conceição Aparecida'.
Esta será lida à estação da missa conventual e transcrita no livro de tombo da paróquia de Guaratinguetá e do referido Santuário.
São Paulo, 28 de novembro de 1893.
E eu, o Padre Júlio Marcondes de Araújo e Silva, Escrivão da Câmara Eclesiástica e Secretário do Bispado, subscrevi-a.
D. Lino, Bispo Diocesano."[46]

Dom Lino constituiu a Comissão Administrativa, com a participação das seguintes pessoas: padre Claro Monteiro do Amaral, Cura do Santuário, como Presidente; João Maria de Oliveira César, como tesoureiro, e o Sr. Artur Alves Marques, como secretário.

Dom Lino Deodato sempre preocupado com a Capela de Nossa Senhora Aparecida, principalmente após a bênção dada em 1888 para a nova Igreja, agora como Episcopal Santuário, e com o número de romeiros aumentando dia a dia.

Igreja de Nossa Senhora Aparecida em 1894.
Arquivo da Cúria Metropolitana da Arquidiocese de Aparecida.

---

[46] Arquivo da Cúria Metropolitana da Arquidiocese de Aparecida (avulso).

1894
FUNDAÇÃO DO SEMINÁRIO BOM JESUS

*"Não fostes vós que me escolhestes,
mas fui eu que vos escolhi e vos confiei
a missão de ir e produzir frutos."*
João 15,9-17

Pedra fundamental do Seminário Bom Jesus.
8 de agosto de 1894.

A pedra fundamental da Escola Apostólica, depois Casa de Nossa Senhora Aparecida, hoje Seminário Bom Jesus, foi benta em 6 de agosto de 1894, por Dom Lino Deodato Rodrigues de Carvalho, bispo de São Paulo, em terreno doado pelo Padre Lourenço Marcondes de Sá em 1838, conhecido como "chácara das Pitas". O objetivo era atender como Seminário Central às necessidades da Igreja na formação de futuros sacerdotes.

Em 19 de agosto de 1894, com o falecimento de Dom Lino, seu sucessor, Dom Joaquim Arcoverde de Albuquerque Cavalcanti, deu início à construção do prédio, obra continuada por seus sucessores, Dom Antônio Alvarenga e Dom José de Camargo Barros, Arcebispos da Arquidiocese de São Paulo.

O engenheiro e arquiteto foi o Dr. Francisco Carlos da Silva, paulista, diplomado na França, onde se casou; sua esposa era da família Collet, motivo pelo qual o arquiteto se inspirou no Palácio de Versailles. O mestre de obras foi o italiano Augusto Fiorani e o empreiteiro o sr. Nicolau Guilherme, tendo 13.000 metros quadrados de área construída e concluída em 1958.

Em uma parte do edifício de três andares, funcionou o Asilo de Nossa Senhora Aparecida, fundado em 11 de maio de 1923, e voltou novamente em 1934, confiado às Irmãzinhas da Imaculada Conceição, congregação fundada pela Santa Madre Paulina do Coração Agonizante de Jesus. Esse edifício contava com dois andares destinados ao Asilo e o pavimento térreo para o abrigo de romeiros. Atualmente, o Asilo é o Lar Nossa Senhora Aparecida, obra social do Santuário Nacional, e se encontra instalado na Avenida Getúlio Vargas. O Santuário Nacional, em permuta com a Vila Vicentina, construiu 40 casas no sopé do Morro do Cruzeiro, para os menos favorecidos, que hoje funciona como asilo, inaugurado no dia 29 de novembro de 1960.

Um setor do edifício, inaugurado dia 8 de dezembro de 1927, foi utilizado para retiro espiritual.

Abrigou a Santa Madre Paulina entre os dias 10 a 20 de agosto de 1923.

Em 1929, foi cedido por Dom Duarte aos padres redentoristas para a instalação do Seminário Santo Afonso, que ali funcionou até 1952.

Seminário Central Nossa Senhora Aparecida (Colegião) – 1900.

No ano de 1932, por ocasião da Revolução Constitucionalista, tropas do exército brasileiro acamparam no terreno do Seminário Bom Jesus.

Em 1977, por decisão do Cardeal Motta, foi criado o Seminário Bom Jesus, sendo o primeiro reitor o Monsenhor Mário Cuomo.

O Papa João Paulo II esteve no Seminário Bom Jesus em 1980, onde almoçou e teve um encontro com os seminaristas.

A Cúria Metropolitana da Arquidiocese de Aparecida foi transferida da Torre Brasília do Santuário Nacional para o andar térreo do edifício Bom Jesus em 1996.

Pela segunda vez hospedou um Papa. Bento XVI esteve de 11 a 13 de maio de 2007 no Seminário, que passou por obras de revitalização para recebê-lo.

Os seminaristas voltaram a residir no edifício em 2010.

Mantém hoje a "Pousada do Bom Jesus", para momentos de tranquilidade em um espaço do século XIX, com uma paisagem bucólica a seu redor, sendo 10 hectares de área arborizada, cuja renda é revertida para a manutenção do prédio e a formação de seminaristas do curso de Filosofia e Teologia da Arquidiocese.

A Arquidiocese de Aparecida, em extensão territorial, é uma das menores do Brasil.

O Seminário Bom Jesus teve a honra de receber no dia 24 de julho de 2013 o Papa Francisco, que ali passou algumas horas, almoçou e também se encontrou com os seminaristas.

1894
OS "FILHOS" DE SANTO AFONSO
CHEGAM A APARECIDA

A história de Aparecida não seria nada
sem o encontro da Imagem pelos três pescadores.
E seria outra, também, a história da devoção a
Nossa Senhora sem os Padres Redentoristas!

A Igreja de Nossa Senhora Aparecida foi confiada ao Monsenhor Claro Monteiro do Amaral, natural de Pindamonhangaba-SP, nomeado o capelão-vigário do Distrito de Aparecida por Dom Lino Deodato Rodrigues de Carvalho, bispo de São Paulo, em 18 de novembro de 1893. O Padre Claro Monteiro estudou no Seminário do Caraça, Minas Gerais, e ordenou-se na cidade mineira de Mariana, em 1883.

Para cuidar dos romeiros que já chegavam para cumprir suas promessas, Dom Joaquim Arcoverde Albuquerque Cavalcanti, Bispo Coadjutor de São Paulo, em uma viagem a Roma, apresentou um relatório sobre o "Episcopal Santuário de Nossa Senhora Aparecida". Recebeu autorização do Superior-Geral dos missionários redentoristas, padre Matias Raus, para que alguns padres da Província da Bavária, na Alemanha, viessem do Santuário de Altötting da Virgem Negra para Aparecida. A vinda dos padres redentoristas atendia a um pedido de Dom Lino Deodato Rodrigues de Carvalho. Seu falecimento na cidade de Aparecida, no dia 19 de agosto de 1894, impediu-o de receber os religiosos que chegariam.

A Congregação do Santíssimo Redentor foi fundada por Santo Afonso Maria de Ligório (seu nome de batismo era Afonso Maria Antônio João Francisco Cosme Damião Miguel Ângelo Gaspar de Ligório) em 9 de novembro de 1732, na cidade italiana de Scala, e aprovada pelo Papa Bento XIV em 25 de fevereiro de 1749. A Congregação tem como lema *"Copiosa Apred Eum Redemptio"* – "Com ele (Jesus) a Redenção é Abundante". Figura notável, Santo

Afonso foi advogado aos 16 anos, mais tarde, ordenou-se padre aos 30 anos e, em seus primeiros anos de sacerdócio, esteve junto aos jovens marginalizados de Nápoles e, posteriormente, foi sagrado Bispo. Escritor, publicou "Visitas ao Santíssimo Sacramento e a Maria Santíssima", que teve 80 edições enquanto viveu e mais de duas mil edições após a sua morte, em todos os principais idiomas do mundo, disponível ainda nos dias de hoje.

> "Na minha casa – diz Santo Afonso – os meus pais nunca me faltaram com nada, como se não fosse o meu pai um dos nobres mais ricos de Nápoles. Recebi, por isso, uma formação esmerada, não apenas no meu curso de Direito, como também na literatura, música, pintura e não menos na fé cristã. Aos meus 16 anos, já estava formado em Direito. No exercício da magistratura, defendi muitas causas. Por ser o filho primogênito na família, o meu brioso pai ambicionou sempre o melhor para mim: casamento com uma donzela de alta nobreza, um posto importante na magistratura de Nápoles... e tantas outras coisas. – E minha mãe? – Que perfil tão diferente o seu! Tão diferentes também os seus sonhos a meu respeito. Tudo fez para me moldar na sensibilidade, na delicadeza de consciência, no testemunho da fé cristã.
>
> [...]
>
> Os anos foram passando – diz Santo Afonso. Foram passando e, em 1723 – tinha eu já os meus 27 anos –, uma sentença do tribunal caiu sobre mim e a causa que eu defendi. Foi a primeira causa que perdi. Por quê? Tudo por suborno e corrupção. Imagine-se a minha desilusão e a minha dor! Sai dali e, ao descer, ia repetindo para mim próprio: Mundo, agora eu te conheço! Adeus, tribunais! Não me vereis jamais! Corri para casa, tranquei a porta do meu quarto e ali fiquei três dias sem comer. Não quis ver ninguém. Chorei. Meditei. Rezei e decidi. Comecei a ser outro homem. Não percebi lá muito bem o que seria o meu futuro. Mas uma coisa era certa: não seria mais advogado".[47]

---

[47] Trecho de uma carta de Santo Afonso. *Ecos Marianos*. Aparecida, Editora Santuário, 1996, p. 7 e 9.

Estando já em avançada idade, disse um dia em tom profético: "Não duvideis, a Congregação manter-se-á até o dia do Juízo, porque não é obra minha, mas de Deus. Durante minha vida ela vegetará na obscuridade e humilhação, mas após a minha morte estenderá suas asas pelos países do Norte".[48]

Faleceu em 1º de agosto de 1787, com 91 anos de idade.

O Papa Pio IX, em 1871, publicou um decreto declarando Santo Afonso Maria de Ligório Doutor da Igreja.

Os padres da Congregação vieram de Gars am Inn, na Baviera, Alemanha. Escolhidos os missionários que formariam a primeira equipe, embarcaram no navio "Brésil", saindo do porto de Bordeaux, na França, em 5 de outubro de 1894, chegando ao Rio de Janeiro no dia 20 do mesmo mês.

Em 28 de outubro, às 16 horas, embarcaram na Estação da Estrada de Ferro Central do Brasil, chegando a Aparecida por volta das 23 horas, quando foram acolhidos pelas autoridades e moradores de Aparecida os primeiros redentoristas: José Wendl e Lourenço Gahr (que não conseguiu aprender a língua portuguesa) e os Irmãos Rafael Messner, Simão Veight e Estanislau Schrafft. Estavam acompanhados do Padre Claro Monteiro do Amaral e dos Padres Gebardo e João Spaet, que iriam para a fundação na então cidade de Campininhas das Flores em Goiás, hoje um bairro de Goiânia. Lá chegaram no dia 12 de dezembro do mesmo ano.

Os missionários redentoristas foram residir nas casas da "Santa", ocupando duas delas, na Rua Nova, hoje Rua Oliveira Braga, onde os romeiros eram hospedados.

Na manhã seguinte, conheceram a igreja e celebraram a primeira missa. Até hoje, quantas já celebraram! E daí por diante jamais faltaram na assistência espiritual aos aparecidenses e romeiros.

---

[48] *Almanaque Nossa Senhora Aparecida*. Aparecida, Editora Santuário, 1932, p. 73.

Primeira comunidade redentorista.
Foto tirada em Gars am Inn, na Alemanha no dia 21 de setembro de 1894.
Sentados: Padre Lourenço Hulbauer, Padre Miguel Siebler, Padre João da Mata Spaeht, Padre Gebardo Konzet Wiggermann, Padre Lourenço Gahr, Padre José Wendl, Padre Valentim von Riedl. De pé: Ir. Norberto, Ir. Gebardo Konzet, Ir. Ulderico, Ir. Floriano, Ir. Simão, Ir. Rafael e Ir. Estalisnau.

Após três dias, os padres iniciaram seu apostolado com o terço recitado diariamente às 18 horas, hora do *Angelus*.

A respeito da chegada dos padres redentoristas, há um depoimento do Cel. Rodrigo Pires do Rio, registrado no livro *Documentos e Crônicas da Capela de Nossa Senhora Aparecida*, à folha 184:

> "Chegaram a este lugar, no dia 28 de outubro, os Revmos. Padres Redentoristas Gebardo, José, Lourenço, João e alguns Irmãos. Foram albergados no velho pardieiro, que neste lugar existe. Não obstante estarem habituados a certo conforto, a nova habitação não lhes causou a menor tristeza; ao contrário, a alegria deles era intensa e comunicativa. Vinham a serviço de Deus, pouco ou nada se importando com os espinhos que encontravam no caminho, afastando as dificuldades quer materiais, quer morais".

No mês de dezembro, mudaram-se para o prédio que o sr. João Maria, tesoureiro, havia reformado.

Desde a visita de Dom Antônio Joaquim de Mello à Capela de Aparecida, em 1854, iniciou-se o costume de se dar a bênção com o Santíssimo após a missa de quinta-feira, determinando ainda que fosse conservado o Santíssimo para adoração dos fiéis. Estando sempre nos confessionários, o número de comunhões foi aumentando, embora os padres redentoristas ainda não conhecessem a língua portuguesa.

Vieram para anunciar o Evangelho, pregar missões populares, onde propagavam a devoção a Nossa Senhora Aparecida, levando sua imagem a todas as Missões. Santo Afonso recomendava: "Faça--se sempre uma pregação sobre Nossa Senhora em todas as missões, fazendo ver ao povo o quanto é útil recomendar-se a Maria...".[49]

Cinco anos após a separação entre o Estado e a Igreja, a Pastoral do Santuário foi entregue oficialmente aos padres redentoristas. O Padre Claro Monteiro do Amaral pediu exoneração do cargo de Vigário de Aparecida no dia 22 de janeiro de 1895. Algum tempo depois, em 9 de maio de 1901, durante uma missão para catequizar índios, foi barbaramente assassinado pelos Kaingangs, nas águas do Rio Feio, hoje Município de Penápolis.

No dia 23 de janeiro de 1895 tomou posse como Vigário o Padre José Wendel, C.Ss.R., que permaneceu até o dia 25 de novembro, quando foi transferido para Campinas de Goiás. No mesmo ano chegaram o padre Valentim von Riedl, vindo da Alemanha, e o padre Gebardo Wiggermann, vindo de uma breve estada em Goiás, no mês de julho; e, em novembro, padre Gebardo assumiu como Vigário, permanecendo no cargo durante dez anos. Veio como fundador e primeiro Vice-Provincial da Vice-Província bávaro-brasileiro. A sede era em Campinas de Goiás. Devido às dificuldades de comunicação, a sede foi transferida para Aparecida. Os padres redentoristas apresentavam-se sempre de batina preta, colarinho branco e um rosário de Maria pendente ao lado esquerdo, em forma de M, lembrando sempre a Virgem Maria.

Carta do padre Lourenço Gahr, primeiro superior da comunidade redentorista de Aparecida ao Monsenhor A. Prachar, de Bremen, Alemanha

---

[49] *Revista de Aparecida*. Publicação do Santuário Nacional de Aparecida para a Campanha dos Devotos, 2006, p. 11.

"Aparecida, 1º de junho de 1895.
Reverendíssimo Monsenhor.

Em minha primeira relação, participei-lhe nossa feliz viagem marítima, a benevolência e generosidade do Governo, a recepção festiva no Rio de Janeiro e São Paulo e que o jovem bispo nos confiara o célebre Santuário conhecido, em todo o Brasil, de Aparecida; um lugarejo de 1.500 pessoas, distante do Rio 9h e de São Paulo 6h, viajando-se de trem rápido, em corrida veloz. [...]

Passo agora a contar mais detalhadamente a origem da peregrinação. [...]

Foram construídas diversas capelas, que logo se tornaram pequenas; afinal, em meados deste século, a bela igreja atual com duas torres e que, segundo juízo de um entendido, é a mais bela do Estado. [...] No dia 9 de abril, esteve aqui o Presidente de São Paulo; veio inesperadamente, de trem especial, com toda a família e grande séquito. Uma hora antes da chegada, o chefe da estação avisa: 'chega o Presidente'. Não se pode por isso fazer-lhe recepção condigna ao cargo. O grande fazendeiro do lugar pôs sua carruagem à disposição; os da comitiva tiveram que se arranjar com os troles, que se encontram geralmente na estação. [...] Uma família de Itajubá, cidade do Estado de Minas Gerais, veio para batizar o filho, trazendo também a banda de música. Tocando alegres, subiram da estação para a igreja; e, durante o batizado, os músicos se postaram em volta do lugar do batismo. Foi batizado com o nome de Sebastião. São Sebastião e Nossa Senhora foram os padrinhos, representados por duas pessoas. Ao terminar o batizado, a música tocou uma marcha brasileira;

Saída dos troles da Estação Ferroviária (data desconhecida).

na Europa não se pode fazer ideia disso. Lá nem um príncipe herdeiro é batizado com tanta pompa. [...]

A maior parte dos romeiros vem de trem, mas no tempo seco, de abril a novembro, vêm muitas caravanas com 15-30 cavalos, burros e cargueiros, as mulheres com crianças de colo, cavalgam à frente, seguem-nos os cargueiros sem tropeiros, carregando alimentos e apetrechos domésticos e de cozinha etc., cobertos com couro de boi, e tudo em jacás nas costas do animal; enfim vêm os homens montados e, tendo muitas vezes na frente e atrás da sela um filho, em geral descalços. São poucos os sapateiros por falta de trabalho; em Aparecida não há nenhum sequer, porque a metade da população não usa sapato; é coisa supérflua.

Chegando, dirigem-se logo ao Santuário, rezam por algum tempo; muitas vezes com lágrimas nos olhos, beijam reverentes os altares, costume conservado pelo próprio Presidente; colocam frequentemente grandes quantias no cofre, mandam celebrar uma ou mais missas, que se mandam mensalmente ao bispo, quando não as podemos celebrar; ouvem, devotos, a missa; [...] ir de joelhos da porta até o altar é coisa de todos os dias.

Há coisas comoventes; alguns fazem a promessa de subir de joelhos a rua principal, calçada de grandes pedras irregulares, morro acima, num trajeto de uns oito a dez minutos, e o fazem vestidos de penitentes, rezando e cantando. Após seis minutos, tingem-se as pedras de seu sangue. É uma cena que comove até às lágrimas. De fato são grandes os sacrifícios externos desses romeiros. [...]

Recomendo-me e toda nossa Missão às orações de Vossa Excelência, sou com muito respeito: servo dedicado.

Padre Lourenço Gahar, C.Ss.R."

E continuou o padre Lourenço Gahr, primeiro superior da comunidade redentorista de Aparecida:

"Dizem que, antes de nossa vinda, as comunhões eram apenas 100 por ano. Agora, começam a subir; do começo do ano até agora já tivemos 1.000 comunhões. Nossa Senhora deve amar muito os brasileiros e parece amanhecer já melhores tempos para eles, pois, tendo eles tanto amor para com ela, é impossível que Maria os deixe desamparados. Em particular, os pretos são gente de boa índole, dos quais algo se pode conseguir [...]".[50]

---

[50] Brustoloni, Padre Júlio J., C.Ss.R. *Coletânea de Documentos e Crônicas da Capela de*

Foram crônicas para informar o apostolado dos redentoristas a seus confrades na Alemanha, como encontraram os aparecidenses e romeiros, com ausência ou pouca catequese e faltando alguns esclarecimentos. Agora as missões, o aumento das confissões e comunhões e quantos padres redentoristas utilizaram o cavalo como meio de transporte para visitar doentes! E dar continuidade à devoção a Maria Santíssima através da Imagem de Nossa Senhora da Conceição Aparecida.

No jornal "A Folha", de 2 janeiro de 1898, no artigo "Padres Redentoristas", lemos: "O romeiro que veio a Aparecida há quatro anos e agora visita o Santuário, comparando a impressão que teve naquele tempo com o que tem agora, ficará sem dúvida atônito diante do que agora pode ver. A romaria daquele tempo era, com exceção, puramente exterior. A devoção consistia no ósculo à Imagem, numa esmola colocada nos cofres, e acabou-se".

O padre José Wendl escreveu em sua Crônica da Comunidade Redentorista de Aparecida, em 1901, a folha 111:

Fila para beijar a Imagem.
Basílica Histórica. Altar de Nossa Senhora Aparecida até o ano de 1934.

Nossa Senhora Aparecida (1717-1917). Aparecida, 1978, p. 95 e 96.

"A vida no Santuário.

Abre-se a igreja às 6 horas, em dias mais longos, e às 6h30 em dias mais curtos. Celebram-se missas de meia em meia hora até as 8h30. A missa das 8h30 nas quintas-feiras é celebrada diante do Santíssimo exposto, com participação do povo e muita frequência. Aos sábados, no mesmo horário, celebra-se a missa de Nossa Senhora com cânticos acompanhados pelo órgão. Faz-se a pregação e, terminada a missa, o coro canta o Salve-Rainha, enquanto o sacerdote incensa o altar. Após a missa, o povo espera que se abra a cancela da grade da comunhão e se precipita para o altar-mor para beijar a Imagem".

Em 11 de setembro de 1910, Dom Duarte Leopoldo e Silva, Arcebispo de São Paulo, em visita pastoral à Basílica de Aparecida, registrou seu pensamento: "A impressão geral é boa, deixando a convicção de que a Basílica está confiada a sacerdotes zelosos e dedicados, aos quais se deve a completa e radical mudança que hoje se nota no espírito dos romeiros em geral e em especial nos habitantes da localidade e suas vizinhanças".[51]

Aos poucos, foram surgindo as Irmandades e Associações. A Conferência de São Vicente, o Apostolado da Oração, a Pia União das Filhas de Maria e a Associação de São José, que, em 1921, passou a ser a União dos Moços Católicos. Em 1935, a Congregação Mariana. Essas Irmandades e Associações sempre estiveram presentes nas ladainhas, missas e procissões, num verdadeiro espírito de paróquia, sempre ao lado dos padres redentoristas.

Criaram também retiros para senhoras, homens, estudantes e professoras, e a catequese para meninas e meninos. A Casa de Retiro funcionou no Seminário Bom Jesus. Dom Duarte Leopoldo e Silva, Arcebispo de São Paulo, pediu aos padres redentoristas que a Casa só se destinasse para retiro.

A Congregação dos Redentoristas já deu à Igreja santos: Afonso de Ligório, Geraldo Majella, Irmão leigo, Clemente Maria Hofbauer, João Neumann, e os Beatos Pedro Donders, Gaspar

---

[51] Arquivo da Cúria Metropolitana da Arquidiocese de Aparecida (avulso).

Stangassinger, Pedro Romero Espejo, José Xavier Gorosterratzu Jaunarena, Ciríaco Olarte y Pérez de Mendiguren, Víctor Calvo Lozano, Miguel Goñi Ariz, Julián Pozo y Ruiz de Samaniego e os beatos ucranianos: Basílio, Nicolau, Zenão e Ivan, que estão em processo de canonização pela Igreja.

Missionários redentoristas e o apostolado das missões populares

Os redentoristas foram, são e serão missionários, levando a pedido de Santo Afonso de Ligório uma imagem de Nossa Senhora Aparecida em suas missões.

Merecem aqui um capítulo por este apostolado.

A missão popular, ou Santas Missões como é conhecida, é o encontro ou a reconciliação do ser humano com Jesus Cristo, através do evangelho. "Convertei-vos e crede no Evangelho" (Mc 1,15).

É difícil citar um município que não recebeu uma missão, abrangendo os estados.

O padre José Wendl, C.Ss.R., assim escreveu sobre as Missões:

> "Temos tido missões em Aparecida? No começo não foi possível; éramos poucos para atender o Santuário: quatro padres para tudo. Com a vinda do Padre Hubbauer e auxílio dos Padres Kammerer e Dambacher, já falando regularmente, pôde-se começar as missões em outubro de 1897. Foi na cidade de Areias, por 10 dias. Os padres Riedl e Siebler se revezaram duas vezes ao dia, no púlpito. [...]
>
> Vou lhes contar um caso acontecido numa missão. Um homem veio de longe à missão e em jejum, pois queria comungar. Trazia na sacola um tatuzinho assado para o desjejum. Veio-lhe então a dúvida: como o tatu depois da comunhão, então o Senhor Jesus fica abafado debaixo dele; como antes da comunhão, então não está certo, mas ao menos o tatu fica por baixo! Resolveu o caso, comendo o bichinho e depois foi comungar devotamente.
>
> [...]
>
> Foram, pois, 18 as grandes missões pregadas por Aparecida.
>
> [...]

O mais belo fruto da graça foi a missão, que pregamos no Santuário de 28 de junho a 10 de julho. Era destinada só para nossa paróquia, não se fez propaganda fora. Apesar disso, a frequência foi grande. Conhecendo-se a situação do Brasil, pode-se dizer que a missão foi obra da graça do começo ao fim; não havendo nada que atrapalhasse. As pregações da manhã eram pouco frequentadas, mas nas da noite, a igreja ficava repleta. Às 5h30 da tarde de cada dia, fazia-se a procissão, levando os meninos a imagem de Jesus Nazareno e as meninas a de Jesus de Praga. [...] Na igreja, o canto, no qual todo o povo tomava parte, era dirigido pelo padre Vicente. O tempo estava lindo; nesse tempo não chove ou só raramente. Extraordinário foi o acontecido na procissão de Nossa Senhora. Ao sair da igreja, começou a chover, o céu estava preto de nuvens, era a tempestade. Recorremos ao beato Geraldo e, num minuto, a chuva parou e, ao darmos a segunda volta em torno da igreja, o céu, completamente limpo. Massa enorme tomou parte na procissão final e no sermão a igreja não comportava mais ninguém, corpo da igreja e tribuna repletos. Comovente, quando ao final, as crianças cantaram 'O céu pátria da alma'".[52]

Na mesma Crônica, o padre José Wendl narrou as missões que, na cidade de Queluz, antes Vila de São João de Queluz, ocorreram em 1903: "Deus nos acompanhou com sua bênção. A imagem de Nossa Senhora Aparecida, que levamos conosco, parece exercer uma atração especial, pois muito e piedosamente se rezava diante dela".

Em 1919, o Cel. Pires do Rio, por ocasião da festa dos 25 anos da chegada dos redentoristas (1894-1919), assim se expressou: "Em pouco tempo eles eram senhores do campo. Tinham metamorfoseado os costumes morais e materiais do povo de Aparecida. Eis como se explica a intensa peregrinação, que, diariamente vem prestar culto à Rainha do céu e da terra".[53]

---

[52] "Crônicas da comunidade redentorista de Aparecida – Ano 1901 – Missão na paróquia. Padre José Wendl, C.Ss.R.", in BRUSTOLONI, Padre Júlio J., C.Ss.R. *Coletânea de Documentos e Crônicas da Capela de Nossa Senhora Aparecida (1717-1917)*. Aparecida, 1978, p. 114, 120 e 121.

[53] *Jornal Santuário de Aparecida*, 19/12/1919.

Missão em Aparecida, 6 a 22 de março de 1965

1898
SEMINÁRIO REDENTORISTA SANTO AFONSO, PARA ACOLHER SEUS FILHOS

Hoje é dia de louvor no Seminário Santo Afonso. Os "meninos" que aqui tiveram sua primeira formação espiritual receberam a ordenação sacerdotal de Missionários Redentoristas!

O Seminário Redentorista Santo Afonso foi fundado em 3 de outubro de 1898.

Padre Gebardo Estêvão Wiggermann, vice-provincial, fundou uma "escola de coroinhas" para os meninos que participavam dos ofícios religiosos do Santuário. Da escola dos coroinhas, percebeu-se a necessidade de se fundar um seminário.

O local escolhido foi um pequeno chalé – um dos cinco construídos para a hospedagem dos romeiros na rua Nova, hoje Oliveira Braga (Dr. Francisco de Assis Oliveira Braga) –, com apenas cinco cômodos: sala de estudo, sala de jantar, capela, dormitório e quarto do diretor. O primeiro diretor foi o Padre Valentin von Riedl, C.Ss.R., que não chegou com os primeiros redentoristas por problemas de saúde.

O primeiro sacerdote a ser ordenado foi o Padre Oscar Chagas de Azeredo, C.Ss.R., o único de um grupo de cinco seminaristas: Matias José de Lima, José Marcondes Rangel, Francisco Furtado, João Evangelista de Andrade. Oscar Chagas de Azeredo e mais dois brasileiros, José Benedito da Silva e Orlando Lino de Moraes, foram ordenados em 1912, na Alemanha, e José Lopes Ferreira foi ordenado em 1913.

O segundo espaço, agora maior, era no largo da igreja, o Hotel Arlindo, antigo Precioso. No dia 2 de agosto de 1902, à folha 47, do I Livro do Tombo da Paróquia de Nossa Senhora Aparecida, está registrado o seguinte telegrama: "Bispo felicita comunidade: inauguração 'Juvenato' e concede bênção aos padres e alunos". Mesmo assim passou por reforma, e os seminaristas foram no ano de 1916 para o bairro da Pedrinha, em Guaratinguetá, distante de Aparecida aproximadamente 20 km, ao sopé da Serra da Mantiqueira. A casa foi comprada em 1912 para os seminaristas passarem as férias e para passeios nos campos, em terras que faziam divisa com Campos do Jordão. Em 1953, tornou-se um pré-seminário.

Em 2 de agosto de 1917 um novo espaço, onde hoje é o Hotel Recreio. Quando parecia que a casa comportaria a todos, ela tornava-se pequena e, mais uma mudança; em junho de 1929, o Seminário foi para a Escola Apostólica, hoje Seminário Bom Jesus.

Seminário Santo Afonso.

Os seminaristas redentoristas ocuparam o Seminário Bom Jesus até 1952, quando D. Carlos Carmelo Cardeal Motta pediu a devolução do prédio.

Finalmente, após missa celebrada por Dom Carlos Carmelo de Vasconcellos Motta, Cardeal de São Paulo, para inúmeros convidados e graças aos esforços de Dom Antônio Ferreira de Macedo, C.Ss.R., o responsável pela obra, em 28 de outubro de 1953, a nova e majestosa sede do Seminário Redentorista Santo Afonso foi inaugurada, onde permanece até os dias de hoje, apresentando um formato especial nas letras E e M. O Padre José Pereira, C.Ss.R., na época Superior da Comunidade do Seminário, assim o definiu: "O Seminário Santo Afonso, no encanto de sua simetria, desenha E, desenha M, para dizer: 'Escolhidos por Maria'. Sobre o altar, está escrito: *dies impendere pro Redemptis*: gastar os dias em prol dos Redimidos". A planta é do Padre Luiz Inocêncio Pereira, C.Ss.R.

Atualmente, é utilizada uma parte de seu prédio para a Casa de Hospedagem Seminário Santo Afonso e também para o Centro de Espiritualidade Redentorista.

TERCEIRA PARTE

TERCERA PARTE

LEMBRANÇAS DE APARECIDA
1900 A 1995

❝ *O Bispo de São Paulo sobe até o trono onde está a Veneranda Imagem; diante dele, de joelhos está o superior dos redentoristas Padre Gebardo Wiggermann sustentando nas mãos, sobre riquíssima almofada, a preciosa coroa de ouro; o Bispo toma a coroa, levanta-a e a sustenta sobre a cabeça da Veneranda Imagem; pára, lágrimas de viva comoção deslizam-lhe pelas faces. Silêncio profundo reina no meio de toda aquela grande multidão; todos levantam-se na ponta dos pés para melhor enxergarem...*❞[1]

8 de setembro de 1904

---

[1] Leia na íntegra na p. 173.

COMO ERA APARECIDA EM 1900?

De longe eu ouço...
a conversa das famílias
em frente à porta das casas...
a música dos sinos...
e o padre orando...

A igreja imponente, sempre iluminada com lampiões e candelabros, abraçando as casas ao seu redor e aos poucos surgindo casas de mais de um piso, como era costume chamar os sobrados, todas entrelaçadas para protegerem a igreja; o chafariz para romeiros e aparecidenses, obra construída com dinheiro do cofre da Santa. Encontramos ainda no largo casas para hospedar os romeiros pobres, pois deles vinham os donativos. São de 1890 as duas primeiras lojas: a Verdadeira Casa Azul, de Miguel Matuck, e a Verdadeira Casa Verde, de Chad Gebran.

"Já estive diversas vezes na Aparecida,
onde há uma velha luta
que é uma antiga disputa
entre duas casas comerciais
que querem ao mesmo tempo ser
na ladeira de sol
a Verdadeira Casa Verde."
Oswald de Andrade

Os hotéis aos poucos foram surgindo: o Grande Hotel das Famílias já existia desde 1896 aproximadamente (no mesmo endereço até hoje), que por diversas vezes hospedou o escritor e poeta Oswald de Andrade; Hotel Globo; Grande Hotel Central; Hotel Fidêncio; Royal Hotel (depois Recreio). Na ladeira, o Hotel do Fernando e, em 1918, o Hotel São Paulo e Minas, do sr. Satyro Leonardo de Paiva; em 1923 o Novo Hotel, de propriedade do sr. Ângelo Pasin (meu avô paterno, que chegou da Itália em 1888). E mais e muitos hotéis...

Grande Hotel das Famílias em 1896. Arquivo Caroline Lellis.

Registro aqui uma parte da história do Grande Hotel Central, que desde 1915 está com a família Lellis Andrade. No ano de 1912, chegaram de Leopoldina-MG o sr. Camillo de Lellis da Gama Valle e sua esposa, a sra. Maria José de Oliveira Lellis, e alugaram o Hotel do Globo, atrás da igreja de Nossa Senhora Aparecida. Com muitas escadas, no ano de 1915 preferiram alugar o Grande Hotel Central no Largo da igreja, que comportava 30 hóspedes, sendo de propriedade da sra. Joana Fonseca, irmã do vigário paroquial. Em 1925, o sr. Camillo comprou o prédio.

O sr. Camillo esteve à frente do Hotel Central com sua esposa até o seu falecimento em 13 de maio de 1956. A partir daí, o hotel foi gerenciado por seu genro, o sr. Rubem Marcondes de Andrade, casado com Helena Lellis de Andrade, proprietária do hotel, falecida em 2014, com 93 anos de idade, e depois administrado por seu filho Rubem E. Lellis de Andrade. Os "Registros de Entradas e Saídas dos Hóspedes" estão conservados desde o Hotel do Globo, como exemplo citamos um hóspede do Hotel Central: em 11 de março de 1937, deixou assinado de próprio punho, com caneta tinteiro, o seu nome: W. Braz (ex-presidente Wenceslau Braz) – viúvo – 69 anos – industrial – procedência: Itajubá, Minas Gerais, com destino para São Paulo, SP, com saída dia 12 de março. Um romeiro que aqui esteve por incontáveis vezes. Durante muitos anos os livros eram enviados à Delegacia de Polícia e vistoriados pelo delegado.

Não existia energia elétrica, inaugurada em Aparecida em 1912; mas só em março de 1913 concluíram-se as instalações na cidade e final de novembro na Basílica. Antes da chegada da energia elétrica na cidade, a partir da oração do *Angelus* às 18 horas e em alguns meses às 17 horas, todos se recolhiam ou contavam com a luz da lua cheia; os lampiões a querosene eram escassos.

Eram poucas as ruas, do lado e atrás da igreja; a principal era a rua da ladeira, que conduzia à estação ferroviária; na Rua Nova, sempre com muitos buracos, o encontro com o bonde puxado por burros.

A zona urbana invadindo a zona rural.

Vemos a grande várzea do Rio Paraíba do Sul, acompanhando silenciosamente a nossa história, e a serra da Mantiqueira, sempre nos protegendo com suas altas "paredes"!

São poucas as melhorias desde a última descrição. Após a inauguração da igreja, os trens de romeiros e a presença dos padres redentoristas, conhecedores deste apostolado no Santuário da Senhora de Altötting, de cor negra, chamada de Virgem Negra da Baviera, na Alemanha, houve esperança...

Praça Nossa Senhora Aparecida, década de 1910.

1900
OS ROMEIROS CHEGAM EM ROMARIAS PAROQUIAIS

Primeiro os de casa,
depois os vizinhos,
os de mais longe,
viajantes da Estrada Real,
romeiros de todo o Brasil,
e até os que moram fora
de nossas fronteiras!

Desde outubro de 1717, quando Felipe Pedroso e seus familiares começaram a venerar em casa a Imagem aparecida, os romeiros estavam e estão ao lado da Virgem Aparecida, vindos de todos os recantos do Brasil e até do exterior.

O Padre José Alves Vilella, da Vila de Santo Antônio de Guaratinguetá, por volta do ano de 1732, após a notícia dos muitos prodígios que a Senhora fazia, registrou no Livro do Tombo da Paróquia de Santo Antônio, à folha 78:

> "Os prodígios desta Imagem foram autenticados por testemunhas que se acham no Sumário sem Sentença, e ainda continua a Senhora com seus prodígios, acudindo à sua santa casa romeiros de partes muito distantes a gratificar os benefícios recebidos desta Senhora". [...]

Reporto-me aos primeiros romeiros que tiveram a bênção de dormir dentro da Capela e à noite, com a Imagem em suas mãos, levar a todos que ali se encontravam, e os comparo aos milhares que hoje ficam horas na fila esperando ansiosamente para que possam aproximar-se do nicho por instantes e terem o privilégio de um íntimo momento de oração, e quando erguem o olhar para a Senhora, seu rosto é de agradecimento e confiança, uma fé que não precisa de explicação... e o momento do diálogo silencioso... "A Fé é o fundamento das coisas que se esperam e uma demonstração das coisas que não se veem" (Hb 11,1).

Em todos os dias, e nesses quase trezentos anos, Nossa Senhora Aparecida acolheu seus romeiros, que aqui já chegaram de carro de boi, de trem e de caminhão, e que hoje chegam de ônibus, de carro, de bicicleta, de moto, de charrete, a pé, a cavalo e de helicóptero, de geração em geração, príncipes, cientistas, literatos, presidentes e governadores, homens do campo e das cidades, padres, freiras, bispos, cardeais, papas, autoridades, militares, artistas, atletas...

O Livro da Instituição da Capela menciona a data de 10 de julho de 1802 na qual, em Aparecida, eram recolhidas as caravanas com suas tropas e os animais de montaria. Menciona o "pasto da Senhora" que, provavelmente, àquela época, é hoje a Rádio e TV Aparecida.

No 1º Livro de Sessões da Mesa Protetória, folha 41 e verso, encontramos:

> "Casas para romeiros de 1 de junho de 1839 [...] que se pedisse quanto antes ao atual Provedor de capelas, o Juiz Municipal, autorização para reedificação dos edifícios, que ameaçam ruína e de muita necessidade para acolhimento dos romeiros, donde provêm toda riqueza e decência dessa Capela, e que obtida a dita autorização, igualmente, deliberou-se ficar o atual Protetor autorizado a lançar mão de três contos e duzentos mil réis do dinheiro existente no cofre grande, quantia esta que foi orçada mais ou menos para as obras [...]".

Em 9 de setembro de 1873, aconteceu a primeira romaria a pé, vinda da vizinha Vila de Guaratinguetá-SP.

Em outubro de 1897, o padre Valentim von Riedl, C.Ss.R., escreveu a seu Superior na Alemanha sobre os romeiros:

> "Construída sobre a colina, suas duas torres são visíveis de longe, e Nossa Senhora domina verdadeiramente, como Senhora, toda a região. Seus devotos vêm de toda a parte do Brasil; do norte, sul, leste e oeste, às vezes alguns viajando meses inteiros, não achando longa demais a caminhada para poderem homenagear Nossa Senhora, agradecer-lhe e pedir--lhe novas graças. São pretos, brancos, pardos; são senhores e damas ricamente trajadas e pobres malvestidos; ministros

de Estado, militares uniformizados ajoelham-se junto de um maltrapilho e com vela acesa nas mãos, fazem suas orações e cumprem suas promessas. É comovente verem-se senhores e senhoras distintas assistirem de joelhos até três missas em cumprimento de promessa; mais comovente ainda, quando se arrastam de joelhos até o trono da Virgem, ou varrem a igreja, levando o lixo para fora, na borda de seus longos vestidos de seda. De fato, é uma fé viva, filial e simples, havendo casos de famílias se privarem de tudo para dar a Nossa Senhora. Vê-se assim uma devoção generosa, um amor pronto para os sacrifícios. [...]"[2]

Assim descreve o padre dominicano Henri Lacordaire: "Sorri o racionalista ao ver passar filas de pessoas repetindo a mesma palavra; aquele, porém, que se sente iluminado por uma luz mais forte, compreende que o amor tem só uma palavra e que dizê-la sempre nunca é repeti-la".[3]

Assim os romeiros de Nossa Senhora Aparecida rezavam e rezam a seus pés...

Na passagem do século XIX para o século XX, os bispos do Brasil recomendaram ao clero e aos fiéis as romarias como homenagem a Nossa Senhora Aparecida.

Em 1900, tiveram início as grandes romarias paroquiais, as diocesanas, em companhia dos padres, dos bispos e dos cardeais. Dom Antônio Cândido de Alvarenga, bispo de São Paulo, trouxe no dia 8 de setembro 1.200 romeiros que ofertaram a Nossa Senhora um rico estandarte. Da cidade de Lorena, vieram 800 pessoas que, em romaria, ofereceram como recordação uma cruz de mármore. Grandiosa foi a romaria de Guaratinguetá, contando cerca de 5.000 romeiros. Presentearam o Santuário com um belo missal, luxuosamente encadernado. A romaria de Taubaté deixou uma cruz comemorativa.

Aos 16 de dezembro do mesmo ano, chegou do Rio de Janeiro uma grande romaria, conduzida pelo Arcebispo Dom Joaquim

---

[2] "Crônicas da comunidade redentorista de Aparecida – Ano 1901 – Missão na paróquia. Padre José Wendl, C.Ss.R.", in BRUSTOLONI, Padre Júlio J., C.Ss.R. *Coletânea de Documentos e Crônicas da Capela de Nossa Senhora Aparecida (1717-1917)*. Aparecida, 1978, p. 405 e 406.
[3] Catedral de Notre-Dame de Paris.

Arcoverde, acompanhado por um grande número de sacerdotes e de mais de 100 romeiros, que fizeram a entrega de um cálice como lembrança da peregrinação ao Padre Gebardo.

É impossível escrever sobre todas as romarias e suas origens... Que ansiedade para os romeiros que vieram pela primeira vez! Que paz para os que aqui voltaram! Com suas bandeiras, fitas ao peito e um só hino, de autoria do Dr. José Vicente de Azevedo:

"Viva a Mãe de Deus e nossa,
sem pecado concebida!
Viva a Virgem Imaculada,
a Senhora Aparecida!..."

Arredores da Igreja de Nossa Senhora Aparecida, 1 de outubro de 1900

Citamos alguns exemplos de romarias: Romaria Nacional dos Vicentinos, da Legião de Maria, Romaria Nacional do Apostolado da Oração, da Ordem dos Advogados do Brasil, Romaria dos Coordenadores e Auxiliares das Santas Missões Redentoristas, Romaria da Campanha dos Devotos, Romaria Ciclística, Romaria dos Motociclistas, Romaria Nacional do Terço dos Homens, Romaria Missionária Redentorista, Romaria de Ouvintes do Programa com a Mãe Aparecida, Romaria Nacional da Obra

Kolping, Romaria das Comunidades Negras, Romaria Nacional da Juventude e o Hallel de Aparecida, Romaria da Confederação Brasileira dos Aposentados, da Polícia Civil do Estado de São Paulo, Romaria dos Imigrantes Japoneses – Pastoral Nipo-brasileira – a cada dois anos, Romaria dos Trabalhadores e Grito dos Excluídos, Irmandade do Santíssimo Sacramento, Romaria dos Militares, Romaria a pé de Três Corações-MG (desde 1954), Romaria das Arquidioceses de São Paulo e Rio de Janeiro, Romaria Terço das Mulheres, Romaria Padre Vítor Coelho de Almeida, Encontro de Coordenadores de Romaria, entre muitas outras.

Conselheiro Rodrigues Alves (sentado), duas filhas, amigos ou parentes. Praça Nossa Senhora Aparecida, por volta de 1906.

Um ilustre devoto de Nossa Senhora foi o Conselheiro Francisco de Paula Rodrigues Alves, nascido e residente em Guaratinguetá, ocupou diversos cargos durante a Monarquia, deputado da Assembleia Provincial, Presidente da Província de São Paulo e Conselheiro do Império.

Já na República, quando ocupava o cargo de Presidente da Província de São Paulo, já eleito Presidente do Brasil, visitou Aparecida no dia 14 de maio de 1902. Na Estação Ferroviária foi recebido pelo Bispo Diocesano Dom Antônio Cândido de Alvarenga, o Vigário, Padre Gebardo Wiggermann, os redentoristas Vicente e João, professores, alunos, autoridades, sendo saudado pelo Coronel Rodrigo Pires do Rio em nome dos aparecidenses, conversou por um tempo, prestigiou a apresentação da Banda Aurora Aparecidense e seguiu viagem. Segundo o "Jornal Santuário de Aparecida", esta foi a primeira visita de um Presidente da República a Aparecida.[4]

Grande amigo dos redentoristas, como apurou o Padre Júlio Brustoloni:

> "Embora não se possa confiar em governantes, deve-se desejar bom Governante ou Presidente para uma nação. Será eleito para presidente do Brasil em março de 1901, Francisco de Paula Rodrigues Alves, atual Presidente de São Paulo. É de Guaratinguetá, católico e nosso amigo, esteve diversas vezes em nosso convento e assistiu à missa dos padres Dambacher e Forner. Ele nos conseguiu passe livre, para mim e meu companheiro, na estrada de ferro".[5]

Foi Presidente da República de 1903 a 1906.

No ano de 1906, o Dr. Francisco de Paula Rodrigues Alves, já então ex-Presidente da República, participou de uma missa no Santuário de Nossa Senhora Aparecida, em companhia de duas filhas, Zaira e Isabel.

Foi ainda Ministro da Fazenda e Senador por duas vezes.

Em 1914, ocupando novamente o cargo de Presidente do Estado de São Paulo, chegou de bonde especial, acompanhado de suas filhas, assistiu à missa por ele encomendada na Basílica de Nossa Senhora Aparecida e visitou os padres redentoristas, seguindo depois para Guaratinguetá.

---

[4] *Jornal Santuário de Aparecida*, de 17 de maio de 1902, p. 2.
[5] Brustoloni, Padre Júlio J., C.Ss.R. *Coletânea de Documentos e Crônicas da Capela de Nossa Senhora Aparecida (1717-1917)*. Aparecida, 1978, p. 123.

No dia 12 de maio de 1917, Rodrigues Alves, novamente em visita a Nossa Senhora, assistiu a uma missa na Basílica, antes de viajar para o Rio de Janeiro.

Reeleito Presidente da República para o período de 1918 a 1922, faleceu de gripe espanhola antes de tomar posse.

No ano de 1904, o Arcebispo Dom Joaquim Arcoverde lembrou o romeiro de Nossa Senhora em seu discurso durante a coroação:

> "E passados os tempos aqueles que vieram a este santuário, moradores do lugar ou forasteiros, admirando essa bela mole encimada pela imagem de Maria, entrando no templo para pedir socorro e alívio para seus males, prostrados diante da imagem de Nossa Senhora Aparecida, ornada com a coroa de ouro, elevarão suas preces saídas do coração e, entre lágrimas, abençoarão a nossa memória, agradecendo a Deus e a sua Virgem Mãe a felicidade da Pátria restaurada neste dia soleníssimo".

Para a romaria vinda de São Paulo em 1905, o Conde Dr. José Vicente compôs o hino "Viva Mãe de Deus e nossa", que os romeiros cantaram e depois repetiram nas romarias seguintes e que logo se tornou usado em outras festividades, até chegar a ser o hino oficial, em 1951.[6]

As romarias, no dia 8 de setembro, em lembrança à Coroação de Nossa Senhora Aparecida, vindas de São Paulo, interromperam-se, quando a estrada de ferro deixou de fornecer trens para o transporte de passageiros, passando a virem, então, de ônibus.

---

[6] FRANCHESCHINI, Maria Angelina Vicente de Azevedo et alli. *Conde José Vicente de Azevedo – sua vida e sua obra*. São Paulo, Fundação Nossa Senhora Auxiliadora do Ipiranga, 1996, 2ª edição ampliada, p. 119.

Romeiros na Rua Calçada por volta de 1908.

Vindo da cidade de Itajubá-MG, chegou no dia 8 de abril de 1911 a Aparecida o vice-presidente da República, Dr. Wenceslau Braz, acompanhado de sua esposa, sogra, filhos e mais 20 pessoas. Vieram a pé, percorrendo um trajeto de 15 léguas, atravessando a Serra da Mantiqueira.

Na edição do "Jornal Santuário de Aparecida", lemos: "O movimento na Estação da Estrada de Ferro Central do Brasil de Aparecida foi, no ano de 1911, de 110 mil passageiros".[7]

No dia 3 de maio de 1914, estiveram em visita a Nossa Senhora Aparecida as Irmãs e alunas internas e externas do Colégio Nossa Senhora do Carmo – Filhas de Maria Auxiliadora, da vizinha cidade de Guaratinguetá. Até hoje as irmãs e os padres salesianos continuam fazendo sua romaria.

Por volta de 1920,

> "aquela fila de carros na estrada pequena e tortuosa entrava na Capela da Virgem Aparecida, cantando a duas vozes: o cântico do romeiro e o canto do carro. Dois cantares que se fundiam para transbordar a fé e a saudade. Quem não se recorda de algo, ouvindo o carro de boi?

---

[7] *Jornal Santuário de Aparecida*, de 27 de janeiro de 1912, na p. 2.

Havia carreiros que eram contratados para essas romarias e sentiam-se felizes com a profissão; entrar cantando em Aparecida [...]; benziam-se ao descer no chão abençoado da Capela e cantavam subindo a ladeira; o que cantaram em toda caminhada: hinos para Nossa Senhora, surpreendendo os moradores e aqueles que estavam na mesma estrada.

[...]

Na estrada, sabia-se que a romaria vinha para Aparecida. Eram cinco, seis juntas de bois luzidios, tratados com zelo. Havia carreiros caprichosos, gostando de bois brancos, quando traziam casamento, e, ao longe, ouvia-se 'ó rio branco, algodão, paina, ô cascata, marfim'.

Outros carreiros, poupando-se do trabalho de limpar o pó do caminho nos animais, já os traziam de cor castanha, chamando-os: 'ô dourado, camarão, raio de sol, ô melado, canela, ô rapadura'.

[...]

Os romeiros não se esqueciam de tirar o retrato perto do carro de boi com os retratistas: Emídio Moreira, Jerônimo Bessa, Sambonha e Augusto Monteiro.

Os organizadores das romarias para Nossa Senhora Aparecida entendiam-se com os fazendeiros e tinham os bois, os carros, o carreiro, a guampa, a corda que se chama trava, tudo isso sagrado, porque pertencia à Santa".[8]

No dia 4 de setembro de 1921, em trem especial composto de cinco vagões, chegou a romaria de Belo Horizonte-MG. Vieram duzentos romeiros e vários sacerdotes. Apesar da viagem cansativa, de 18 horas de trem, às 8h30 teve início a missa cantada. Às 18 horas, regressaram no mesmo trem.

No "Jornal Santuário de Aparecida", de 24 de junho de 1922, página 1, encontrei uma estatística de romeiros referente ao ano de 1921:

"A estação local vendeu, no ano passado, 63.396 passagens. Nesse número, porém, não estão incluídas as passagens de ida e volta, fornecidas nas outras estações, assim como as passagens dos trens em carros especiais das romarias das di-

---

[8] *Ecos Marianos*. Aparecida, Editora Santuário, 1961, p. 54.

versas cidades [...]. Grande mesmo é o número daqueles que aqui chegam a pé ou a cavalo. [...] Reunindo, pois, todos os dados, temos o belo número de 200 mil peregrinos por ano que visitam o Santuário de Nossa Senhora Aparecida".

Atualmente, como comparação, no ano de 2014 o Santuário de Nossa Senhora Aparecida recebeu 200 mil peregrinos em vários finais de semana.

Cântico dos Romeiros

Escrito pelo então seminarista de Pouso Alegre-MG, em 1923, e depois Cônego Augusto José de Carvalho:

Dai-nos a bênção,
Ó Mãe querida,
Nossa Senhora,
Aparecida!

Sois nossa vida,
Sois nossa luz,
Ó Mãe querida,
Do meu Jesus!

Sob esse manto
Do azul dos céus,
Guardai-nos sempre
No amor de Deus!

Para bem longe
Vamos partir;
Ó Mãe querida,
Vem nos seguir!

Eu me consagro
Ao vosso amor
Ó Mãe querida,
Do Salvador!

Vamos partir,
Ó Mãe dos céus,
Dai-nos a bênção
Adeus! Adeus!

"Para o último dia das Missões estava marcada uma apoteose a Nossa Senhora: às 8 horas da noite, o Missionário avisaria os fiéis da iluminação do Santo Cruzeiro, colocado no alto da Rua Nova. Então os foguetes subiriam, aqui embaixo os sinos repicariam e a banda de música entraria com os hinos Nacional e Pontifício, além do 'Dai-nos a bênção, ó Mãe querida...', que seria também para homenagem ao vigário, autor da letra deste hino."[9]

---

[9] CARVALHO, Côn. Augusto José. *Trem de Manobra*. Pouso Alegre-MG. Artes Gráficas

"Na década de 1920, chegavam os primeiros automóveis. A primeira romaria com 15 autos e 70 pessoas veio de Jundiaí--SP, no dia 20 de novembro de 1923. Por causa do mau tempo, diz a crônica, gastaram dois dias de viagem. Eles pernoitaram aqui: muitos se confessaram e todos participaram da missa."[10]

Romarias no Largo Nossa Senhora Aparecida, 1947.

Esteve na Basílica Histórica, no dia 27 de abril de 1924, a família do Dr. Arthur Bernardes, Presidente da República. Os ilustres romeiros chegaram de madrugada, ouviram missa durante a qual receberam a comunhão e seguiram em trem especial para a cidade de Campanha-MG.

Para as grandes peregrinações, costumava-se celebrar a missa e distribuir a santa comunhão em frente à Igreja.

O "Jornal Santuário de Aparecida", em 1982, entrevistou dois antigos participantes da romaria a pé de Cambuquira-MG; sobre seu início, os senhores **Arnaldo Pereira de Andrade** e **Aloísio de Castro**:

"Esta peregrinação começou na Revolução Constitucionalista de 1932. Três irmãos foram convocados para as frentes de batalha. Terminado o conflito, e como dele saíram ilesos, resolveram agradecer a Nossa Senhora Aparecida a graça de terem voltado sãos e salvos para casa. Este agradecimento

---

Irmão Gino Ltda. 1982, p. 121.
[10] BRUSTOLONI, Padre Júlio J., C.Ss.R. *História de Nossa Senhora da Conceição Aparecida – A Imagem, o Santuário e as Romarias*. Aparecida, Editora Santuário, 1998, p. 89.

foi feito em forma de uma caminhada a pé até Aparecida, e participaram de uma missa. Junto com eles foram mais cinco pessoas, sendo, portanto, de oito o número de peregrinos que participaram da primeira romaria, realizada em 1933. Na caixa de medicamentos do massagista da romaria consta a data de saída desses primeiros oito romeiros: 31 de agosto de 1933".

Os padres redentoristas sempre acolheram o romeiro de Nossa Senhora Aparecida. "Num terreno da chácara dos Moraes, alugado por três anos pelo Vigário para servir de recreio aos romeiros: entre muitos outros melhoramentos foi construída uma gruta de Nossa Senhora de Lourdes, que no dia 1º de maio de 1936, depois de uma linda procissão de velas, foi inaugurada".[11]

Todos os sábados, às 8h30 da manhã, havia missa cantada, com o cântico do *Magnificat*, e após a missa o beijamento solene da Imagem.

A praça conhecida como Largo da Capela, posteriormente Dr. Licurgo dos Santos, hoje Nossa Senhora Aparecida, em frente à igreja, ficava tomada por muitos carros que conduziam os devotos.

"Aparecida teve a honra e o prazer de hospedar por umas horas os distintos membros da família imperial, a Princesa Elisabeth, o Príncipe Dom Pedro de Orleans e Bragança, a Princesa Maria Francisca e o Príncipe Dom João, assistiram, no dia de São Pedro (29 de junho de 1938), à Santa Missa, na qual todos receberam a sagrada comunhão em ação de graças pelo restabelecimento de Sua Alteza, Dom João."[12]

Ônibus especial de romeiros na Praça Nossa Senhora Aparecida, década de 40.

---

[11] III Livro do Tombo da Paróquia de Nossa Senhora Aparecida, folha 16.
[12] *Jornal Santuário de Aparecida*. Aparecida, Editora Santuário, 09/07/1938, p. 4.

"No dia 17 de novembro de 1942, chegou romaria de 143 pessoas de Santa Rita de Caldas-MG; os romeiros tiveram de fazer um trajeto de 36 km a pé até a próxima estação, Ouro Fino-MG, e depois 12 horas de trem."[13]

"Teve pleno êxito a primeira Romaria Nacional do Rosário, realizada nos dias 12 e 13 de outubro de 1946. Organizada pelo Superior dos Dominicanos do Rio, Frei Alberto, trouxe a Aparecida um grande número de rosaristas, vindo de diversas cidades, Rio de Janeiro, São Paulo, Uberaba, Ribeirão Preto, Araraquara etc. Integravam-na vinte padres e clérigos da Ordem de São Domingos. Chegados à noite do dia 11, logo pela manhã do dia 12 tiveram os romeiros missa de comunhão geral. Às 9 horas, missa solene com pregação.

À tarde, organizaram-se reuniões de estudos para o clero, para os chefes do Rosário e para a juventude rosarista. Às 8 horas da noite percorreu a cidade belíssima procissão luminosa, conduzindo a imagem de Nossa Senhora Aparecida em rico andor, precedida dos estandartes e bandeiras das Confrarias e os quinze estandartes dos mistérios do Rosário. À entrada da procissão teve início a Vigília rosarista. Durante três horas, três oradores dominicanos explicaram os ensinamentos do Rosário, entremeando as explicações com cânticos e a recitação solene das dezenas. À meia-noite o Bispo de Uberaba celebrou a santa missa e deu a comunhão aos romeiros.

No dia seguinte, domingo, às 9 horas, missa solene. Às 12 horas, padres e clérigos dominicanos cantavam vésperas do Ofício divino. Em seguida, concentração rosarista. A Basílica estava completamente ocupada pelos fiéis."[14]

Está registrado no III Livro do Tombo da Paróquia de Nossa Senhora Aparecida, folha 122:

"Com autorização do Exmo. Sr. Cardeal Motta, Arcebispo de São Paulo, o vigário Padre Antônio P. de Andrade, C.Ss.R., o tesoureiro da Basílica iniciou a construção de casas para os romeiros. Foi essa uma medida providencial,

---

[13] Registro no III Livro do Tombo da Paróquia de Nossa Senhora Aparecida, folha 82.
[14] Arquivo da Cúria Metropolitana da Arquidiocese de Aparecida. (Avulso).

pois nossos pobres romeiros, famílias pobrezinhas da roça, chegam a Aparecida, não encontram o mínimo de conforto, vão para casas de poucos cômodos, pagam exorbitâncias incríveis por um quarto onde devem ficar dezenas de pessoas, em triste promiscuidade ou devem ficar ao relento, quando nada podem pagar. Aparecida necessita de centenas de casas higiênicas para abrigar milhares de peregrinos. 28 de abril de 1947".

Ambulante com sua "caixinha" de lembranças para venda e romeiros na Praça Nossa Senhora Aparecida (data desconhecida).

As "caixinhas" foram introduzidas pelos "mascates" libaneses em torno da igreja, depois, na calçada do lado direito da Rua Monte Carmelo, um pouco maiores, feitas de madeira e, posteriormente, transferidas para a Avenida Getúlio Vargas, onde hoje é uma parte do muro do Santuário Nacional. Nos dias de hoje são conhecidas como "bancas", na Avenida Papa João Paulo II.

No anuário "Ecos Marianos da Basílica Nacional", de 1950, referente ao ano de 1949, na página 34, há um relato da chegada dos romeiros:

"As romarias oficiais seguem um programa determinado, que depende de seus organizadores. Geralmente se dirigem à Basílica, subindo a ladeira, em procissão, cantando e rezando. Muitas são as romarias que vêm acompanhadas de Bandas de Música. Chegando na praça os sinos da Basílica despejam sons vibrantes das torres de granito. Os romeiros são saudados por um dos Padres do santuário, que os recebe em nome de Nossa Senhora e manifesta, neste momento de comoção, o desejo mais ardente da Virgem Aparecida: que a romaria seja frutuosa pela recepção dos santos sacramentos.

As confissões têm lugar à tarde e de manhã, estando, entretanto, os Padres sempre à disposição dos que queiram confessar-se durante o dia.

As romarias têm suas Missas especiais, geralmente às sete horas, com comunhão geral, cantando todos os romeiros durante a missa, que é celebrada pelo padre que as acompanha.

Entrou em costume a Via-Sacra, feita no morro do Cruzeiro.

Um dos atos mais deslumbrantes é a procissão do Santíssimo Sacramento, realizada à tarde do último dia de cada grande romaria.

Muitas vezes, logo após a bênção do Santíssimo, faz-se a despedida dos romeiros de Nossa Senhora. Quando não nesta tarde, faz-se a despedida no momento da partida das romarias. Esta cerimônia é o momento que mais manifesta a sinceridade da devoção a Nossa Senhora Aparecida. Lágrimas, orações, cânticos, vivas, tudo se confunde num entusiasmo comovente..."

Praça Nossa Senhora Aparecida por volta de 1941.

Da Diocese de Ilhéus, na Bahia, veio um grupo de romeiros que, em companhia de seu vigário, padre Agostinho Stander, viajaram em ônibus especial, fazendo um percurso de cerca de 1.500 km em oito dias, chegando no dia 5 de setembro de 1950. A romaria foi registrada no III Livro do Tombo da Paróquia de Nossa Senhora Aparecida, folha 178.

No anuário "Ecos Marianos", de 1990, página 23, há um relato sobre o romeiro que vinha de trem:

> "Quando entra na estação de Aparecida um trem de romaria, repicam festivamente os sinos da Basílica e um sacerdote dessa mesma Basílica está na estação, com coroinhas e a cruz alçada, para receber os romeiros e conduzi-los ao Santuário da Virgem. Organizam-se, então, os peregrinos em procissão e, precedidos da cruz e entoando cânticos, dirigem-se à Basílica. Assim que acabam de galgar a subida, entre os sons festivos dos cânticos e dos sinos, penetram na igreja. Logo assistem à missa e, os que vieram em jejum, fazem a comunhão".

Até o ano de 1954, há registro no III Livro do Tombo da Paróquia de Nossa Senhora Aparecida, da vinda dos romeiros por trem.

Logo após, os romeiros passaram a vir, em sua grande maioria, de caminhão. Segundo o "Jornal Santuário de Aparecida":

> "foi aprovado através da Resolução n. 3.285, de 8 de março de 1957, pelo Departamento de Estradas de Rodagem do Estado de São Paulo, o transporte em caminhões obedecendo às seguintes condições:
>
> 1ª – o motorista deve estar devidamente habilitado;
>
> 2ª – o caminhão deve ser vistoriado antes da partida pelas autoridades competentes de segurança; será assinada uma licença especial pelo Delegado de Polícia de onde partir a romaria;
>
> 3ª – deve ser colocada ao lado do caminhão uma faixa de pano com os dizeres ROMARIA A APARECIDA;
>
> 4ª – o caminhão deve ter toldo. Deve estar dotado de bancos com tábuas pregadas. Cada banco deve ter no máximo cinco pessoas. Na cabine, junto com o motorista podem viajar mais dois passageiros;
>
> 5ª – não é permitido viajar de pé".[15]

Os caminhões vinham às dezenas, com aproximadamente cinquenta romeiros em cada um. Ficaram conhecidos por "paus de arara".

---

[15] *Jornal Santuário de Aparecida*, de 15/09/1957, n. 44, ano 58.

Subiam vagarosamente a Rua Nova, hoje Rua Dr. Oliveira Braga. Dentro da Basílica Histórica, o romeiro olha para a Senhora Aparecida, benze-se, agradece a viagem, mostra o filho que será aqui batizado, lembra-se dos parentes que não puderam vir, implora as graças e tem um olhar confiante; muitos se expressam através de suas lágrimas e toda romaria, em um só coro, canta:

"Aqui estão vossos devotos,
cheios de fé incendiada,
de conforto e de esperança,
ó Senhora Aparecida!"

Nicho de Nossa Senhora Aparecida
na Basílica Histórica (data desconhecida).

Ainda, como recordação, tiravam fotos com os retratistas "lambe-lambes" na praça em frente ao caminhão e à Basílica Histórica, testemunha de sua presença. Depois, desciam a Ladeira Monte Carmelo à procura de seu hotel, o mesmo durante anos e anos...

Fotografia de 1949. Revista de Aparecida. Gráfica Plural, maio de 2009, p. 4.

A partir de 1965, os caminhões que trafegavam com romeiros foram proibidos de percorrer a via Dutra, inaugurada em 1951.

E os romeiros partiam com saudades e a certeza de voltar novamente.

FUNDAÇÃO DO
"JORNAL SANTUÁRIO DE APARECIDA"

Desde a infância eu ouço:
hoje é sexta-feira, e o nosso Jornal
Santuário de Aparecida
está chegando!

O s padres redentoristas tiveram a iniciativa de evangelizar através dos meios de comunicação e, graças ao empenho do Vigário Padre Gebardo Estêvão Wiggermann, C.Ss.R., no dia 10 de novembro de 1900, começaram a publicar o "Jornal Santuário de Aparecida".

> "semanário religioso publicado com a aprovação do Exmo. e Revmo. Bispo Diocesano Dom Antônio Cândido de Alvarenga, único órgão representante do Episcopal Santuário de Nossa Senhora Aparecida. Conforme o mote: 'Aquele que me achar, achará a vida e haverá do Senhor a salvação' (Pr 8,35), quer este jornal ensinar a todos o amor e a afeição a Nossa Senhora Aparecida", conforme registro.[16]

Contrato

> "Concluído entre a Comissão Administrativa do Santuário de Aparecida e o Sr. Jayme Athayde Teixeira, relativo à publicação do 'Jornal Santuário de Aparecida'.
>
> § 1. Será fundado o 'Jornal Santuário de Aparecida' como único órgão representante do Santuário de Nossa Senhora Aparecida, com aprovação do Exmo. Revmo. Sr. Bispo Diocesano Dom Antônio Cândido de Alvarenga.
>
> § 2. O 'Santuário de Aparecida' será um jornal religioso, com o fim especial de propagar e conservar o culto e a devoção a Nossa Senhora Aparecida.
>
> [...]

---

[16] I Livro do Tombo da Paróquia de Nossa Senhora Aparecida, folha 43, verso.

§ 4. Diretor imediato do jornal será o Sr. Jayme Athayde Teixeira, que submeterá as publicações à revisão do Revmo. Padre Vigário do Santuário; o Vigário promete sua colaboração.

[...]

Aprovamos o contrato supra que deverá ser registrado no respectivo Livro do Santuário.

São Paulo, 30 de outubro de 1900.

Dom Antônio, Bispo Diocesano
Padre Gebardo Wiggermann, Vigário
Antônio Marcondes Salgado, Tesoureiro
Antenor Alves Marques, Secretário
Jayme Athayde Teixeira, Diretor."[17]

Com a fundação do "Jornal Santuário de Aparecida", os padres redentoristas esperavam acabar com a divulgação do jornal "Luz d'Apparecida", do Cônego Antônio Marques Henriques, conforme anotações:

> "O processo com o Henriques, no qual a redação da Folha e do Mensageiro se empenhou com toda a força, mostrou-nos quão necessário era para a Administração de Aparecida um órgão por assim dizer oficial, caso ela não quisesse ficar sem amparo nem auxílio, expostas aos caprichos dos redatores de três outros jornais: Luz, Folha e Mensageiro. A divergência entre o senhor Jaime Athaíde Teixeira e os proprietários da Folha deu-nos ocasião de fazer nascer um jornal representando o Santuário. Comprou-se a máquina impressora da Folha e confiou-se a direção ao senhor Teixeira... A folha aparece aos sábados. O proprietário da Tipografia é o Santuário. O diretor recebe 400$ mensais, mas as rendas das assinaturas e publicações pertencem ao Santuário. Este é o começo. Depois de um ano, conforme forem as circunstâncias, podem ser feitas alterações no contrato feito com o diretor, com a aprovação do sr. Bispo. O futuro vai mostrar como poderão se sustentar os jornais aqui em Aparecida. Em todo o caso, o redator da Luz d'Apparecida (Cônego Henriques) não poderá mais enganar o povo, apresentando-se como vigário de Aparecida. Como ele o confessou, apresentava-se aos negociantes como vigário de Aparecida, fazendo com-

---

[17] II Livro do Tombo da Paróquia Nossa Senhora Aparecida, folhas 10, verso e 11.

pras e encomendas, só ele sabe, quantas dessas compras ele pagou e quantas deixou de pagar. Que Nossa Senhora, para cuja honra o Santuário foi fundado, dê sua bênção e envie cooperadores que por este jornal mais farão para sua glória do que por meio da pregação"[18]

No dia 9 de novembro de 1900, houve a solenidade da bênção dada pelo Padre Gebardo Wiggermann das instalações da "Oficina Gráfica Santuário de Aparecida", depois "Oficinas Gráficas Arte Sacra de Aparecida", uma iniciativa do Padre Valentim Mooser, C.Ss.R., e, atualmente, "Editora Santuário". Em seguida, ocorreu a cerimônia de impressão do primeiro jornal, que foi ofertado aos presentes. Na solenidade esteve presente a banda musical "Aurora Aparecidense", sob a regência do Sr. Randolpho José de Lorena (1834-1919), mestre de capela das Igrejas de Nossa Senhora Aparecida e Santa Rita.

A primeira instalação da Oficina Gráfica foi na Rua Calçada, n. 50 (hoje, Rua Monte Carmelo), na residência de Dona Maria do Carmo Barreto, que a cedeu gratuitamente. No ano de 1901, mudou-se para o Largo Nossa Senhora Aparecida, casa n. 6, do lado direito da Basílica.

Em junho de 1904, teve a primeira edição do "Manual do Devoto de Nossa Senhora Aparecida", devocionário publicado pelos padres redentoristas, escrito pelo padre Gebardo Wiggermann. No ano de 2014 estava em sua 78ª reimpressão e nas páginas 25 e 26 podemos refletir: "Santo Afonso de Ligório, Doutor da Igreja, é considerado o Mestre da oração. Tanto em seus escritos quanto em seus trabalhos apostólicos, ele sempre apresentou a oração como o 'grande meio de salvação'. É dele a séria advertência: 'Quem reza se salva, quem não reza se condena'".

A partir de 1917, foram para um novo endereço, agora no Convento Velho, também na mesma praça. No dia 3 de julho de 1921, foram para a Rua Dr. Oliveira Braga, n. 10.

---

[18] BRUSTOLONI, Padre Júlio J., C.Ss.R. *Coletânea de Documentos e Crônicas da Capela de Nossa Senhora Aparecida (1717-1917)*. Aparecida, 1978, p. 130 e 131.

Reprodução da capa do primeiro número do Almanaque
de Nossa Senhora Aparecida, de 1927.

Tivemos o primeiro número do "Almanaque de Nossa Senhora Aparecida" em 1927, hoje "Almanaque de Nossa Senhora Aparecida – Ecos Marianos", que teve e ainda tem como finalidade principal a divulgação da devoção a Nossa Senhora Aparecida, notícias do Santuário, calendário religioso e apresentação do(a) Santo(a) homenageado(a) dia por dia, calendário agrícola, um resumo anual dos acontecimentos do Brasil e do mundo e muitos relatos de graças alcançadas pelos romeiros, tendo edição anual.

Através do "Ecos Marianos", ilustrado com muitas fotos, até os dias de hoje, os fiéis podem acompanhar a evolução das obras do Santuário Nacional.

> "Além do 'Jornal Santuário de Aparecida', havia também outros jornais e novos surgiram em Aparecida: 'Luz d'Apparecida', fundador e Redator Cônego Marques Henriques, 'Folha d'Apparecida', de propriedade de Luiz Fonseca, 'Mensageiro de Apparecida', Redator Alberton Guerra, 'O Lírio', proprietário A. Salgado, 'Eco Popular', Redator

Chagas Pereira, 'A Bênção Divina', proprietário J. A. Filgueiras, e 'Tim-tim por tim-tim', Redator Manoel Marques Pinheiro, que, aos poucos, foram deixando de circular."[19]

Com a mudança das Irmãs de São Pedro Canísio em julho de 1971 para a "Mansão Canisiana", no bairro de Santa Rita, a Oficina Gráfica ganhou um espaço maior. Finalmente, após a construção de um amplo e moderno parque gráfico, em abril de 1974, a "Editora Santuário" instalou-se em sua atual sede, localizada na Rua Padre Claro Monteiro, n. 342.

Em abril de 2002, a Editora Santuário publicou o primeiro número da "Revista de Aparecida", do Santuário Nacional, um presente para os participantes da Campanha dos Devotos.

No ano de 2004, lançou um novo selo, Editora "Ideias & Letras", atendendo ao universo acadêmico, biografias, coleções e comportamento.

---

[19] "Almanaque Nossa Senhora Aparecida". Aparecida, Editora Santuário, 1928, p. 32.

1904
NOSSA SENHORA APARECIDA
É COROADA RAINHA DO BRASIL

"A Virgem Aparecida estava coroada;
nós todos acabávamos
de presenciar a Coroação;
éramos, pois, felizes."
Monsenhor José Marcondes Homem de Mello – 1904

A coroação da imagem de Nossa Senhora, no dia 8 de setembro de 1904, marcou a história do pequeno Distrito. O pedido foi encaminhado pelo Bispo de São Paulo, Dom José de Camargo Barros, de acordo com o Arcebispo do Rio de Janeiro, Dom Joaquim Arcoverde de Albuquerque Cavalcante, e orientado pelo Núncio Apostólico, Dom Júlio Tonti, dirigiu-se ao Cabido da Basílica de São Pedro em Roma.

Dom Joaquim Arcoverde assim se expressou em seu pedido ao Cabido do Vaticano, segundo documentos da Cúria Metropolitana da Arquidiocese de Aparecida:

> "Eu abaixo assinado atesto que nos atos do Cabido do Vaticano no dia 21 de dezembro de 1903 li o que se segue:
>
> Joaquim Arcoverde de Albuquerque, Arcebispo de São Sebastião do Rio de Janeiro, no Brasil, expôs que em sua província eclesiástica, nos confins da Diocese de São Paulo, na Igreja chamada de Nossa Senhora Aparecida se acha exposta à veneração pública há dois séculos uma estátua da Santíssima Virgem Imaculada e que Ela conta grande número de prodígios e inumerável frequência dos habitantes e dos vizinhos. Por isto suplica o Arcebispo do Rio de Janeiro, de acordo com todos os ilustres e Revmos. Bispos sufragâneos, que esta estátua seja por nosso Cabido ornada com uma coroa de ouro neste ano jubilar, o quinquagésimo do feliz dia 8 de dezembro de 1854, em que foi solenemente proclamado o dogma da Imaculada Conceição da Santíssima Virgem Maria.
>
> O revmo. Sr. Aloysio Percioli, decano de nosso Cabido, a cujo exame foram transmitidas as ditas preces, deu,

depois de estudar os documentos, seu parecer inteiramente favorável.

Recebido este parecer, o Revmo. Cabido DECRETOU e mandou com todo o gosto que à dita estátua seja doada uma coroa de ouro e que seja adquirida às expensas do orador ou dos fiéis; e concedeu ao Arcebispo do Rio de Janeiro no dia que ele escolher – impor em nome do Cabido Vaticano, pessoalmente ou por outrem investido de dignidade eclesiástica, uma coroa de ouro à cabeça da dita estátua, 'servatis de cetero servandis'.

Dado em Roma na sala capitular no dia 21 de dezembro de 1903,

C. Spezza, canônico das atas".

O Papa Pio X autorizou a coroação.

"É impossível enumerar todos os Revmos. Dignatários Eclesiásticos que na véspera e madrugada deste dia memorável acudiram ao Santuário. Basta dizer que em sete altares da igreja e na casa dos Revmos. Padres Redentoristas e do Colégio Santo Afonso a celebração da missa não foi interrompida de três horas da madrugada até oito horas da manhã."[20]

Transcreverei a narração do Monsenhor José Marcondes Homem de Mello, um dos presentes na cerimônia e diretor da peregrinação:

> "A cadeira episcopal de São Paulo estava vaga pela morte de Dom Antônio Cândido de Alvarenga, de feliz memória, o Vigário capitular de então Monsenhor Manoel Vicente da Silva nomeou uma comissão composta de sacerdotes e distintos cavalheiros sob a presidência do Dr. A. Francisco de Paula Rodrigues para promover as grandes festas em louvor da Virgem Imaculada.
>
> A comissão elaborou o seguinte programa:
>
> 1º – convidar o Dr. Padre João Gualberto do Amaral para fazer na Catedral uma série de conferências como preparação à coroação da Virgem Senhora da Aparecida;

---

[20] I Livro do Tombo da Paróquia de Nossa Senhora Aparecida, folha 51, verso.

2º – promover uma grande peregrinação ao Santuário de Nossa Senhora Aparecida no dia 8 de setembro;

3º – levantar diante da Igreja da Aparecida um monumento que perpetuasse as festas jubilares, a lembrança da peregrinação, e fosse testemunho perene de duradoura homenagem dos Diocesanos de São Paulo à Virgem Imaculada;

4º – mandar cunhar medalhas de ouro, prata, alumínio e bronze para perpetuar ainda o fato extraordinário da Coroação da veneranda imagem da Virgem Aparecida;

5º – promover majestosas festas na Catedral no dia 8 de dezembro.

Está no conhecimento público como a comissão se saiu galhardamente na completa execução das quatro primeiras partes do seu programa.

No traçar rápido destas linhas despretensiosas, queremos descrever a solenidade primeira em terras do Brasil da Coroação da Virgem Aparecida com o antecedente da peregrinação e complemento da inauguração do monumento comemorativo.

A Peregrinação

[...]

A Coroação da Virgem Aparecida foi resolvida pelo Episcopado da Província Meridional em sua reunião em São Paulo, em 1901, e denunciada na Pastoral Coletiva em 12 de novembro do mesmo ano.

Desde então essa resolução começou a atuar no meio do povo cristão de um modo extraordinário, e a piedade e a devoção começaram a se desenvolver em novos meios de tornar aquela solenidade a mais aparatosa possível.

A ideia de uma grande peregrinação veio logo em primeiro lugar e a Comissão diocesana nomeou uma Comissão para levar avante tal projeto sem perda de tempo. A Comissão formulou seu projeto e deu publicidade com aprovação do Ex. Sr. Bispo Diocesano, em 22 de julho deste ano.

A Comissão tratou com a Estrada de Ferro Central dois trens especiais para a condução dos peregrinos.

Em poucos dias a inscrição se elevou a oitocentos peregrinos e foi encerrada em 869, porque a Estrada de Ferro não dispunha de material para um terceiro trem.

[...]

Da Catedral, com seus estandartes à frente desfilarão os peregrinos em demanda da Estação do Norte, entoando alegres hinos e ladainhas em honra da Virgem Santíssima.

A Estação do Norte, a essa hora, estava repleta de povo que dava vivas aos peregrinos e compartilhava do seu entusiasmo. Foi com dificuldade que os peregrinos penetraram na estação; nessa ocasião só se viam estandartes que tremulavam por cima de uma multidão compacta donde partiam em vozes repassadas de calor e alegria os mais belos cânticos religiosos.

Ao longo da plataforma da estação estavam formados os dois trens, um à esquerda e outro à direita; este composto de nove carros-salão e aquele de dez.

O embarque dos peregrinos foi feito com tal ordem que os empregados superiores da Estrada de Ferro manifestaram a sua admiração.

Todas as medidas haviam sido tomadas para tal acontecer. Cada peregrino sabia de antemão o carro que devia tomar e o lugar que tal carro ocupava no comboio; além de um sacerdote que era o diretor espiritual, havia em cada carro um auxiliar secular que diligentemente ia acomodando os seus companheiros. O diretor da peregrinação presidia a entrada dos peregrinos na plataforma; todos obedeciam aos seus avisos e direção.

Em pouco tempo todos estavam embarcados.

Às 10 horas da noite o primeiro trem deu sinal de partida; às 10 e meia o segundo, e lá se foram em demanda da Aparecida. A viagem de São Paulo a Aparecida foi um perene louvor à Virgem Santíssima.

[...]

Dulcíssimos cânticos tão belos em sua simplicidade, recendendo aromas de mistérios, com preces saturadas de devoção sensibilizavam até às lágrimas dos romeiros, e os que viam a longa fileira de carros vencendo as distâncias na rapidez do vapor.

Assim se passaram as horas, ninguém se sentiu cansado. Todos rezavam quando os primeiros albores da madrugada vieram anunciar que Aparecida estava perto, todos queriam avistar ao longe a colina suspirada, o trem caminhava veloz, passa uma estação, mais outra, atravessa um regato, encurva numa volta, alinha-se numa reta, transpõe um corte, margeia o Paraíba e num silvo prolongado a locomotiva anuncia a Aparecida. Um viva de alegria irrompe de todos os lados; lá estava o Santuário da Virgem, tínhamos chegado.

Eram 6 horas quando chegou o segundo trem em que íamos. Desembarcados os peregrinos, o Padre Raymundo Genover, visitador dos missionários do Imaculado Coração de Maria, dirigiu aos peregrinos uma comovente e eloquente exortação.

Aos peregrinos de São Paulo juntam-se outros muitos chegados àquela mesma hora de Cruzeiro, Cachoeira e Lorena.

Os estandartes abrem caminho, os cânticos recomeçam, move-se aquela multidão, que vai estendendo-se em longa procissão, que caminha subindo para o Santuário.

Nessa ocasião, de cruz alçada, sai do Santuário o Exmo. e Revmo. Sr. Bispo Diocesano, Dom José de Camargo Barros, acompanhado de muito povo para encontrar a peregrinação que já apontava nos primeiros degraus da entrada do grande pátio do Santuário.

[...]

A mesa da Sagrada Comunhão esteve sempre cheia; muitos dos nossos peregrinos, até senhoras de bastante idade e um número de donzelas, por espírito de devoção, foram fazer sua Comunhão ali no Santuário da Virgem Aparecida.

[...]

Ninguém sabia ali o que fosse cansaço, fome, sede, aperto. No meio de milhares de pessoas vindas de todas as partes, parecia que todas eram conhecidas, ninguém procurava companhia, todos estavam bem; a Virgem Aparecida tinha confraternizado, de verdade, toda aquela grande multidão.

Depois desta primeira visita à Virgem Aparecida é que os peregrinos foram tomar alguma refeição.

A Missa Pontifical

Aproximava-se a hora da missa pontifical. A grande praça do Santuário estava apinhada de povo. Em frente à porta principal da Igreja, dentro do gradil, sob elevado pavilhão estava o altar que era encimado por um riquíssimo trono todo dourado, onde entre os esplendores da mais cintilante ornamentação e um sem número de círios iluminados avultava a sagrada e veneranda Imagem da Virgem Aparecida.

Todos os olhares estavam convergidos para aquele ponto na imobilidade do recolhimento e no enlevo da oração.

De repente um burburinho estremece aquela multidão, a cruz processional aparecia na porta do Convento dos Padres

Redentoristas. Ia desfilar diante daquele povo uma procissão nunca vista em todo o Brasil, de quatorze Prelados.

[...]

Em seguida vinham os diáconos da missa e do sólio, e logo atrás D. Júlio Tonti, Arcebispo de Ancara, Núncio Apostólico no Brasil, celebrante da missa pontifical; todos carregavam riquíssimos paramentos bordados a ouro.

Fechavam o cortejo vários protonatários, camareiros secretos, cônegos da Catedral de São Paulo e do Rio de Janeiro e sacerdotes em número avultado. Dirigia o cerimonial Monsenhor Eduardo Cristão de Carvalho Rodrigues, mestre de cerimônias do Sólio Arquiepiscopal.

Com dificuldade foi aberto caminho pelo meio da multidão que apinhada esperava a solenidade.

Chegados os Bispos, tomam lugar ao lado da Epístola e do Evangelho e a missa começa.

A parte musical fora habilmente desempenhada pelos padres salesianos de Lorena, que ocupavam lugar ao lado da Epístola. Executaram o mais belo e clássico cantochão.

O povo, que enchia toda a Praça do Santuário em profundo silêncio, devotamente acompanhava as solenidades. Coisa admirável, aquela multidão estava como que imobilizada no lugar, ninguém arredara um passo sem tudo estar acabado.

Depois do Evangelho, de pé em frente ao altar voltado para o celebrante, o Exmo. Sr. Arcebispo Dom Joaquim Arcoverde proferiu o seguinte discurso vazado em puro latim. O porte aprumado do Exmo. Sr. Arcebispo, a sua dicção corretíssima, uma declamação vigorosa, tudo concorria para dar vida a esses períodos, nos quais em harmonioso concerto a piedade, a história e as esperanças se consagravam produzindo um hino de louvores à Virgem da Aparecida.

Discurso de Dom Joaquim Arcoverde

'São tantas as emoções que trago em meu espírito, tão variadas, sublimes e elevadas que dificilmente posso achar o caminho por onde possa com segurança lançar os meus passos nesse momento.

Ó Santa e feliz alegria!

Ó dia mil vezes bendito!

Quão grandes e singulares são os benefícios de Deus e

da Virgem Mãe que desejaria neste momento, cantados por todos os lábios, esculpidos em todos os corações unidos em perpétua ação de graças! Desejaria derramar este turbilhão de sentimentos que me assaltam a mente e o coração, não só em vossos ouvidos, mas também dentro de vossos corações, e se fora possível com uma só palavra, com um só olhar.

Na impossibilidade de assim proceder, hesita o meu espírito sobre se devo falar ou calar em tal circunstância? Calarei sim esses grandes afetos e falarei conforme me auxiliar a oportunidade do assunto.

Algumas circunstâncias deverei omitir, consultando a brevidade do tempo, outras apenas de leve tocarei ou com mais demora provarei, sendo obrigado a combinar a natureza humana com o estilo de discurso e com a presente comoção dos ânimos. Porquanto a natureza humana quando tem motivos de alegria não pode calar de todo nem se exprimir com muitas palavras; do estilo do discurso é que, a não ser que se exponha uma questão com cuidado e singeleza, cause tédio e aborrecimento e não produza a devida graça e deleite que estão na expectativa dos ouvintes.

É admirável quando influi para o aumento de nossa alegria a narração dos fatos naturais que já conhecemos e que muito nos interessam, feita por um orador idôneo que os saiba ilustrar com a palavra! E desejaria eu poder satisfazer a tão grande tarefa. Desejaria também de um modo mais correto falar-nos dos conselhos da Divina Providência, usar aquele brilho de que é digna a palavra de Deus, da gravidade das sentenças, da multidão e variedade de afetos para contar os louvores da Virgem Mãe Imaculada e os seus inúmeros benefícios para conosco, para descrever das honras da coroa de ouro decretadas à sua Imagem de Nossa Senhora Aparecida, e júbilo de todos vós, o entusiasmo, os votos, os agradecimentos, com palavras dignas de tão sublimes fatos.

Procurarei, no entretanto, e quanto em mim estiver me esforçarei, para que atendendo vós antes ao assunto do que ao orador, nem me tenha eu de arrepender de aqui falar, nem vós deixeis de vos mostrar benevolentes para comigo.

Assim para que haja método, ordem e brevidade, dividirei o meu discurso em duas partes. Na primeira vos mostrarei os grandes benefícios a nós concedidos e a todo o Brasil por Deus e pela Virgem Maria; e na segunda o que devemos fazer nós e todo o nosso Brasil para agradecer a Deus e à Imaculada Virgem Maria. Deus e a Virgem Maria auxiliem ao orador e aos ouvintes.

I

Em primeiro lugar recordai-vos comigo quão modesto foi o princípio dos fatos que, aumentando-se no decurso dos anos, chegarão até o dia de hoje com tanta glória e celebridade.

Narra-se que passando por estas terras Pedro de Almeida, Conde de Assumar, homem ilustre que se dirigia à província de Minas Gerais na qualidade de governador, a Câmara Municipal da Cidade de Guaratinguetá mandou a todos os pescadores que reunissem a maior quantidade de peixe do rio Paraíba para que, em nome da cidade, se oferecesse ao ilustre hóspede.

Nada se sabe de positivo quanto ao êxito desta oferta, mas é de supor que os pescadores entrassem neste negócio com prontidão e ficasse satisfeito o governador da província. Atendei ao que fez a Divina Providência sem dúvida alguma, *ludens in orbe terrarum* em tal ocasião.

Entre os pescadores estavam três, chamados Domingos Garcia, João Alves e Felippe Pedroso.

Estes, montados em três canoas, saindo do porto chamado de José Côrrea Leite, fizeram-se ao largo e atiraram as redes sem que pudessem pescar um só peixe e, depois de muitas horas de inútil esforço, chegaram ao porto de Itaguaçu. Aí João Alves apenas tinha lançado a rede e notou alguma coisa de pesado e, colhendo a rede com grande espanto, viu um corpo de imagem sem a cabeça. Lança a rede um pouco mais adiante e eis que aparece a forma de cabeça que junta ao corpo reconhece ser de uma imagem de Nossa Senhora. Admirado com tal achado, venera a Virgem Maria, implora o seu auxílio, envolve a imagem em um pedaço de pano e continua a pesca. Depois de terem lançado de novo as redes, ele e os dois companheiros recolhem tanta quantidade de peixe que quase faz soçobrar as canoas.

Aproximam-se pressurosos da praia e cheios de admiração recolhem-se a suas moradas.

Do mesmo modo, é de crer que tivessem ficado cheios de espanto os pescadores da Galileia, discípulos de Nosso Senhor Jesus Cristo, os quais tendo trabalhado durante toda a noite nada puderam fazer e, apenas lançadas as redes por ordem divina, tanta foi a quantidade de peixe que todos juntos não puderam trazer até a praia.

Todos sabem o que significava esta pesca admirável dos Apóstolos? Ora, não parecerá absurdo que eu ache alguma semelhança entre a pesca maravilhosa dos apóstolos e esta de Itaguaçu que afirmarei estar cheia de alegres vaticínios.

Denotava a primeira pesca milagrosa do lago de Tiberíades, que os homens deviam ser chamados à religião de Jesus Cristo pelo ministério dos Apóstolos. Esta do porto de Itaguaçu, posso dizê-lo sem receio, significava que todos os brasileiros haviam de ser chamados para Jesus Cristo, a Ele haviam de ser unidos com laço de estreito amor por meio da Virgem Mãe Imaculada.

Oh! Quão admirável é a benignidade dos conselhos de Deus sobre nós!

Eis uma imagem de Maria Santíssima antes desconhecida dos nossos antepassados, por um acaso aparecendo no rio Paraíba, sem sabermos donde veio nem por quais mãos foi fabricada, e imediatamente saída das águas, dando sinais do admirável valor de sua presença. Começaram estes pela sua aparição fora de costume de tal modo que se pode chamar com direito Aparecida; depois a pesca prodigiosa; as canoas quase a soçobrarem e levadas sem desastre até a praia mais do que tudo, tendo sido colocada a Imagem em uma choupana de homens pobres, eis que as velas que estavam acesas diante dela ora se apagavam, ora reacendiam sem auxílio humano.

Aos poucos foi se espalhando o rumor do prodígio. A princípio poucos fiéis da vizinhança e mais tarde muitos e muitos das regiões mais longínquas afluíam para admirá-lo. Atendei a uma circunstância deste prodígio. Na verdade as velas que ora se apagavam, ora se reacendiam, podem ser comparadas com a figura de uma torre, que se chama farol, que ilumina os portos durante a noite, distinguindo-se a sua luz das outras, porque ora brilha, ora desaparece por certo intervalo, determinando ao navegante o porto a que deve chegar.

Quis aquela que é torre, farol e nosso porto, Maria, significar por aquelas luzes que encontramos refúgio, paz, tranquilidade, saúde e felicidade onde Ela mesma se encontra. Ó ansiadíssimo, vastíssimo e seguríssimo porto, Maria! Quem poderá contar quantos milhares de miseráveis lançados nas procelas e trevas desta vida quase submergidos e para sempre perdidos vós recebeis, defendeis e conservais incólumes?

Não bastaria todo um dia se eu desejasse me demorar levemente na enumeração de tais fatos.

Vós mesmos, caríssimos ouvintes, recordai quantos e quão admiráveis coisas ouvistes desde a vossa infância dentro das vossas casas sobre a Virgem Aparecida.

Quantos e quão admiráveis coisas em vossa adolescência, mocidade e mesmo velhice, vistes como testemunhas, ouvistes e lestes quer nos sermões, quer nos jornais e escritos, e, sobretudo, acrescentai os prodígios que não chegaram a nossos olhos e ouvidos e que só são conhecidos de Deus e de seus ministros; tudo isto – certamente deveria eu aqui dizer e desenvolver – no entanto sou obrigado pelas circunstâncias a deixar de parte.

Mas por mais que eu cale, os sinais que pendem por todas as partes das paredes deste templo, os quadros aí pintados em grande número e tão variados os ex-votos de prata e ouro e de outros metais cada qual mais precioso, certamente proclamam que não houve calamidade pública ou particular, enfermidade da alma e do corpo que a Virgem da Aparecida não acudisse e que não deixasse de prontamente satisfazer aos que confiantemente lhe pediram algum benefício.

A vista restituída aos cegos, a fala aos mudos, o ouvido aos surdos, auxílio aos que estavam para perecer pela água, pelo fogo e pelo mesmo raio, a esta imprevista ruína acabrunhada, aquele chagado tinha sido abandonado como morto pelos inimigos, a outro a terrível moléstia tinha levado aos extremos da vida, uns arrastados pelas máquinas à morte pela velocidade dos movimentos e outros e outros que já estavam para perecer por outras circunstâncias, mas a todos, assistindo Maria por sua intercessão, livra dos perigos, salva os seus devotos.

Para que, porém, me alongar nessas considerações! Vede essa coroa de ouro que daqui a pouco vai ser colocada sobre a cabeça da nossa veneranda Imagem da Aparecida por especial concessão do Cabido do Vaticano.

Mais de que tudo que até agora dissemos, só por si ela declarará perpetuamente os inúmeros benefícios que fez e fará por todos os tempos a Virgem Mãe de Deus neste Santuário.

Porquanto essa coroa de ouro nada mais é do que o testemunho autêntico da multidão, grandeza, esplendor e perenidade dos milagres que por mais de dois séculos têm sido operados por meio da Imagem de Nossa Senhora Aparecida.

Há ainda um outro benefício que, embora não tão prodigioso como os até agora enumerados, no entanto não deixa de ser de grande valor. Volto à comparação antes feita sobre um farol. E onde encontramos o farol aí estará a torre, onde estará a torre, aí o porto, onde o porto aí estará colocada a cidade. Cidade que eu chamo este mesmo Santuário esta série de casas que nos rodeiam formando uma verdadeira cidade. Onde teve origem tudo isso? Na Imagem da Aparecida.

Supondo que nunca tivesse vindo aqui a Imagem de Nossa Senhora Aparecida, que teríamos nestes lugares senão as pobres choupanas dos pescadores! Mas hoje que vemos as ruas povoadas, belos edifícios, o cultivo das artes e das ciências, jardins, prados e florescentes fazendas agrícolas; e, o que é mais, aqui pronta para auxiliar a salvação dos fiéis uma falange de varões religiosos que eu creio terem sido escolhidos com peculiar cuidado pela Santíssima Virgem.

A vós me dirijo filhos daquele Santíssimo Doutor da Igreja, amante como poucos de Maria Imaculada, cujo nome trazia sempre nos lábios e no coração, a qual nunca se cansou de louvar com ardor seráfico em seus escritos, vós, repito sequazes e filhos de Afonso de Ligório e insignes imitadores de tão ilustre pai e fundador. Como são doces e suaves os louvores de Maria proferidos por vossos lábios nas vossas prédicas!

Como são agradáveis as considerações sobre Maria Santíssima que fazeis nos vossos comentários!

Vossa dedicação para com a Sé Apostólica, vossa assiduidade no confessionário, vossa prontidão para administrar os outros sacramentos, enfim toda vossa salutar cooperação, a quem devem estas felizes regiões e o nosso Brasil senão à Virgem Aparecida.

Omitindo o mais que por nós e pelo nosso Brasil tem feito a Divina Providência e a Virgem Imaculada; passo a tratar, embora brevemente, do que nós devemos fazer e é necessário que façamos para retribuir tantos benefícios.

II

Não devo calar e direi que devemos dar muitas graças a Deus porquanto muitos brasileiros não se mostrarão desconhecidos a esses benefícios.

Desde que se ouviu o nome da Virgem Aparecida, o rumor dos prodígios espalhou-se por toda a parte e muitos não só das circunvizinhanças, mas até dos pontos extremos do Brasil começaram a vir em peregrinação até aqui; e se porventura (o que facilmente concedo) alguns vieram impelidos pela curiosidade, outros e muitos vieram só pelo impulso do sentimento religioso. Nem arrefeceu o entusiasmo das peregrinações, pelo contrário aumentou nestes últimos anos, como sendo nós mesmos testemunhas (nem fomos dos últimos) quando da Capital Federal aqui viemos há três anos acompanhados por algumas centenas de pessoas da melhor sociedade daquela capital.

Quase tão numerosas nos precederam as romarias de peregrinos da Diocese de São Paulo dirigidos pelo Exmo. Revmo. Sr. Dom Antônio Cândido de Alvarenga, de saudosa recordação; mas foi aquela romaria da Capital Federal, com prazer o afirmo, a primeira feita com pompa e ostentação pública.

De fato, até então, embora se possam contar muitas centenas de milhares de fiéis que aqui vieram durante dois séculos por devoção ou para cumprir promessas vinham cada um de per si ou famílias ou reunidos por amizade, vizinhança ou por serem do mesmo lugar, pelo que vinham mais em caráter privado do que público ao santuário da Aparecida – todos, porém, atestando a sua gratidão para com a Virgem Mãe de Deus Imaculada. Sinal também de gratidão é a reforma por que passou a Capela da Virgem Aparecida quer por conta do erário público, quer por conta particular. A imagem logo que foi achada permaneceu em um rústico oratório na cabana dos pescadores, depois passou para uma capelinha, daí para uma capela maior e hoje finalmente neste grande e vasto templo, novo desde os seus alicerces, como em seu palácio real estabeleceu a sua morada. Somente faltava um ornamento, a honra devida da coroa de ouro, e por isso mesmo o mais significativo testemunho de gratidão.

Honra devida, eu disse, porquanto é costume no Vaticano desde os tempos de Alexandre Sforza, Conde de Parma, introdutor deste costume, que as imagens mais insignes pelos milagres da Bem-aventurada Virgem Maria, que existem tanto em Roma como no mundo, sejam ornadas de uma coroa de ouro, cuja honra suprema, aumenta a dignidade das mesmas imagens e dá novos estímulos à piedade dos fiéis, para que mais frequentemente se dirijam aos templos e altares dedicados à Santíssima Virgem, e com maior confiança invoquem o seu auxílio.

Como, porém, a nossa Imagem da Aparecida tenha refulgido com tantos e tão grandes prodígios, parece que deva ser causa de admiração o ter-se tanto dilatado até agora a honra da coroação que já tem sido concedida à imagem mais recente da Virgem. Porventura teríamos sido mais tardios ou relaxados em prestar este tributo de gratidão, ou teríamos sido morosos em pedir essa graça a Roma? Não penso que assim se deva julgar, mas me parece que devemos aí ver a admirável providência da divina sabedoria. Alguma coisa se preparava para nós que estivesse acima dos comuns benefícios, alguma coisa que fosse como penhor da entrega do Brasil à tutela e ao amparo da Virgem Imaculada. Prestai atenção. Ainda não tinha sido definido pelo Romano Pontífice o dogma da Imaculada Conceição e que essa era a doutrina revelada por Deus e, portanto, devendo ser aceita por todos os fiéis, e já o nosso Brasil mostrava gloriar-se dessa fé e dessa doutrina com o culto que prestava à Virgem Aparecida. Não devemos também esquecer que no primeiro ano do pontificado de Pio IX sempre invicto e imortal, de Pio IX que a Virgem Santíssima escolhera para honrá-la com a definição de tão insigne privilégio; nesse mesmo ano de mil oitocentos e quarenta e seis foi lançada a primeira pedra deste templo.

E agora passando o quinquagésimo aniversário da definição daquele dogma tão consolador, quando por toda a parte os filhos da Igreja exultam de grande alegria e pelo melhor modo que podem abertamente proclamam o seu sentimento religioso, que haveria para nós de mais desejável, de mais sublime, e para Deus de mais agradável do que ser concedida a coroa de ouro para a Virgem Maria e neste dia, com rito soleníssimo, ser com ela condecorada? Apareceu finalmente esse dia tão desejado, está prestes a chegar o momento felicíssimo; eu vejo aqui a vossa concorrência representada por todas as classes sociais e certa suspensão de espírito e unânime expectativa enquanto se celebra a sagrada cerimônia e muito me alegro com isso. Eu vejo já preparados aqueles que, cantando hinos a Deus e à Sua Mãe Santíssima, *in tympano et choro, in chordis et organo*, vão encher com suas vozes religiosas todo este templo e grandemente me rejubilo; daqui a pouco a alegria da cidade espalhada pelos campos será completada pelos sons das músicas, orquestras e vários instrumentos; já brilham ao clarão de inúmeras luzes estas grandes maravilhas e muitos outros sinais serão dados de alegria e exultação comuns, e convosco me comprazo e exulto de alegria; finalmente incrível entusiasmo invade a minha alma ao ver erigida sobre uma coluna de granito essa estátua de bronze que ficará na praça pública para sempre eterna memória de tão grande acontecimento.

Todavia para que diga a verdade, há alguma coisa de maior, de mais nobre e mais firme, e mais digno de Deus e da Virgem Mãe, e para nós em primeiro lugar e para todo o Brasil, útil e necessária que me passa pelo espírito e que eu desejo antes de tudo. Porquanto no que acabei de dizer sobre os sinais de nossa hodierna alegria, nós nos podemos considerar semelhantes a outras nações ou ainda menores do que elas, mas no que vou dizer desejaria que nos colocássemos à frente de todas as nações e nisto consistiria a minha felicidade!

Provera a Deus que um só fosse o coração e uma só a alma de todos os Brasileiros espalhados por toda esta grande nação!

Desapareçam as inimizades, cessem as disputas, reine unicamente a Caridade.

Esta foi a felicidade invejável da Igreja nascente, que nossa também foi um dia, antes que ímpias doutrinas tentassem lançar nas trevas a verdade católica e plantar entre irmãos a semente da discórdia. Fato este que assim como é para nós motivo de lamentar-nos, também o é para pugnarmos na medida de nossas forças, a fim de que mais adiante não se propague a pestilenta praga, com força e coragem, lançando mão dos remédios para aqueles que, porventura se achem infeccionados pelo erro, voltem à primitiva fé e santidade de nossos antepassados. É necessário que aqui comece aquela restauração das coisas em Cristo de que nos fala inspirado por Deus, desde o princípio de seu pontificado o varão verdadeiramente santíssimo, o nosso Papa Pio X. Isto exige de nós o mesmo encargo pastoral, *quos Spiritus Sanctus posuit Episcopos regere Ecclesiam Dei*; ainda o exige a solicitude pastoral para que não invadido o rebanho de Deus por lobos vorazes; auxiliem-nos neste zelo pela salvação das almas e pela defesa da fé católica todos aqueles que foram escolhidos por Deus para o sagrado ministério.

A vós também me dirigirei representantes do poder público, e usando das palavras do livro da Sabedoria, *Vos qui continctis multitudines et placetis vobis in turbis nationum, praebete aures* (Sap. c. VI.3). *Diligite lumen sapientiae omnes qui praeestis populis* (ibidem v.23). Amai a Jesus Cristo chamado pelo apóstolo, *Dei virtutem et Dei sapientiam* (1Cor 1,24). Na sabedoria de Deus, em uma palavra em Jesus Cristo, vós, fatores das leis, decretareis coisas justas; vós em Jesus Cristo prestareis auxílio eficaz não só à Religião, mas também à sociedade civil e à nossa querida pátria.

Este é o nosso e o vosso dever: *instaurare omnia in Cristo*. Se neste dia, nesta hora solene, diante de Deus e da Virgem Mãe Santíssima, diante dos céus e da terra, com firme propósito isto prometermos e levarmos a efeito o cumprimento de nossas promessas, então sim teremos feito o que de mais agradável é para o espírito e o que era necessário para dar graças a Deus e à sua Mãe Santíssima, na medida de nossas forças e em nosso e pelo bem de todo o Brasil. Assim será para nós e para todo o povo de grande felicidade nós o termos vindo assistir a esta solenidade quinquagenária, nós o termos visto com tanto júbilo e alegria ser ornada de uma coroa de ouro a imagem de Nossa Senhora Aparecida, de que tudo permanece como lembrança aí nessa praça um público e eterno monumento. E passados os tempos aqueles que vierem a este santuário, moradores do lugar ou forasteiros, admirando essa bela mole encimada pela imagem de Maria, entrando no templo para pedir socorro e alívio para seus males, prostrados diante da imagem de Nossa Senhora Aparecida, ornada com a coroa de ouro, elevarão suas preces saídas do coração e entre lágrimas, abençoarão a nossa memória, agradecendo a Deus e à sua Virgem Mãe a felicidade da Pátria restaurada neste dia soleníssimo.

E vós, ó Virgem Imaculada lá do alto dos céus, lançai sobre nós os vossos olhos, vinde até nós com a vossa benevolência maternal e mostrai que benignamente aceitais a solenidade deste dia como obséquio de vossos filhos que desse título se gloriam não só de nome como de fato. Apenas foram conhecidos nesta terra vosso nome, vossos louvores, vosso amor e*x ore evangelizantium pacem evangelizantium bona*, logo se operou uma admirável transformação das coisas: os nossos avós aqui vieram pressurosos *in odorem unguentorum tuorum, adolescentulae dilexerunt te nimis.*

Acendeu-se a chama do amor para convosco Virgem Imaculada e para com vosso diletíssimo filho Jesus; e esta chama tornou-se um vasto incêndio depois que fostes vista nestes benditos lugares, ó Virgem Senhora da Aparecida. Quem dera que permanecesse sempre em todos e em cada um a fé de nossos antepassados e a pura religião! Quem dera que jamais se arrefecesse pelos turbilhões das tentações o ardor primitivo da caridade. No entretanto, nutro viva a esperança de que, com vosso auxílio, com vosso patrocínio, nada tenha que invejar o vosso Brasil aos séculos passados. Vosso, sim, não por causa dos cristãos em comum, mas por um direito próprio e solene, quase nosso.

Vosso, porquanto nos princípios do século passado os decretos reais e imperiais vos proclamaram e confirmaram Senhora, Padroeira, Guarda e Defensora do Brasil.

A vós aqui agora todos estes Bispos aos quais foi confiado o cuidado de rebanho de Nosso Senhor, em unânime consenso, saúdam como Rainha do clero e de suas dioceses.

Vosso, portanto, vosso, repito é o Brasil e de vossas mãos ninguém o arrebatará, ó Virgem Nossa Senhora da Aparecida.

Eis-nos aqui, vossos filhos, vossa coroa muito mais preciosa do que aquela que dentro em pouco vai ornar a vossa fronte. Que mais hei de dizer? Que reine em nossos corações o vosso amor, o amor de Jesus, para que assim como agora toda a Igreja Brasileira aqui unida em espírito conosco ora, espera, alegra-se e exulta, assim também com o vosso patrocínio, Virgem e Mãe verdadeiramente bendita entre as mulheres, pelos merecimentos de Jesus Cristo, vosso Filho, com Deus Padre e com o Espírito Santo, possamos gozar da celeste visão de paz, alegrando-nos pela posse da divina glória dos santos Tabernáculos da eterna felicidade.[21]

A Coroação

Coroação de Nossa Senhora Aparecida.
8 de setembro de 1904.

---

[21] Tradução da autoria do Dr. Monsenhor Benedicto Paulo Alves de Souza.

Acabada a Missa Pontifical, houve uma pequena pausa para disporem o altar para a Coroação.

Ali ao lado do altar, junto ao gradil para o lado de fora, estava levantado um púlpito para o qual subiu o Exmo. Sr. Dom João Francisco Braga, Bispo de Petrópolis, que pronunciou o Discurso que vai em seguida:

'Eu ouço... e ouço vozes que não formam senão uma única voz, a voz das crianças, dos jovens e dos velhos, dos artistas e dos poetas, dos sacerdotes e os Bispos, do tempo, de uma nação inteira. Eu a ouço!

Essa voz repete uma só palavra: Virgem Aparecida!

[...]

Uma voz eu ouço ainda, voz profunda e melodiosa...

É a voz de um Povo, de um povo imenso, cujos domínios se estendem do Amazonas ao Prata, do Oceano aos Andes. É o Brasil! Ei-lo, neste momento soleníssimo, aqui prostrado em espírito e representado por muitos de seus pastores Supremos e por esta multidão, respeitável, tocante e eloquentíssima, advinda do simpático torrão paulista, honra e orgulho de nossa Pátria.

Religião e Pátria; Brasil e Maria: são os ideais queridíssimos do coração brasileiro.

[...]

Mas... uma voz... eu não ouço! Não a ouço, através dos dois séculos, em que ouvi a voz das crianças, dos jovens e dos velhos, dos artistas e dos poetas, dos sacerdotes e os Bispos, do tempo de uma nação inteira. Eu não ouço essa voz, mais mimosa do que o balbuciar da primeira palavra da infância, mais sagrada do que a derradeira palavra da velhice veneranda, mais primorosa do que as concepções dos artistas, mais suave do que a lira dos poetas, mais santa do que a palavra ungida dos sacerdotes e dos bispos, mais cheia de patriotismo do que o próprio patriotismo. Essa voz, eu não ouço!...

Mas que digo!... Ela vai ser ouvida, ouvida pela primeira vez, essa voz mimosa, sagrada, primorosa, suave, Santa cheia de patriotismo pelo nosso Brasil. Essa voz é a voz queridíssima, baixada do maior trono do mundo, a voz do representante de Deus sobre a terra, a voz de Pio X, permitindo a coroação da Veneranda imagem da Virgem Aparecida.

Dentro de poucos minutos, teremos ouvido essa Voz, teremos assistido a essa solenidade, a primeira celebrada em terras brasileiras. Dentro de poucos minutos, a coroa mimosíssima, trabalhada com amor e carinho, pela piedade brasileira, pela gratidão brasileira, e autorizada pela voz Poderosa do Santíssimo Padre Pio X, coroará a Veneranda imagem da Virgem da Conceição Aparecida.

E os séculos vindouros repetirão, permanentemente, o cântico mimoso deste dia e desta hora, cântico de um só pensamento: Salve, Virgem Aparecida!

Em seguida, Sua Exma. Revma. lê e o povo acompanha a recitação do

Ato de Consagração a
Nossa Senhora Aparecida em sua Coroação

Ó Maria, Mãe e Rainha Nossa, permiti que, neste dia, solenemente consagre a vós meu coração, minha alma, toda a minha vida.

Sou todo vosso, Mãe Santíssima, a vós pertenço como o filho pertence à sua mãe; aceitai, portanto, a homenagem da minha veneração e da minha confiança; acolhei a sincera promessa que vos faço de tomar sempre e em qualquer circunstância a defesa da vossa honra, da vossa Conceição Imaculada, da vossa glória, e de sustentar sempre, como servo fiel e amoroso filho vosso, os gloriosos privilégios com que Deus Vos distinguiu entre todas as criaturas. Neste dia memorável da vossa solene coroação, abençoai, Virgem sem mancha, o Chefe da Igreja Católica, o Papa; abençoai os nossos Bispos e todos os fiéis confiados aos seus cuidados pastorais, a fim de que nem um se desvie do bom caminho e se perca. Alcançai para os pecadores a conversão, para os justos a perseverança, para os aflitos, pobres, enfermos, enfim todos os desventurados, a paciência. Sede para os meninos e moços estrela da manhã, que encaminhe para Deus seus primeiros passos; para os homens estrela do mar, que lhes sirva de norte na travessia pelo oceano dos perigos espirituais; para os velhos, estrela da esperança, que os conforte e atraia para maior perfeição: para os moribundos, estrela da noite, que lhes ilumine a entrada no porto da salvação: para todos, enfim, a porta do céu, a fim de que na eternidade nos encontremos todos reunidos ao redor do trono da vossa glória, para bendizer-Vos e amar-Vos por séculos sem-fim. Amém.

[...]

O Cabido de São Pedro por seu Arcipreste, o Cardeal Mariano Rampola, comissionou o Arcebispo do Rio de Janeiro Dom Joaquim Arcoverde de Albuquerque Cavalcanti para, em seu nome, coroar a Imagem da Virgem Aparecida, podendo subdelegar tal comissão.

[...]

O mestre de cerimônias já tem tudo ordenado, está diante do altar o Exmo. Sr. Bispo de São Paulo que procede a bênção da coroa de ouro que é aspergida e incensada. O coro canta a antífona Regina Coeli. O altar está cercado por todos os Bispos assistentes, o Bispo de São Paulo sobe até o trono onde está a veneranda Imagem; diante dele, de joelhos está o superior dos redentoristas Padre Gebardo Wiggermann, sustentando nas mãos sobre riquíssima almofada a preciosa coroa de ouro; o Bispo toma a coroa, levanta-a e a sustenta sobre a cabeça da Veneranda Imagem; pára, lágrimas de viva comoção deslizam-lhe pelas faces. Silêncio profundo reina no meio de toda aquela grande multidão; todos se levantam na ponta dos pés para melhor enxergarem. Até ali o sol esteve encoberto, nuvens sombrias toldavam o céu; de repente, abrem-se as nuvens, o sol derrama seus raios que vão iluminar em cheio o altar, e a Imagem. A luz brilhante do sol torna visíveis as pessoas colocadas ainda na maior distância aquele quadro de perspectiva toda nova. Lá estão o altar, o Bispo, a coroa, a Imagem. É chegada a hora, os braços do Bispo movem-se, suas mãos se abaixam, e ele deixa descansar a coroa sobre a cabeça da Imagem. Estava coroada a Virgem Aparecida. Era meio-dia em ponto.

Vivas prolongados a Nossa Senhora Aparecida irrompem da multidão, palmas estrepitosas enchem toda aquela praça, e o hino nacional completa as expansões de alegria.

Todo aquele povo sentia-se bem, todos estavam contentes e procuravam comunicar de uns para outros aquele gozo interno que todos experimentavam e traduzido nos olhares, nas palavras e até nos gestos.

A Virgem Aparecida estava coroada; nós todos acabamos de presenciar a Coroação; éramos, pois, felizes.

É entoado o *Te Deum*, e nas estrofes desse hino a Santa Igreja, os seus Pontífices, o clero e o povo mandam ao céu suas adorações e seus agradecimentos.

Em pergaminho foi lavrado o seguinte:

1904 – Coroação de Nossa Senhora Aparecida

Auto da solene Coroação da Veneranda Imagem de Nossa Senhora da Conceição Aparecida

Aos oito dias do mês de setembro do ano mil novecentos e quatro do nascimento de Nosso Senhor Jesus Cristo, quinquagésimo da definição do dogma da Imaculada Conceição de Maria Santíssima, reinando na cadeira de São Pedro o Sumo Pontífice Pio X, sendo presidente da República dos Estados Unidos do Brasil o Exmo. Sr. Conselheiro Dr. Francisco de Paula Rodrigues Alves, e presidente do Estado de São Paulo, o Sr. Dr. Jorge Tibiriçá, presentes os Exmos. e Revmos. Dom Júlio Tonti, Arcebispo titular de Ancyra e Núncio Apostólico do Brasil, Dom Joaquim Arcoverde de Albuquerque Cavalcanti, Arcebispo de São Sebastião do Rio de Janeiro e Metropolita da Província Meridional do Brasil, Dom José de Camargo Barros, Bispo de São Paulo.

[...]

Cônegos catedráticos, grande número de sacerdotes e peregrinos de diversos pontos do país – foi solenemente coroada pelo Exmo. Sr. Dom José de Camargo Barros, Bispo Diocesano, em nome e por comissão do Venerando Cabido da Basílica Patriarcal de São Pedro, e especial subdelegação do Exmo. e Revmo. Sr. Arcebispo Metropolita, Dom Joaquim Arcoverde de Albuquerque Cavalcanti, a imagem de Nossa Senhora da Conceição Aparecida, que se diz ter sido encontrada em 1717, no rio Paraíba, não longe do porto denominado de Itaguaçu pelos pescadores Domingos Garcia, João

Alves e Felippe Pedroso e que desde então se venera neste Episcopal Santuário de Aparecida.

[...]

Terminada a cerimônia, que foi precedida de solene Missa Pontifical pelo Exmo. Sr. Núncio Apostólico e assistência de todos os Exmos. Srs. Bispos, dignidades, sacerdotes e romeiros, foi a coroa entregue ao Revmo. Cura do Santuário, Padre Roberto Hansmair, para que perpetuamente se conserve no mesmo Santuário como testemunha dos piedosos sentimentos de toda a Província à Virgem da Aparecida. Como perene lembrança deste ato memorial levantou-se na praça fronteira ao Santuário um monumento de granito, encimado por uma estátua em bronze da Imaculada Conceição, comemorando, no mesmo tempo, o fato da coroação da Imagem da Aparecida e a definição do dogma da Imaculada Conceição de Maria Santíssima, em 1854, pelo Santo Padre Pio IX.

Foram também cunhadas medalhas comemorativas em ouro, prata, bronze e alumínio, as quais se dignou conceder o Santo Padre Pio X uma indulgência de trezentos dias cada vez que diante delas se rezar uma Ave-Maria, 'servatis servandis'.

E, para todo o tempo constar, lavra-se o presente ato que vai assinado pelos Exmos. Srs. Bispos e se conservará no Santuário, sob a guarda do respectivo Cura.

Santuário de Aparecida, Diocese de São Paulo, 8 de setembro de 1904.

O Monumento

Quando na primeira sessão da Comissão Geral da Imaculada se discutiu o plano das festas jubilares, ficou logo assentado que se fizesse alguma coisa que perpetuasse solenemente as grandes manifestações de piedade desta Diocese à Imaculada. Assim ficou logo assentado que se levantasse em frente ao Santuário de Aparecida uma estátua da Virgem, que fosse o complemento da grande peregrinação [...].

A Imagem da Virgem é cópia da Imaculada de Murillo, descansa sobre a terra e a lua, circundada de anjos, tem os olhos levantados para o céu, e os braços cruzados sobre o peito; a sua altura é de dois metros, está apoiada sobre uma base quadrangular de granito, de cerca de três metros de altura.

As quatro faces do monumento estão assim distribuídas. Na frente um busto em bronze de Pio X com a seguinte inscrição, em letras também de bronze: No ano de 1904, quinquagésimo da definição do dogma da Imaculada Conceição de Maria, reinando o Sumo Pontífice Pio X, os católicos da Diocese de São Paulo, em peregrinação a este Santuário, no dia 8 de setembro, em que foi solenemente coroada a imagem de Nossa Senhora Aparecida, erigiram este monumento, piedosa homenagem de sua fé àquele glorioso fato.

No lado oposto, o busto de Pio IX com esta inscrição: No dia 8 de dezembro de 1854, reinando o Sumo Pontífice Pio IX, foi por ele definido o dogma da Imaculada Conceição de Maria.

Nos dois outros lados estão estas palavras: Ó Maria, concebida sem pecado original, e Eu sou a Imaculada Conceição.

Encerrando-se a cerimônia da Coroação, processionalmente, dirigiram-se todos, Núncio, Bispos, clero e povo para junto do monumento que estava velado por enorme cortina. Aí as Filhas de Maria, dirigidas pelo seu Diretor Padre Simão Florentino, Superior dos Missionários Filhos do Imaculado Coração de Maria, cantaram um belíssimo e terno hino à Virgem Senhora. Nesse momento a Imagem foi descoberta, saudada com palmas e vivas.

Foi declarado inaugurado o monumento, e a Comissão fez entrega dele ao Vigário de Aparecida.

A Procissão

Às 5 horas da tarde devia sair a procissão; assim foi.

Organizada, deixou ela o Santuário e fez o longo giro da povoação, subindo no seu regresso pela longa rua da calçada que fronteia o monumento.

[...]

Retorno

[...]

Tomamos o nosso lugar no segundo trem; é chegada a hora de partirmos também. Todos voltam seus olhares para o Santuário, ainda mandam à Virgem Aparecida o adeus dos que vão, levando na alma as mais gratas saudades. O trem corre veloz, o Santuário já está longe e os olhos que se voltam novamente encontram as colinas que circundam aquele canto de céu na terra.

É verdade, os olhos já não enxergam a Imagem da Virgem Aparecida; pouco importa; nós a trazíamos gravada em nossas almas.

[...]

Nem o incômodo de longa viagem, nem o frio das horas adiantadas da noite, nada diminuía o entusiasmo dos peregrinos que com seus cânticos desafiavam o sono e o cansaço, e com sua devoção tornavam breves as longas horas da viagem.

Assim suavemente chegamos todos.

Pouco depois da meia-noite entrou na Estação Norte o primeiro trem e depois de uma hora o segundo.

No meio de cânticos e aplausos, deixaram os peregrinos a Estação, e na troca mais fraternal de afetos se despediram uns dos outros.

[...]

Cada um tomou o caminho do seu lar, abençoando aquele dia feliz, e até agora conserva vivas em seu espírito as impressões delicadas e ternas, afetuosas e santas da Coroação da Virgem Aparecida.

[...]

Sim, Virgem Aparecida, quem poderá esquecer-vos, depois do cativo do vosso amor, ter dobrado os joelhos diante dos vossos altares, ter aberto o coração diante de vossa misericórdia e ter experimentado toda força de vossa proteção?

No carro n. 10 seguiram os peregrinos que perderam o primeiro trem, e todos aqueles do segundo que por qualquer motivo reclamavam no correr da viagem uma acomodação mais desafogada.

Aceitai, Virgem Aparecida, esta fraca homenagem que vos presta nestas linhas o mais humilde dos vossos filhos devotos. Sei que esta minha narrativa não tem o colorido que encanta, não tem a beleza que seduz, nem atrativos que convidam. Estas linhas são filhas da devoção, sim; mas aqui foram enfileiradas, fustigadas pela pressa e pela estreiteza do tempo; são filhas da noite, elas foram escritas em horas adiantadas, roubadas ao sono reparador; são filhas dos intervalos rápidos dos labores contínuos do ministério paroquial, centenas de vezes tomamos da pena para deixá-la logo depois, no meio de um período, antes de concluir uma frase. Vós bem o sabeis; aceitai assim mesmo nossa fraca homenagem.

É vos, ó minha pena querida, minha fiel companheira nesta longa e acidentada jornada, é tempo de rematarmos, a

nossa missão está concluída; e para completá-la dignamente
seja a nossa última palavra:
Ave, Virgem Aparecida!
São Paulo, 18 de novembro de 1904,
Monsenhor José Marcondes Homem de Mello, Bispo de
São Carlos".[22]

Terminando a narrativa da Coroação, transcrevemos o telegrama do Presidente da República, Rodrigues Alves, aos Bispos em Aparecida:

"Senhor Arcebispo Dom Joaquim Arcoverde.
Sentindo muito não poder assistir às grandes festas hoje celebradas nesse Santuário, apresento a Vossa Excelência, aos dignos Bispos e ilustres funcionários da Igreja aí reunidos, as minhas respeitosas homenagens".[23]

Não temos um registro preciso da primeira vez que a Imagem usou manto e coroa. Um inventário de 23 de setembro de 1805 cita duas coroas, dois diamantes, dois resplendores e cinco mantos.

Num inventário feito pelo Padre Gebardo que está no Arquivo da Arquidiocese de Aparecida, datado de 30 de julho de 1902, há cinco coroas para uso da Imagem; a primeira é: "uma coroa de ouro com globo e cruz na extremidade, toda cravejada de brilhantes ofertada pela Princesa Isabel", uma devota cumprindo a sua promessa; a coroa com que foi coroada a Virgem Aparecida.

E após a coroação, no dia 8 de setembro de 1904, a Imagem passou a usar o manto de veludo azul-marinho bordado a ouro.

O chafariz do Largo da Igreja foi retirado e, no exato local, foi colocado o monumento à Senhora da Conceição, já mencionado. Partes do chafariz encontram-se hoje no pátio interno da Casa da Pedrinha dos Padres Redentoristas.

---

[22] "Coroação de Nossa Senhora Aparecida – 8 de setembro de 1904", narrativa ilustrada pelo Monsenhor José Marcondes Homem de Mello. São Paulo, Editora Duprat, 1905.
[23] Arquivo da Cúria Metropolitana da Arquidiocese de Aparecida (avulso).

1908
TÍTULO DE "BASÍLICA MENOR" PARA
A IGREJA DE NOSSA SENHORA APARECIDA

"Porque, onde dois ou três
estão reunidos em meu nome,
ali estou eu no meio deles" (Mt 18,20).

Os Bispos que estiveram reunidos em Mariana, Minas Gerais, solicitaram ao Santo Padre Pio X que elevasse o Santuário de Nossa Senhora Aparecida à dignidade de "Basílica Menor" (quando a Igreja está fora de Roma, independentemente de seu tamanho). Em 29 de abril, o Santo Padre Pio X concedeu ao Santuário de Nossa Senhora Aparecida o título e a dignidade de "Basílica Menor".

Para o templo receber o título de "Basílica Menor", deveria ser antes sagrado solenemente conforme o rito e as prescrições litúrgicas.

O Exmo. Sr. Arcebispo Dom Duarte Leopoldo e Silva, no dia 5 de setembro de 1909, fez a sagração da Igreja como Basílica de Nossa Senhora Aparecida. Em janeiro de 1910, a Basílica abria seu pórtico para receber as relíquias de São Vicente Mártir, enviadas pelo Papa Pio X, de Roma.

Uma grande romaria veio de São Paulo, trazendo as insígnias da Basílica.

"Cada Basílica tem o seu brasão." O de Aparecida mostra na parte superior uma cruz com lança e esponja encimada por uma coroa, repousando por entre ramos de palmeira e oliveira. No centro veem-se as insígnias da Basílica: o gonfalone e o tintinábulo e embaixo o nome abreviado de Maria.

O gonfalone é uma espécie de sombrinha com listras amarelas e vermelhas. Havia na Basílica Histórica dois gonfalones. Um grande, que ficava dentro de uma armação feita de madeira e vidro, e um pequeno, que estava dependurado no teto do presbitério...

O tintinábulo tem a forma de uma pequena torre de madeira dourada e coroada pelas armas pontifícias. É fixada numa haste, tendo suspenso no meio um pequeno sino. "Este sino era tocado durante as missas solenes e bênçãos com o Santíssimo Sacramento."[24]

Existem diversas outras Igrejas no Brasil que recebem o título de "Basílica Menor": Igreja Nossa Senhora do Carmo e Igreja Abacial da Assunção de Nossa Senhora, ambas em São Paulo; Igreja do Coração de Jesus, em Diamantina, e Igreja de Nossa Senhora da Saúde *(Salus Infirmorum)*, em Poços de Caldas, ambas no estado de Minas Gerais; Igreja Nossa Senhora da Penha e Igreja Sé de Nossa Senhora do Carmo, ambas em Recife-PE; Igreja Sé Primacial e Santuário do Senhor Bom Jesus do Bonfim, localizadas em Salvador-BA; Igreja de Nossa Senhora de Nazaré, em Belém-PA; e Igreja de Santa Teresinha, no Rio de Janeiro.

A Igreja de Nossa Senhora Aparecida pertencia à Diocese de São Paulo.[25]

Após receber o título de Basílica Menor, passados três anos, durante a festa de Nossa Senhora Aparecida,

> "no dia 7 de maio de 1911, chegou aqui o Exmo. Arcebispo Dom Duarte Leopoldo e Silva e celebrou missa no altar de Nossa Senhora, e demorou-se até o meio-dia de segunda-feira, ocupando-se este tempo exclusivamente com os interesses da Basílica. No ano passado Sua Exma. mandou calçar de paralelepípedos a Rua Nova, serviço que já está bastante adiantado. Agora mandou começar no pátio da Basílica a construção de um novo edifício que sirva de residência aos padres redentoristas, aos capelães da Basílica e que possa ao mesmo tempo oferecer hospedagem digna aos Exmos. Prelados que frequentemente visitam esta Basílica e aos sacerdotes que aqui queiram fazer retiro espiritual.
> [...]
> Aos 11 dias do mês de dezembro de 1911, esteve nesta localidade o Exmo. Dom Duarte Leopoldo e Silva para fazer o lançamento da primeira pedra fundamental da futura residência dos padres redentoristas, sendo o construtor do convento o padre Antonio de Lisboa Fischhaber, C.Ss.R.

---

[24] "Almanaque Nossa Senhora Aparecida". Aparecida, Editora Santuário, 1997, p. 17.
[25] Quando, em 1908, foi criada a Diocese de Taubaté, por uma concessão especial do Papa, Aparecida continuou a pertencer à Arquidiocese de São Paulo.

No dia 15 de dezembro de 1912 foi inaugurada a nova residência dos padres redentoristas.

[...]

Em seguida, Sua Exma. dirigiu-se acompanhado do clero e de grande massa popular para a nova casa e a percorreu toda, benzendo-a com as orações do ritual. Voltando à Igreja, levou em solene cortejo o Santíssimo Sacramento na nova casa, deixando-o encerrado na capela da casa".[26]

O Cardeal Dom Joaquim Arcoverde enviou um telegrama aos padres redentoristas: "Parabéns aos reverendos padres, anjos tutelares desse Santuário, pela inauguração da nova residência. Congratulações ao senhor Arcebispo".

No dia 2 de outubro de 1982, após a missa das 19h30 na Matriz Basílica, concelebrada por 30 missionários redentoristas e presidida pelo arcebispo Dom Geraldo Penido, todos foram em procissão, despedindo-se da praça onde ficaram por tantos anos, desde 1912, para o novo convento. Após a bênção e confraternização, a nova casa, que fica no pátio interior do lado direito do santuário Nacional, estava inaugurada.

---

[26] II Livro do Tombo da Paróquia de Nossa Senhora Aparecida, folhas 67, verso, 71, verso, 75, verso e 76.

1914
A ENERGIA ELÉTRICA, EM 1912, TROUXE OS BONDES

Os nossos bondes pitorescos!
Aparecida teve e perdeu.
Em nome do progresso? Deixou saudades!

❝ A primeira estrada de São Paulo ao Rio de Janeiro foi iniciada em 1725, por ordem do 4º Governador e Capitão-General Rodrigo César de Menezes, que encarregou a construção ao Capitão-Mor de Guaratinguetá."[27]

Em 1º de maio de 1898, o percurso passou a ser feito por bondinhos de três vagões puxados por tração animal, que levava os romeiros da estação ferroviária até o Largo da Igreja.

A partir de março de 1914, após a bênção dos bondes por Monsenhor João Filippo, teve início a operação da linha de bondes elétricos da "Companhia Light and Power" entre as cidades de Guaratinguetá e o Distrito de Aparecida, num percurso de cinco quilômetros, subindo até o Largo da Basílica. O percurso do bonde deu origem à atual Avenida Zezé Valadão.

Primeiros bondes elétricos (data desconhecida).

---

[27] Arquivo da Cúria Metropolitana da Arquidiocese de Aparecida (avulso).

O bonde não possuía vidros dianteiros. O motorneiro estava exposto ao sol e à chuva.

Contribuiu também para esta expansão a antiga estrada Rio-São Paulo que, inaugurada em 1928, aumentando o movimento em Aparecida, passava pela atual Avenida Getúlio Vargas e Rua Barão do Rio Branco, indo em direção a Guaratinguetá.

Em 1950, a Light vendeu o serviço de bondes a um empresário, que encerrou a linha entre Guaratinguetá e Aparecida por volta de 1956.

Ponto final do bonde. Praça Nossa Senhora Aparecida. Década de 1950.

1917
BICENTENÁRIO DO ENCONTRO DA IMAGEM

O encontro da Senhora Aparecida
... 1717, 1817, 1917 ...
e o nosso encontro todos os dias...

Para comemorar os duzentos anos do encontro da Imagem de Nossa Senhora Aparecida no rio Paraíba do Sul, durante todo o ano de 1917 foram prestadas solenes homenagens. Um encontro da Senhora Aparecida com seus romeiros, que aqui estiveram e sempre estarão.

"No dia 31 de dezembro de 1916, à tarde, o ano jubilar será inaugurado com repique solene dos sinos, bênção precedida de reza solene e iluminação das torres. No dia 1º de janeiro haverá missa cantada solene e à tarde procissão com a Imagem de Nossa Senhora.

Durante o ano haverá todos os dias à tarde reza solene em louvor a Nossa Senhora, constando do terço, ladainha cantada, incensação da Imagem milagrosa e bênção do Santíssimo. Todos os sábados haverá missa cantada com pregação sobre Nossa Senhora. No primeiro domingo de cada mês missa solene e procissão. [...]

A Comissão Administrativa
Padre José Sebastião, Vigário
Augusto M. Salgado, Tesoureiro
Marcolino A. De Freitas, Secretário."[28]

"Imponentes foram os festejos do bicentenário da coroação da imagem de Nossa Senhora Aparecida. Em preparação, houve do dia 4 a 7 de setembro o Congresso Mariano em São Paulo. Já durante os meses foram soleníssimas conferências religiosas pelo padre Rossi, foi enorme a concorrência. Na véspera da festa não havia mais um lugar disponível nos hotéis nem nas casas de hospedagem. À frente, as torres da Basílica e o pátio estavam desde o começo da novena ornados

---

[28] II Livro do Tombo da Paróquia de Nossa Senhora Aparecida, folha 23 e verso.

de mil lâmpadas elétricas que à noite faziam um maravilhoso efeito, destacando-se especialmente as torres e a estátua de Nossa Senhora, cercados de um arco de lâmpadas.

Cerimônia do bicentenário da Coroação em 1917.

Nos últimos dias antes da festa foi o pátio todo ornado de bandeirinhas e festões. Na frente da Basílica foi levantado um artístico altar provisório, para a celebração da missa pontifical.

No dia 8, as portas da Basílica abriram-se às três e meia da madrugada, começando desde cedo então as missas e afluindo, desde logo, grande número de fiéis às missas e à mesa da Comunhão. Às 3h40 chegou o primeiro trem, da romaria paulista, composto de 13 carros de primeira classe, entrando o segundo só às 5 horas, de 13 carros de segunda classe. Os romeiros subiram a rua Calçada cantando hinos e empunhando tochas. Ao pé do monumento o Monsenhor Benedito, Vigário-geral da Arquidiocese, dirigiu-lhes fervorosa oração. Depois entraram na Basílica e o Sr. Arcebispo começava missa de comunhão geral. [...]

Bicentenário da Coroação em 1917.

Belo e edificante transcorreu o dia 8 de setembro, que certamente nunca se apagará na lembrança dos que lhe assistiram na Basílica de Nossa Senhora Aparecida. [...] Às 8h40 entrou a solene Missa Pontifical, celebrada no adro da Basílica para poder ser vista por todos. A procissão que saiu às cinco e meia da tarde teve o brilho de sempre e um concurso como o deixava prever a multidão aqui reunida."[29]

---

[29] II Livro do Tombo da Paróquia de Nossa Senhora Aparecida, folhas 31 e verso, 32 e verso e 33.

ARQUICONFRARIA DE NOSSA SENHORA APARECIDA

Arquivo Centro de Documentação e Memória
"Padre Antão Jorge, C.Ss.R." – Santuário Nacional.

No mesmo ano do bicentenário, no dia 1º de julho de 1917, Dom Duarte Leopoldo e Silva, Arcebispo de São Paulo, criou nesta Basílica a Confraria de Nossa Senhora Aparecida. Aos 16 de junho de 1918, foi solenemente estabelecida e iniciada a inscrição dos fiéis na Confraria. Para o 25º aniversário de coroação em 1929, passou a denominar-se "Arquiconfraria de Nossa Senhora Aparecida".

Estatutos da Arquiconfraria de Nossa Senhora Aparecida

Síntese dos cinco capítulos:

"Capítulo I – Natureza e fins

Art. 1º – A Arquiconfraria de Nossa Senhora Aparecida fica instituída com sede na Basílica de Aparecida.

Art. 2º – Em toda e qualquer paróquia, mediante autorização expressa do prelado diocesano, poderão ser instituídas Confrarias de Nossa Senhora Aparecida.

Art. 3º – A Arquiconfraria tem por fim:

a) cultivar e propagar a devoção à Virgem Imaculada sob a invocação de Nossa Senhora Aparecida;

b) alcançar pela intercessão de São Geraldo a proteção especial de Maria Santíssima para o Brasil.

[...]

Art. 4º – No intuito das indulgências e privilégios espirituais, as Confrarias deverão ser fundadas com decreto de ereção passado pelo respectivo prelado diocesano e em seguida agregadas à Arquiconfraria da Basílica.

Art. 5º – Para a agregação, é necessário que o diretor local envie ao Vigário da Basílica um requerimento de agregação acompanhada da respectiva certidão canônica da Cúria Diocesana.

Capítulo II – Direção

Art. 6º – Diretor-Geral da Arquiconfraria será o Vigário da Basílica, competindo a ele incrementar, estimular e orientar [...]

Art. 7º – Diretor local da Confraria será o Vigário "pro tempore" ou o Reitor da Igreja em que se erigir a Confraria [...]

Art. 8º – As Confrarias terão à sua frente uma mesa administrativa, composta do diretor espiritual, presidente, secretariado, tesoureiro, zeladores e zeladoras para cada grupo de 30 associados.

Art. 9º – Cada Confraria terá os seguintes livros: 1) atas; 2) registro de associados; 3) receita e despesa.

Art. 10º – A Arquiconfraria da Basílica terá o registro geral de todos os centros.

Art. 11º – [...] sendo obrigatórias ao menos três reuniões anuais para preparar as três festas regulamentares em louvor a Nossa Senhora Aparecida.

Art. 12º – No 1º ou 2º domingo de cada mês haverá uma comunhão geral e de tarde reunião da confraria. [...]

Capítulo III – Obrigações

Art. 13º – Podem inscrever-se na Arquiconfraria todos os católicos em geral [...]

Art. 14º – São obrigações dos associados:

1. – A única condição essencial para pertencer a esta Arquiconfraria é a inscrição do nome nos registros da Basílica de Nossa Senhora Aparecida ou nos registros das Confrarias locais.

2. – Contudo, para tornarem-se mais dignos da proteção de Maria, os associados deverão:

a) trazer sempre consigo uma medalhinha de Nossa Senhora Aparecida, tendo ela no verso a efígie de São Geraldo;

b) conservar em sua casa uma imagem ou um quadro de Nossa Senhora diante do qual farão suas devoções;

c) rezar todos os dias, pela manhã e à noite, três Ave-Marias em honra a Nossa Senhora, com estas jaculatórias: 'Nossa Senhora Aparecida, Padroeira do Brasil, protegei-me. São Geraldo, protetor meu, alcançai-me uma terna devoção a Maria Santíssima';

d) recitar todos os dias, de preferência a hora da consagração, quando assistirem à Santa Missa, a seguinte jaculatória: 'Mandai, Senhor, operários para a vossa vinha. – Senhora Aparecida, enviai-nos muitos e santos padres, muitos e verdadeiros apóstolos';

e) onde existem Confrarias organizadas, usarão nos atos oficiais como distintivo uma fita auriverde com a medalha da excelsa Padroeira do Brasil.

[...]

Capítulo IV – Solenidades

Art. 15º – Na sede da Arquiconfraria, onde se venera a tradicional e milagrosa Imagem de Nossa Senhora Aparecida, serão celebradas uma missa semanal por intenção de todos os sócios inscritos e outra mensal pela obra das vocações.

[...]

Art. 17º – Todas as Confrarias celebrarão anualmente com o espírito de piedade as festas de Nossa Senhora Aparecida aos 11 de maio; a data do aniversário da Coroação, aos 8 de setembro; a festa da Imaculada Conceição, no dia 8 de dezembro; e a festa de São Geraldo aos 16 de outubro, ou nos domingos seguintes.

[...]

Art. 19º – A fim de atingir com a maior eficácia possível os fins da Arquiconfraria o diretor-geral, de acordo com os respectivos Srs. Bispos, esforçar-se-á pela realização de Congressos Marianos de cinco em cinco anos com caráter regional em centros populosos do Brasil.

Art. 20º – Depois de cinco Congressos regionais haverá sempre um Congresso solene de caráter nacional em Aparecida para a comemoração condigna dos jubileus da coroação da Imagem milagrosa.

[...].

Capítulo V – Vantagens espirituais.

Art. 22º – Graças e indulgências para todos os associados [...].

Art. 23º – Privilégios dos Revmos. Sacerdotes alistados à Arquiconfraria [...]".[30]

---

[30] "Arquiconfraria de Nossa Senhora Aparecida". Aparecida: Oficina Gráfica Santuário Nossa Senhora Aparecida, 1929.

1919
VAMOS REZAR NA IGREJA DE SÃO BENEDITO

*O som das caixas
da Irmandade de São Benedito
anuncia: é festa para São Benedito!*

A Igreja de São Benedito sempre foi muito visitada pelos romeiros, pela sua localização próxima à Ladeira Monte Carmelo.

São Benedito, nascido em 1524, na região de Palermo, na Itália, é filho de descendente de escravos etíopes. Benedito, cujo nome significa "Bendito" ou "Abençoado", herdou a profissão dos pais, lavradores e pastores de ovelhas.

A Irmandade de São Benedito foi fundada em 1909.

A primeira festa aconteceu nos dias 27 e 28 de março de 1910, na Praça Nossa Senhora Aparecida – Reis João Vicente da Silva (João do açougue) e Antônia de Paula Oliveira. O pregador foi o Padre Estevão Maria Heugenhauser, missionário redentorista alemão, que se adaptava ao catolicismo brasileiro popular. Ao relembrarmos a festa de São Benedito, queremos manter viva a história da cultura popular. As rezas e missas aconteciam na capelinha de Nossa Senhora da Piedade, que ficava entre as Ruas Monte Carmelo e Anchieta, ao sopé da ladeira.

Para a festa, as imagens de São Benedito e Santa Rita vieram da Capela de Santa Rita de Cássia, no bairro dos Machados. Houve missa cantada, procissão e, no encerramento, a bênção do Santíssimo Sacramento. Na parte recreativa, tivemos a presença da Banda Musical Aurora Aparecidense, distribuição de doces nas casas dos Reis, e as ruas foram enfeitadas com bandeirinhas.

A festa em louvor a São Benedito já completou mais de 105 anos. Houve modificações da parte profana, dos grupos folclóricos vindos de outras cidades e até mesmo de outros estados, como congadas e moçambiques. Há décadas as crianças brincam com os "bonecões", hoje em número de seis; uns correm, outros choram de medo e todos se divertem. Mas a parte religiosa sempre se manteve. O festeiro, ou Rei nos dias de hoje, em sintonia com o vigário, conduzem a festa, com o apoio de diversas comissões. O reinado anual faz da festa de São Benedito a mais significativa manifestação cultural de Aparecida.

Em 1915 foi doado um terreno a Nossa Senhora Aparecida por Dona Francisca da Fonseca Vieira, com a finalidade de construir a Igreja de São Benedito. O terreno ficava entre as ruas Dr. Oliveira Braga e Monte Carmelo.

Rua Calçada por volta de 1918, com a Capela de Nossa Senhora da Piedade à direita. No alto, a Basílica Histórica.

A Capela de Nossa Senhora da Piedade foi demolida em 1918 e os devotos resolveram construir uma igreja em louvor a São Benedito.

No ano de 1918, o Arcebispo de São Paulo, Dom Duarte, assinou provisão para o vigário de Aparecida benzer a primeira pedra da futura capela de São Benedito. No lançamento da pedra fundamental da Igreja de São Benedito, houve animado leilão de prendas, feitas pelas famílias, em sua maioria, doces e bolos, e no dia 15 de janeiro de 1919 foi celebrada a primeira missa campal.

Em 25 de maio de 1919, a Igreja foi inaugurada com a vinda da imagem de São Benedito da Capela de Santa Rita, onde até então estava guardada.

No dia 5 de abril de 1920, a festa foi realizada no largo da nova Igreja, o que ocorre até os dias de hoje.

Festa em louvor a São Benedito, por volta de 1923.

Em 21 de agosto de 1924, às 15 horas, Dom Duarte Leopoldo e Silva, Arcebispo de São Paulo, dá a bênção à igreja de São Benedito, construída sob a direção do Padre Antônio de Lisboa, C.Ss.R.

Os anjos que enfeitam a porta de entrada são do mestre escultor Francisco Ferreira (1893-1980), o "Chico Santeiro".

> "Como coroinha na Basílica Histórica, durante as cerimônias, contemplava demoradamente a imagem da Senhora Aparecida, como que estudando seus traços. Com 12 anos foi trabalhar com o Irmão Joseph Hiebl (1837-1912), o Irmão Bento, em seu ateliê, um alemão que nunca aprendeu o português, chegou a Aparecida em 1897. Veio a pedido do Padre Gebardo, para esculpir imagens. Como foi difícil para o menino carinhosamente chamado de Chiquinho entender o alemão, mas dessa mistura nasceu uma terceira língua entre o mestre e o discípulo.

[...] Certa ocasião o Vigário, Padre Gebardo Wiggerman, desejava que o Irmão Bento tirasse uma forma da Imagem Verdadeira. O Irmão e o Chiquinho, levando gesso para a Basílica, põem-se a trabalhar. Mas como tivessem untado muito pouco a Imagem, o gesso da forma aderiu tanto na Imagem que não se desprendia mais. O Vigário ficou desesperado. Julgava perdida a Imagem. Gesticulava, falava nervosamente. Até que os dois resolveram rachar a forma de gesso com um prego. E a forma se abriu, partindo-se em duas partes.

Essa forma do rosto depois colada foi usada muito tempo para os modelos das imagens de Nossa Senhora Aparecida.

Era Vigário e Reitor do Convento o Padre Antônio Lisboa, engenheiro. Este não apreciava a arte do Irmão Bento e do seu discípulo. Certo dia resolveu demolir o atelier do Irmão Bento e o menino viu-se na rua. Na fúria da destruição, o Vigário fez uma limpeza em regra. Jogou todo o material artístico, desenhos, imagens, instrumentos. Tudo foi atirado ao lixo do ziguezague do bambual que dava para a chácara dos padres. O menino com lágrimas nos olhos contemplou aquele iconoclasmo. No dia seguinte, Chiquinho estava sozinho no bambual, cova triste dos restos artísticos de seu mestre Bento. Foi selecionando os esboços, instrumentos, imagens. Que alegria quando encontrou a forma do rosto da Imagem de Nossa Senhora Aparecida. Catou tudo que pôde e com alma inocente ainda foi pedir ao Padre Sebastião que lhe desse licença para ficar com o tesouro encontrado. Mediante a promessa de lhe esculpir em madeira uma imagem de Nossa Senhora Aparecida, recebeu tudo de presente.

Chico Santeiro esculpiu mais de duas mil imagens de Nossa Senhora Aparecida, espalhadas pelo Brasil e exterior".[31]

---

[31] Renato, Padre Francisco, C.Ss.R. "Ecos Marianos". Aparecida, Editora Santuário, 1970, p. 56 a 58.

Escultor "Chico Santeiro" (data desconhecida).

Pintura do artista plástico Gilberto Gomes, de 1986, do escultor "Chico Santeiro" com a imagem de Nossa Senhora Aparecida.

Em torno do Morro dos Coqueiros foram surgindo comunidades e suas igrejas: Santo Antônio, Santa Edwiges, São Roque, hoje paróquia, Nossa Senhora das Dores, Santa Teresinha, São Paulo Apóstolo, Nossa Senhora do Perpétuo Socorro, Santa Luzia, Sagrada Face, São Francisco de Assis, São José, Divino Espírito Santo, Santo Afonso (atualmente paróquia), São Sebastião, São Geraldo e São Pedro Apóstolo. A Capela de Santa Rita de Cássia foi primeiramente edificada em 1895 e obteve licença para benzer em 21 de junho de 1896, no bairro dos Machados, atualmente bairro Santa Rita. Posteriormente foi reformada e, no dia 22 de maio de 1960, foi dada a bênção de reinauguração pelo Bispo Dom Antônio Ferreira de Macedo, C.Ss.R., com missa celebrada pelo Padre Geraldo Pires, C.Ss.R.

As comunidades também manifestam sua devoção através de suas festas e novenas; assim temos durante todo o ano as conhecidas e tradicionais festas de bairro, sempre na porta da igreja.

Algumas particularidades: os romeiros de Nossa Senhora Aparecida participam ativamente da festa. Na festa de 1922, sendo festeiro o Sr. Satyro Leonardo de Paiva, aqui já citado como dono de um dos hotéis, houve a apresentação da primeira congada, vinda de Minas Gerais. No ano de 1923, o festeiro Sr. Antônio de França Souza (Sinhô) vendeu parte dos fundos do seu quintal para revestir a parte exterior da igreja; a festeira Maria José da Conceição era negra, uma tradição que um dos festeiros ou o casal deveria ser negro. Infelizmente, essa tradição não tem sido mais respeitada, mas queremos manter viva a história da cultura popular. Em 1951, os festeiros foram o Sr. Sólon Pereira, que foi Prefeito Municipal por duas vezes, e Dona Romana, uma gaúcha negra de 86 anos, que foi ama do Presidente Getúlio Vargas em São Borja-RS. No III Livro do Tombo da Paróquia de Nossa Senhora Aparecida, consta que, no dia 2 de abril de 1956, a festa de São Benedito foi transferida para o 1º domingo depois da Páscoa. Em 1958, o Rei Benedito Minas dos Santos, conhecido por "Tatu", usou a coroa na cabeça e não como o de costume, em cima de uma almofada; a festeira, ou rainha, foi Helena Ventola de Oliveira Láua, com 15 anos de idade. No IV Livro do Tombo da Paróquia de Nossa Senhora Aparecida, está registrado que, no ano de 1973, pela primeira vez, a festa teve a duração de nove dias. A festa não termina; após a procissão os novos reis são apresentados à comunidade. E na manhã seguinte têm início os preparativos da próxima festa, preparativos esses que duram um ano, envolvendo toda a comunidade aparecidense.

Consta do III Livro do Tombo da Paróquia de Nossa Senhora Aparecida, à folha 41, que no mês de janeiro de 1939 aconteceu a festa dos Santos Reis Magos, como já era costume. A partir do ano de 2000, no mês de janeiro, a tradição retornou com a Festa de Santos Reis, na porta da Igreja de São Benedito, participando inúmeras "Folias de Reis" e com nova denominação, "Encontro Nacional de Folia de Reis".

"E, tendo nascido Jesus em Belém da Judeia, no tempo do Rei Herodes, eis que uns magos vieram do Oriente a Jerusalém, perguntando: onde está o recém-nascido Rei dos Judeus? Porque vimos a sua estrela no oriente e viemos adorá-lo" (Mt 1,1-2).

Por aquele tempo correu a notícia do nascimento do Salvador, que levou os três reis magos, Belchior, Gaspar e Baltazar, a fazerem uma peregrinação. "Viram o menino com Maria, sua Mãe. Ajoelharam-se diante dele e o adoraram. Depois abriram seus cofres e lhe ofereceram presentes: ouro, incenso e mirra" (Mt 2,1-12), que simbolizam realeza, divindade e imortalidade. Desde então a prática da caminhada dos três Reis Magos perpetua-se até os dias de hoje.

O grupo de foliões faz suas caminhadas à procura do presépio, levando as figuras de José, Maria e Jesus.

Segundo a tradição, a família que acolhe a "Folia de Reis" é abençoada. Normalmente as pessoas da casa são acordadas com cantos e oferecem comidas e bebidas ao grupo.

"Acordai, se estais dormindo,
levantai, se estais acordado,
venha vê os três reis
na sua porta está chegando."
(Cantiga popular)

1928
CRIAÇÃO DO MUNICÍPIO DE APARECIDA

Capela rural,
sítio chamado " Ribeirão da Aparição",
Sítio das Romarias,
Capela de Nossa Senhora Aparecida,
Capela da Aparecida,
Paróquia ou Freguesia,
Distrito, Vila, Aparecida do Norte, Aparecida!

Em 4 de março de 1842, foi criada a "Lei da Freguesia de Nossa Senhora Aparecida", também conhecida por Paróquia, uma povoação sob o aspecto eclesiástico, da Capela de Nossa Senhora Aparecida, pela Lei Provincial n. 19, e como tal desmembrada da Vila de Guaratinguetá. Através de uma Portaria, o Bispo Diocesano Dom Manoel Joaquim Gonçalves de Andrade, em 22 de abril de 1844, comunicou que a Assembleia Legislativa da Província suprimiu a Freguesia criada na Capela de Nossa Senhora da Conceição Aparecida e que, por consequência, ficariam seus habitantes sujeitos a sua antiga Freguesia.

A categoria de Freguesia voltou a ser discutida na tribuna da Assembleia Legislativa em janeiro de 1880, graças ao empenho dos Deputados Provinciais padre Antônio Luiz Reis França e doutor Francisco de Assis Oliveira Braga, sendo restaurada pela Lei n. 131, de 25 de abril de 1880. Deixou mais uma vez esta categoria pela Lei n. 3, de 15 de fevereiro de 1882. Foi definitivamente restabelecida pelo Decreto Estadual n. 147, de 4 de abril de 1891, que cria o "Distrito" (mais de um bairro) da Capela de Aparecida.

"Como Distrito de paz, esta povoação pertence a Guaratinguetá, contribuindo anualmente para a Câmara Municipal com a soma de trinta contos de réis."[32]

---

[32] Arquivo da Cúria Metropolitana da Arquidiocese de Aparecida (avulso).

"Realizaram-se no município de Guaratinguetá, bem como em todo o Estado de São Paulo, aos 30 de outubro de 1904, eleições para a renovação das Câmaras Municipais e juizados de paz. É de lamentar que a freguesia de Aparecida, tão importante e que concorre com elevada soma para o erário municipal, não tenha o seu representante na nova Câmara, como não o tem na atual e não teve na transata."[33]

Em 19 de dezembro de 1906, Aparecida é elevada à categoria de "Vila" (povoação). Passa a ter seu Vereador e Subprefeito, eleitos trienalmente pela Câmara Municipal de Guaratinguetá.

Desde o início de 1924, foi formada uma comissão composta pelo Sr. Américo Alves, que era farmacêutico, Comendador Augusto Marcondes Salgado e o Coronel Rodrigo Pires do Rio para lutar pela obtenção da autonomia política de Aparecida, quando fundaram um jornal, "A Liberdade".

O Projeto n. 82 que cria o município de Aparecida e o brilhante Parecer estão assim redigidos:

Parecer

"Enviado que foi, em data de 20 de novembro, à Câmara dos Deputados por Sua Excelência, o Sr. Presidente do Estado, Dr. Júlio Prestes de Albuquerque, um ofício, acompanhado de uma representação do povo de Aparecida, solicitando a elevação desse distrito de paz a município, foram os referidos documentos distribuídos a esta Comissão de Estatística.
[...]
Sem nenhuma razão de ordem legal ou moral, opõe-se a criação do município de Aparecida, os mais sólidos motivos, de natureza político-administrativa, aconselham essa providência administrativa.
Ademais, trata-se de uma localidade mundialmente conhecida.
É para ali que a caridade divina da fé encaminha a esperança dos aflitos, dos doentes, dos fracos, dos desanimados, dos quase vencidos da vida...
[...]

---

[33] Jornal Santuário de Aparecida. Aparecida, Editora Santuário, 15/10/1904, p. 4.

A importância religiosa e, portanto, sociológica de Aparecida, reclama para seu território as regalias de município. A par disso, todas as informações oficiais sobre o assunto são, sem discrepância, em prol dessa justa pretensão.

[...]

Assim, depois de haver examinado as necessárias e recentes informações e consultado os papéis e documentos, condizentes com o mesmo assunto, constantes do arquivo da Câmara a Comissão de Estatística, Divisão Civil e Judiciária, é de parecer que seja dado para ordem dos trabalhos da Câmara dos Deputados e aprovado o seguinte:

Projeto

O Congresso Legislativo do Estado de São Paulo decreta:

Art. 1º. Fica criado o município de Aparecida, com sede no atual distrito de paz do mesmo nome, na comarca de Guaratinguetá.

Art. 2º. As suas divisas são as mesmas do atual distrito de paz, a saber: do barranco do Paraíba para o lado da povoação, principiando no lugar denominado Arueira; Paraíba acima, até as divisas de Pindamonhangaba com Guaratinguetá do mesmo lugar denominado Arueira, principiando no barranco do Paraíba, a rumo direito a sair nas divisas do sítio de Francisco Nabo Freire Guimarães; com terras do sítio dos herdeiros de Francisco de Arueira, guiando-se deste ponto a rumo direito a sair no ribeirão dos Motas e por este acima até a sua nascente e desta a rumo direito até o alto da Serra que limita Guaratinguetá com os municípios de Lagoinha e São Luiz.

Art. 3º. Revogam-se as disposições em contrário.

Sala das Comissões da Câmara dos Deputados, 6 de dezembro de 1928.

Flamínio Ferreira, presidente; Raul de Sá Pinto, relator; Alfredo Ellis, Luiz de Toledo Piza Sobrinho".[34]

Para os emancipadores, o dia 17 de dezembro de 1928, dia da criação do Município de Aparecida, através do Decreto Lei n. 2.312, desmembrando-o de Guaratinguetá, foi o dia da concreti-

---

[34] Arquivo da Cúria Metropolitana da Arquidiocese de Aparecida (avulso).

zação de todos os ideais! Foram os sinos da Basílica Histórica que anunciaram a emancipação a todos os aparecidenses.

Os emancipadores da cidade de Aparecida. 1º degrau (da esquerda para a direita): Juvenal Arantes, Isaac Encarnação, Joaquim Leite, Padre Antão Jorge, Comendador Salgado, Américo Alves, João Barbosa, Capitão Emídio Moreira e um roseirense.
2º degrau: dr. Hélio Silveira, Nenê de Andrade, Benedito J. Barreto, Targino do Amaral, Zezé Valadão, Horácio Morais.

Nossos agradecimentos aos padres Antão Jorge Hechenblaickner, C.Ss.R., padre João B. Kiermeier, C.Ss.R., ao Cônego Antônio Marques Henriques e a todos que contribuíram para o sucesso da emancipação política.

Seu primeiro Prefeito foi Américo Alves Pereira Filho, empossado no dia 22 de dezembro de 1928, que exerceu o cargo durante vinte e um anos alternados.

A Câmara Municipal de Aparecida foi instalada em 30 de março de 1929.

A nova denominação e reinauguração da praça fronteiriça à Basílica recebeu o nome de "Praça Nossa Senhora Aparecida". Este foi o primeiro ato público e oficial em homenagem a Nossa Senhora Aparecida dos poderes Executivo e Legislativo municipais, na data de 8 de setembro de 1929.

1929
OS PADRES REDENTORISTAS E A FUNDAÇÃO DA SANTA CASA DE APARECIDA

Do norte ao sul,
do leste ao oeste,
do mapa de Aparecida,
a presença dos
padres redentoristas!

Aos 16 de maio, formou-se, a convite do Vigário Padre Antão Jorge, C.Ss.R., uma comissão de homens que, mais tarde, foi aumentada por uma de senhoras, para tratar da fundação de uma Santa Casa de Misericórdia.

"Aparecida, 3 de agosto de 1929.
Exmo. Sr. Senador Dr. José Vicente de Azevedo.
A Diretoria e o Conselho Consultivo da instituição de caridade em organização nesta cidade, sob a denominação de Santa Casa de Misericórdia, tendo resolvido lançar a primeira pedra da construção do respectivo edifício, no dia 7 de setembro próximo futuro às 12 horas, tomam a liberdade de convidar a V. Exma. para, com o Exmo. Senhor Dr. Benedicto de Meirelles Freire, paraninfar o pavilhão sob a invocação de São Benedito.
[...]
A Diretoria:
Benedito Júlio Barreto – Presidente
João Batista Rodrigues de Almeida – Vice-presidente
Elyseu das Chagas Pereira – Secretário
Isaac Ferreira da Encarnação – Tesoureiro
Conselho Consultivo:
Padre Antão Jorge, C.Ss.R., Vigário
Augusto Marcondes Salgado
Dr. Durval Góis Monteiro
Aristides Pereira de Andrade".[35]

---

[35] Arquivo da Cúria Metropolitana da Arquidiocese de Aparecida (avulso).

Em 1932, Dom Duarte Leopoldo e Silva, Arcebispo de São Paulo, autorizou o tesoureiro da Basílica Histórica a passar escritura de doação de um terreno da Basílica, ao lado do Asilo Novo, inaugurado em 1930, para a construção da Santa Casa de Misericórdia de Aparecida, construída sob a orientação do Vigário, Padre Oscar Chagas de Azeredo, C.Ss.R., e inaugurada em 25 de dezembro de 1935.

No dia seguinte, em grande procissão, foi levada da Basílica para a Santa Casa uma cópia fiel da Imagem de Nossa Senhora Aparecida, que é a Padroeira do novo Hospital, e rezada em seguida a primeira missa pelo Vigário.

Até os dias de hoje, a Santa Casa continua recebendo auxílio do Santuário Nacional de Nossa Senhora Aparecida.

1931
PAPA PIO XI DECLARA NOSSA SENHORA APARECIDA PADROEIRA DO BRASIL

"É de justiça, pois, que aos pés de Nossa Senhora da Conceição,
sob o título querido e popular de 'Aparecida',
aclamarmos, em plebiscito de amor,
a Rainha e Padroeira do Brasil."
Cardeal Dom Sebastião Leme, 1931

A pedido do Cardeal Dom Sebastião Leme da Silveira Cintra, Arcebispo do Rio de Janeiro, do Reitor do Santuário, Padre Antão Jorge Hechenblaickner, e de todos os bispos presentes no Congresso Mariano, realizado de 5 a 7 de setembro de 1929, na cidade de Aparecida, para comemorar o Jubileu de Prata da Coroação de 1904, foi solicitado ao Papa Pio XI que declarasse Nossa Senhora Aparecida Padroeira do Brasil.

Esteve presente também o Dr. Wenceslau Braz, ex-presidente da República.

Em 16 de julho de 1930, o Papa Pio XI assinou Decreto Pontifício, declarando Nossa Senhora Aparecida Padroeira do Brasil com estas palavras:

> "Constituímos e declaramos a Beatíssima Virgem Maria, concebida sem mancha, conhecida sob o título de 'Aparecida' Padroeira principal de todo o Brasil diante de Deus [...] para promover o bem espiritual dos fiéis no Brasil e para aumentar cada vez mais a sua devoção à Imaculada Mãe de Deus".[36]

Além das manifestações por toda a parte realizadas, foi o Decreto Pontifício publicado na Basílica de Nossa Senhora Aparecida. O Cardeal Dom Sebastião Leme organizou um Congresso Mariano, no Rio de Janeiro, com o Arcebispo de São Paulo, Dom Duarte

---

[36] Arquivo da Cúria Metropolitana da Arquidiocese de Aparecida (avulso).

Leopoldo, com a ida da Imagem de Nossa Senhora Aparecida para a proclamação oficial de Padroeira do Brasil.

Consagração Oficial à Padroeira do Brasil

Oração composta por Dom Sebastião Leme em 1929.

"Ó Maria Imaculada, Senhora da Conceição Aparecida, aqui tendes prostrado diante da vossa milagrosa Imagem o Brasil que vem de novo consagrar-se à vossa maternal proteção.

Escolhendo-vos por especial Padroeira e Advogada da Nossa Pátria, nós queremos que ela seja inteiramente vossa.

Vossa a sua natureza sem-par, vossas as suas riquezas, vossos os campos e montanhas, os vales e os rios, vossa a sociedade, vossos os lares e seus habitantes, com seus corações e tudo o que eles têm e possuem; vosso, enfim, é todo o Brasil.

Sim, ó Senhora Aparecida, o Brasil é vosso!

Por vossa intercessão temos recebido todos os bens das mãos de Deus, e todos os bens esperamos receber, ainda e sempre, por vossa intercessão.

Abençoai, pois, o Brasil que vos Ama, abençoai o Brasil que vos agradece, abençoai o Brasil que é vosso.

Abençoai, ó Rainha de amor e misericórdia, abençoai, defendei, salvai o vosso Brasil.

Protegei a Santa Igreja, preservai a nossa Fé, defendei o Santo Padre, assisti os nossos bispos, santificai o nosso clero, socorrei as nossas famílias, amparai o nosso povo, esclarecei o nosso governo, guiai a nossa gente no caminho do Céu e da felicidade.

Ó Senhora da Conceição Aparecida! Lembrai-vos de que somos e queremos ser vossos vassalos e súditos fiéis. Mas lembrai-vos também de que somos e queremos ser vossos filhos. Mostrai, pois, ante o Céu e a terra que sois a Padroeira poderosa do Brasil e a Mãe querida de todo o povo brasileiro.

Sim, ó Rainha do Brasil, ó Mãe de todos os brasileiros, venha sempre mais a nós o vosso reino de amor e, por vossa mediação, venha à nossa Pátria o reino de Jesus Cristo, vosso Filho e Senhor nosso! Amém."[37]

---

[37] "Revista Seta Magazine". Edição Especial. São Paulo, Edições Publicitárias Lobo Ltda., 1956, p. 29.

A proclamação de
"Padroeira do Brasil",
em sua primeira viagem
ao Rio de Janeiro.
31.05.1931

Finalmente, na noite de 30 de maio de 1931, a imagem de Nossa Senhora em procissão; o andor foi levado pelas Filhas de Maria, membros do Cabido Metropolitano, até a Estação Ferroviária, quando o Arcebispo Metropolitano dirigiu-se aos presentes falando sobre a importância dessa viagem e foi levada solenemente ao Rio de Janeiro em trem especial. O carro-salão tornou-se verdadeira capela, e mais três vagões de passageiros ornamentados e com um escudo de Nossa Senhora Aparecida na frente da locomotiva. Foi a primeira vez que a imagem de Nossa Senhora saiu da cidade de Aparecida. Em toda a extensão da longa viagem, os fiéis acorriam à passagem do Trem de Nossa Senhora com flores e velas acesas, ajoelhando-se à vista da Imagem, cantando, rezando e aclamando-a demoradamente. Após dez horas de viagem, a imagem chegou à Estação Dom Pedro II.

Na Igreja de São Francisco de Paula foi celebrada missa campal para uma multidão de devotos.

À tarde, em procissão, a imagem foi conduzida sobre um carro andor, escoltada por soldados do Exército e da Marinha que marchavam ao lado, e aviões sobrevoavam a multidão cobrindo-a de flores. Levaram três horas e meia para chegar à Praça da Esplanada do Castelo, na Baía de Guanabara.

Estiveram presentes o Presidente da República, Getúlio Vargas, o Núncio Apostólico, Dom Aluísio Masella, entre outras autoridades.

A imagem foi colocada no altar sobre um tablado, que ficou sobre uma escadaria, para que a solenidade pudesse ser vista pelo povo, e Dom Sebastião Leme iniciou o solene ato da proclamação de Nossa Senhora Aparecida como "Padroeira do Brasil". O Cardeal, de joelhos, proferiu:

"Senhora Aparecida, o Brasil é vosso!
Rainha do Brasil, abençoai a nossa gente!

Nossa Senhora da Conceição, tende compaixão do vosso povo!
Protegei as criancinhas!
Guiai a mocidade!
Guardai a família!
Esclarecei o nosso governo!
Salvação para a nossa pátria!
[...]
Senhora Aparecida, o Brasil vos ama, o Brasil em vós confia!
Senhora Aparecida, o Brasil vos aclama!
Salve, Rainha!"[38]

O Cardeal Dom Sebastião Leme enviou ao Papa Pio XI o seguinte telegrama:

"Multidão, cerca talvez de um milhão de pessoas, presença 25 Bispos, Núncio Apostólico, membros do Corpo Diplomático, Presidente da República, autoridades civis e militares, instituições religiosas e civis, classes populares, levou triunfo Imagem Padroeira, Mãe do povo brasileiro. A cidade inteira, representando Nação, jurou fidelidade ao Cristo-Rei, adesão Santa Sé, Romano Pontífice, cuja bênção implora todo Brasil genuflexo, vibrante alma religiosa, povo fiel, generoso e bom, Minha Capital".

Era o dia 31 de maio de 1931.
Concluindo, Dom Sebastião afirmou:

"Quando na tarde de ontem vi espraiar-se aos pés do altar da Padroeira a onda humana que na Esplanada se comprimia, mais do que nunca senti orgulho de minha fé e da minha Pátria. O Rio de Janeiro foi, na aclamação à Virgem, a voz de toda a Terra Brasileira! Foi um incêndio de corações!...
Às 21h15 partiu o trem da Estação Dom Pedro II. Repetiram-se as manifestações religiosas nas Estações. Em consequência disto chegou o trem a Aparecida somente às 7 horas da manhã e não às 5 horas como estava combinado, o que prejudicou muito a procissão em que, em comemoração do Concílio de Éfeso (431), todo o povo ia de velas acesas. Foram muitos milhares que esperavam a chegada do trem...

---

[38] "Almanaque Nossa Senhora Aparecida". Aparecida, Editora Santuário, 1935, p. 34.

De Guaratinguetá tinha chegado uma romaria de mais de mil pessoas. Toda a cidade estava engalanada, principalmente as ruas pelas quais passou a procissão grandiosa. Na porta da Basílica falou Monsenhor Ladeira, num lindo improviso sobre o dia 31 de maio no Rio; seguiu-se a missa campal celebrada pelo sr. Vigário-Geral do Arcebispado que, no fim, entoou o *Te Deum* e deu a bênção com o Santíssimo Sacramento.

Depois de mais de 40 horas de ausência, voltou a Imagem milagrosa ao seu lugar no nicho dourado. O povo de Aparecida fez no dia seguinte uma manifestação calorosa muitíssimo merecida a Dom Duarte Leopoldo e Silva, pre-claro antístite de São Paulo a quem a Virgem Aparecida, por tantos sacrifícios, por tanta dedicação ao seu santo serviço de um belo lugar no meio dos seus servidores no Céu.

Também o povo de Aparecida estava nestes dias da festa na altura da sua santa missão: e merece os maiores elogios. Foi ele que arranjou e pagou as despesas da ornamentação: feericamente iluminada estava a fachada da Basílica onde se lia em grandes letras: Salve, Padroeira do Brasil. Em suma, a festa no dia 31 de maio de 1931 foi de dimensões gigantescas, de uma grandiosidade sem igual, sem a menor dissonância e de suavíssimas recordações".[39]

Poema para Nossa Senhora Aparecida

Durval passos de Mello

*Aquela gente toda
que subia a ladeira grande,
a ladeira comprida,
tão vagarosamente,
tinha recebido graças de Nossa
Senhora Aparecida.*

*E por isso aquela gente,
vinda de todo o lugar,
processionalmente,
subia a ladeira grande,
dando graças a ela...*

---

[39] II Livro do Tombo da Paróquia de Nossa Senhora Aparecida, folhas 140, verso e 141.

E os hinos subiam, louvando a
Senhora.
E os joelhos subiam, fitando a
Capela.
E os joelhos vergavam, na
frente da Santa.
E as flores caíam, perfumando
o altar.
Depois, aquela gente se
espalhou
do lado de fora,
para conhecer Aparecida
de Nossa Senhora.

Na Casa dos Milagres,
o coração treme.
A alma extasia na fé,
e os olhos se encharcam na água
das lágrimas...

A corrente do negro caía do teto.
"Bença, Sinhá... João tá í..."

E os cadeados fechados,
e as argolas unidas,
tudo rolando no chão...

(Os olhos da gente
ficaram parados
fitando a corrente...)

O chicote do feitor desalmado.

O escravo inocente,
que ia ser castigado,
pediu a Nossa Senhora
pra num sê.

E o braço malvado
não pôde se erguer...
E aquela gente toda
que subiu a ladeira grande,

a ladeira comprida,
processionalmente,
diante de
Nossa Senhora Aparecida,
que fizera milagres mil,
ajoelhou-se de repente:

Salva também nossa Pátria,
Padroeira do Brasil![40]

"A cidade do Rio de Janeiro retribui a visita no dia 11 de junho de 1931.

No dia 11 de junho, chegou do Rio em trem especial a Comissão Central dos festejos de Nossa Senhora Aparecida na Arquidiocese de São Sebastião. Vieram o Cardeal-Arcebispo Dom Sebastião Leme, Monsenhor Dr. Rosalvo Rêgo Costa, Vigário-Geral, Padre José Silveira, secretário particular de S. Emcia. Dr. Oscar da Costa, diretor e proprietário do Jornal do Comércio, Dr. Aguiar Moreira, ex-diretor da Central do Brasil e Ministro da Ordem Terceira de São Francisco de Paula. [...]

Às 7 horas subiram da estação para a praça da Basílica, onde foram festivamente recebidos pelo povo e a banda de música. Na missa que S. Emcia. celebrou logo em seguida, cantou o coro da Basílica acompanhado de excelente orquestra, e S. Emcia. deu a comunhão aos seus companheiros de viagem. Antes e depois da missa estava tão comovido que não lhe era possível reter as lágrimas; lágrimas de profundo agradecimento pelas graças que Maria Santíssima derramou sobre o Rio, sobre o Brasil inteiro. Durante o dia visitaram a Sala dos Milagres, o Porto de Itaguaçu. Às 7 horas da noite houve 'marche aux flambeaux' e manifestação entusiástica ao sr. Cardeal, que nessa ocasião foi saudado pelo Prefeito de Aparecida, sr. Américo Alves, e pelo povo todo aclamado solenemente Cidadão Honorário de Aparecida."[41]

---

[40] "Ecos Marianos." Aparecida, Ed. Santuário, 1996, página 80.
[41] II Livro do Tombo da Paróquia de Nossa Senhora Aparecida, folhas 141, verso e 142.

1932
ATUAÇÃO DOS PADRES REDENTORISTAS DURANTE A REVOLUÇÃO DE 1932

Despreocupada, pois, de buscar em livros, bustos, monumentos e lápides, coloco aqui o trabalho dos padres redentoristas durante a Revolução de 1932.

N as primeiras décadas de vigência do sistema de governo republicano no Brasil, a chamada política do café com leite colocou no comando do país presidentes ora de São Paulo, ora de Minas Gerais. Com o descontentamento dos paulistas pelo impedimento de uma nova Constituição e, mais ainda, com a revolta popular pelas mortes de Martins, Miragaia, Dráuzio e Camargo, jovens estudantes paulistas, iniciou-se a Revolução Constitucionalista no dia 9 de julho de 1932.

Nesse cenário de grande envolvimento de tropas e armas, é necessário destacar os padres redentoristas. O Padre Antão Jorge Hechenblaikner, C.Ss.R., teve papel fundamental, pois trabalhou grande parte dos dias distribuindo alimentos durante a Revolução de 1932. Os padres redentoristas Antônio Pinto de Andrade e Geraldo Pires de Souza estiveram em missão evangelizadora com os soldados constitucionalistas. Seus capacetes hoje estão no Museu do Santuário Nacional.

As mulheres, seguindo as tradições da época, contribuíram como cozinheiras, costureiras, enfermeiras, e a toda hora rezando.

Por cautela dos padres redentoristas, a imagem de Nossa Senhora Aparecida foi levada para o Palácio de São Luís, residência oficial do Arcebispo de São Paulo, Dom Duarte Leopoldo e Silva, lá permanecendo de 25 de setembro até 6 de outubro.

Acampamento de tropas no Seminário Bom Jesus durante a Revolução de 1932.

Os soldados faziam questão de irem para a luta munidos de uma medalha benta de Nossa Senhora Aparecida, e foi formado o Batalhão de Nossa Senhora Aparecida, recebendo o apoio do padre Antão Jorge, C.Ss.R. e Superior do Convento de Aparecida.

Durante o período da Revolução Constitucionalista, a Prefeitura Municipal de Aparecida estabeleceu normas para a fabricação do "Pão de Guerra", como se vê no seguinte decreto:

> "Deveis publicar e fazer executar as seguintes providências para a fabricação do 'Pão de Guerra':
>
> 1º – o pão somente poderá ser fabricado com a farinha do tipo único, com rendimento de oitenta por cento, que será fornecida pelos moinhos pelo preço de trinta e dois mil e quinhentos a saca;
>
> [...]
>
> 4º – o preço para a venda do pão sofrerá uma redução estribada nos seguintes elementos: diminuição do custo da farinha, custo do frete até o destino e custo do fubá de primeira, ficando a cargo dos prefeitos municipais a fixação do preço, depois de apreciados esses fatores;
>
> 5º – serão punidos rigorosamente os infratores das resoluções acima, podendo ser fechados os estabelecimentos infratores. Dr Joaquim A. Sampaio Vidal, diretor do D.A.M.; Benedicto Júlio Barreto, Prefeito Municipal. Aparecida, 5 de agosto de 1932".

Na cidade de Aparecida, onde hoje é o Hotel Palace, na rua vereador Oswaldo Elache, foi assinado o armistício da Revolução de 1932.

"Acabada a Revolução, recebi aos 6 de outubro das mãos de Dom Duarte Leopoldo e Silva, na capela do palácio São Luís, a Imagem milagrosa, trouxe-a de auto e coloquei-a na tarde do dia 7 outra vez em sua Basílica. Padre Antão Jorge, Vigário."[42]

---

[42] II Livro do Tombo da Paróquia de Nossa Senhora Aparecida, folha 147.

1940
VISITA DO PRESIDENTE GETÚLIO VARGAS

*Felizes os que rezam aos pés de
Nossa Senhora Aparecida!*

Passados alguns anos da coroação de Nossa Senhora da Conceição Aparecida, o número de romeiros atraídos pela milagrosa Imagem aumentou muitíssimo.

Altar de Nossa Senhora Aparecida, provavelmente antes de 1934.

Em 1934, para o romeiro ficar mais próximo de Nossa Senhora, o altar passou por uma reforma.

O nicho com a Imagem foi afastado e colocado em local mais alto, surgindo entre o nicho e o altar um vão livre por onde os fiéis passavam, construído pelo padre Antônio Penteado de Oliveira, C.Ss.R. Sob o nicho encontramos a inscrição: "Ó Senhora da Conceição Aparecida, mostrai que sois a Padroeira de nossa Pátria e a Mãe querida do povo brasileiro. Abençoai, defendei, salvai o vosso Brasil!". O mesmo altar é preservado até os dias de hoje.

No dia 23 de outubro de 1940,

> "fomos surpreendidos com a chegada do sr. Getúlio Vargas, presidente da República. Sua Exma. chegou de automóvel, vindo de Pindamonhangaba, acompanhado do sr. Adhemar de Barros, Interventor do Estado de São Paulo, e, imediatamente, dirigiram-se à Basílica em visita à Imagem milagrosa, onde demoraram alguns minutos. Em seguida o vigário Padre Oscar Chagas de Azeredo, C.Ss.R., deu às V. Exmas. as boas-vindas, ao que o Presidente agradeceu, acentuando ser a Basílica a primeira em todo o Brasil por ser a paróquia de Nossa Senhora. Sua Exma. referiu-se com saudades à grande manifestação popular realizada no Rio de Janeiro, em 31 de maio de 1931, em que Nossa Senhora Aparecida foi proclamada pelo povo Padroeira do Brasil".[43]

O sr. Adhemar de Barros foi batizado em Aparecida, teve Nossa Senhora como "Madrinha" e esteve inúmeras vezes na Basílica.

---

[43] III Livro do Tombo da Paróquia de Nossa Senhora Aparecida, folha 62, verso.

Getúlio Vargas e Adhemar de Barros em frente ao nicho de Nossa Senhora Aparecida, na Basílica Histórica, 1940.

Ainda em 1940, o Sr. Interventor paulista, Dr. Adhemar Pereira de Barros, solicitou ao Dr. Menotti del Picchia que em seu discurso lembrasse a importância da Basílica de Aparecida durante o Congresso hidroclimático na capital do Rio de Janeiro.

Momento em que o Congresso solicitou ao presidente da República, Getúlio Vargas, que se dignasse a assinar o decreto declarando "Aparecida Monumento Nacional", ficando oficializado o título de "Capital Espiritual do Brasil".

1946
SANTUÁRIO NACIONAL DE
NOSSA SENHORA APARECIDA

Na casa do pescador Felippe Pedroso,
o primeiro altar foi sobre a mesa.
Depois mudou-se para,
perto do córrego e sítio de Lourenço de Sá.
Em sua terceira morada,
Felippe construiu um novo altar.
Atanásio Pedroso, filho de Felippe,
coloca-a em um altar de paus toscos,
dentro de um oratório.
Padre Vilella constrói
uma capelinha de pau a pique no Itaguaçu.
No Morro dos Coqueiros,
Padre Vilella construiu a Capela de material durável,
reconstruída pelo Frei Joaquim,
foi o sexto altar.
Hoje o sétimo altar em honra
a Nossa Senhora Aparecida,
em seu Santuário Nacional!

A capela do Padre José Alves Vilella, inaugurada em 26 de julho de 1745 e, após várias reformas, reinaugurada pelo Cônego Frei Dr. Joaquim do Monte Carmello em 1888, chamada de Basílica Histórica ou carinhosamente de Basílica Velha, com o passar dos anos e a coroação de Nossa Senhora Aparecida em 1904, tornou-se de novo pequena para acolher os romeiros que cresciam a cada dia.

No *Almanaque de Nossa Senhora Aparecida* de 1927, o Padre Francisco Brás Alves, C.Ss.R., escreveu: "Tempo virá em que os servos e devotos de Nossa Senhora lhe erguerão uma igreja de grandes dimensões, obedecendo às exigências do tempo e o fervor religioso dos corações".

Os padres redentoristas sentiram então a necessidade de uma igreja maior, principalmente em 1929, após o Congresso Mariano. Posteriormente, o próprio Dom José Gaspar sugeriu a construção de uma nova igreja no Morro do Cruzeiro.

"Peregrinações à Basílica de Aparecida
Dom José Gaspar de Afonseca e Silva – 31.05.1938
[...] A procissão, lenta e vagarosa, sobe cantando. As velas balançam no ar frio da manhã suas chamas inquietas e medrosas. No alto das torres, os sinos reviram-se nos carrilhões, golpeiam-se furiosamente, na ânsia generosa de confiar às brisas que passam mansamente os sons que andaram compondo nas longas horas de silêncio vividas nas sineiras. E as brisas se vão carregando de harmonias e espalhando-se pela serra, pelo vale, pelas estradas, pelos povoados, pelas chácaras e pela cidade! Mas a procissão sobe sempre e sempre cantando! A claridade se apressa nos cimos da Mantiqueira e, neste esplendor de sons e de luz matutina, o povo só se lembra de louvar Maria, repetindo sem se cansar, sem se sentir monótono, os mesmos versos de sempre:
Viva a Mãe de Deus e nossa,
sem pecado concebida!
Viva a Virgem Imaculada,
a Senhora Aparecida!"[44]

"Aos 17 de setembro de 1939 tomou posse do sólio arquiepiscopal de São Paulo Dom José Gaspar de Afonseca e Silva.
[...]
Grande devoto de Nossa Senhora Aparecida, teve sempre em vista o engrandecimento da Basílica Nacional. Após a sua eleição para sucessor de Dom Duarte, ainda em Itanhaém, onde se preparava para a tomada de posse, escreveu ao vigário da Basílica comunicando-lhe as mais alvissareiras notícias sobre os seus grandiosos intentos a respeito de Aparecida.
A primeira visita oficial por ele realizada fora da Capital foi a Virgem Aparecida, para lhe consagrar toda a Arquidiocese. A visita foi fixada para 23 de novembro de 1939. De automóvel partiu S. Exma., acompanhado de seu secretário particular, de São Paulo a Aparecida.

---

[44] Arquivo da Cúria Metropolitana da Arquidiocese de Aparecida (avulso).

[...]

Após as cerimônias usuais, S. Exma., pela primeira vez, dirigiu a palavra ao povo. Terminados os agradecimentos, o Sr. Arcebispo assumiu, perante a Imagem milagrosa e os fiéis que apinhavam o templo, um solene compromisso, quase em forma de juramento, de construir quanto antes uma nova Basílica, digna da Padroeira do Brasil.

[...]

As vistas do Sr. Arcebispo estão voltadas para as alcantiladas colinas ao leste de Aparecida, mormente o Morro do Cruzeiro. A área do terreno é espaçosa e presta-se admiravelmente para a execução dos planos gigantescos em cogitação.

[...]

No alto da colina elevar-se-á majestosa Basílica a dominar todo o vale do Paraíba, pois de lá se avistam todas as cidades vizinhas. Espaçosa praça ao redor da nova Basílica dará possibilidade para o desenvolvimento de procissões em grande escala; largas avenidas asfaltadas facilitarão o acesso aos automóveis e aos préstitos religiosos.

Frondosos parques servirão para o descanso dos romeiros nas encostas da colina.

As ruas da nova cidade de Nossa Senhora Aparecida cortarão a colina em todas as direções.

Aos 12 de setembro de 1940, na festa do santíssimo nome de Maria, a Cúria Metropolitana de São Paulo adquiriu os terrenos para essa grandiosa empresa. São cerca de 200 alqueires.

[...]

No primeiro domingo de outubro de 1940, o Exmo. Sr. Arcebispo de São Paulo esteve outra vez em Aparecida, para visitar Nossa Senhora e esperar a vinda dos três engenheiros que formam a comissão da construção da nova cidade da excelsa Padroeira do Brasil. Estes chegaram terça-feira de manhã – dia 8. Era o primeiro passo para a realização do sonho dourado. Os três engenheiros: Dr. Guilherme Winter, Luiz Anhaia Melo e Amador Cintra Prado, em companhia do Sr. Arcebispo, do seu secretário Padre Nelson, do vigário Padre Oscar Chagas, C.Ss.R., do prefeito da cidade Américo Alves, subiram à colina. Com exceção do vigário e do prefeito, todos subiram a cavalo, para mais facilmente percorrerem toda a área e localizarem com mais precisão os pontos em estudo; a impressão foi magnífica.

[...]

Está já determinado pelo Exmo. Sr. Arcebispo de São Paulo o lançamento da primeira pedra para 8 de setembro de 1942, logo após o encerramento do IV Congresso Eucarístico de São Paulo."[45]

Antes mesmo da escolha do Morro do Cruzeiro, quando foi elaborado um projeto para a nova Basílica desenvolvido pelo arquiteto austríaco Clemens Holzmeister, em abril de 1940, o padre Oscar Chagas de Azeredo, C.Ss.R., e os padres redentoristas planejavam construir a nova igreja atrás da atual no Morro dos Coqueiros. Dom José Afonseca aceitou. No entanto, "os proprietários dos imóveis situados em torno do Morro dos Coqueiros não concordaram em vendê-los".[46]

Dom José Gaspar de Afonseca e Silva concluiu: "Antes quero abdicar do meu cargo de Arcebispo de São Paulo do que não construir para Nossa Senhora Aparecida um templo, o mais grandioso do Brasil!".

"No dia 27 de agosto de 1943, pelas 11 horas o Rádio espalha a triste notícia de que no Rio, em desastre de avião, morreram o Arcebispo Dom José Gaspar de Afonseca e Silva e seus companheiros de viagem.

Na Basílica, como em todas as igrejas do Arcebispado, os sinos dobraram durante quatro dias de duas em duas horas. [...] Na madrugada do dia 28 passaram aqui os corpos de Dom José e de seus companheiros, e o vigário assistiu à passagem.

O saudoso Arcebispo adquiriu o morro situado do lado leste para a construção de uma nova Basílica. Declarando os engenheiros que ali o terreno não prestava, por ser erosivo, para grandes construções, escolheu os morros situados a oeste de Aparecida, entre o leito da estrada de ferro e a estrada de rodagem e pertencentes na maior parte à fazenda Pires do Rio.

Estudou e percorreu o terreno, cerca de sessenta alqueires, mandou elaborar as plantas, tratou da compra com os

---

[45] III Livro do Tombo da Paróquia de Nossa Senhora Aparecida, folhas 52, 55, verso, 61, verso, 84, verso.

[46] Arquivo da Cúria Metropolitana da Arquidiocese de Aparecida (avulso).

diversos donos: tudo estava combinado e nos primeiros dias de setembro seriam assinadas as escrituras de compra e eis que poucos dias antes da morte veio desmanchar todos os projetos. Eleito o Vigário Capitular foi comunicado aos donos dos terrenos que durante a *sedis vacantia* não se trataria da compra dos terrenos."[47]

"A primeira visita a Aparecida de S. Ema. Dom Carlos Carmelo de Vasconcellos Motta, DD. Cardeal Arcebispo de São Paulo, depois de revestido da púrpura cardinalícia, teve para o Santuário Nacional significação toda peculiar. As vagas esperanças de uma nova Basílica, grande e esplêndida como estão a exigir os constantes progressos de romaria, começaram a corporificar-se na ocasião dessa visita, para terem no mesmo ano feliz início com a bênção da pedra fundamental.

Vindo do Rio de Janeiro, o Sr. Cardeal Motta chegou a Aparecida no dia 10 de junho de 1946.

[...]

O dia 12 de junho foi um dia decisivo na história de Aparecida e da Basílica de Nossa Senhora. Guarde-o a nossa lembrança como o dia em que se lançaram os verdadeiros fundamentos para o novo Santuário de Aparecida.

Nessa reunião, o Sr. Interventor Federal mostrou a conveniência de serem iniciadas logo as obras da nova Basílica. Expostos os motivos teve a aprovação unânime dos presentes e o voto entusiasta do Sr. Cardeal Arcebispo, que, num momento decisivo, levantou-se dizendo: 'DECIDIMOS! A BASÍLICA COMEÇARÁ, E LOGO!'

Em princípios de janeiro de 1946: Dom Carlos C. de Vasconcellos Motta, em companhia do Revmo. Sr. Padre Geraldo Pires de Souza, provincial dos padres redentoristas de Aparecida, e do arquiteto Dr. Calixto de Jesus Neto, escolhem o local para a Basílica Catedral de Aparecida, no Morro das Pitas, junto ao Córrego da Ponte Alta. Dom Carlos está de pé sobre a rocha nativa, que havia justamente onde está agora o Altar Central, debaixo da Cúpula da Basílica."[48] (Cf. a foto da página seguinte.)

---

[47] III Livro do Tombo da Paróquia de Nossa Senhora Aparecida, folhas 87 e 88.
[48] Arquivo da Cúria Metropolitana da Arquidiocese de Aparecida (avulso).

"Foi decidido o lugar da construção, o outeiro ao lado direito da cidade, nas imediações do bairro da Ponte Alta, próximo do porto de Itaguaçu. Aos 4 de setembro de 1946, Sua Eminência compra o terreno por ele fixado e recebe a escritura.

Relação das glebas que compõem o conjunto dos terrenos da Nova Basílica: período de 21/03/1838 a 10/06/1956, em ordem de aquisição:

1ª – Campo da Santa, que pertencia ao patrimônio da Basílica Nacional. Essa gleba foi doada ao Episcopal Santuário em 21/03/1838 por testamento do padre Lourenço Marcondes de Sá. Era conhecida como Chácara da Ponte Alta.

2ª – Gleba de mais ou menos dois alqueires adquirida do sr. Américo Alves.

3ª – Gleba adquirida da família Alves (Tereza Maria da Glória doara). A Basílica adquiriu em 04/09/1946.

4ª – Gleba adquirida de João Costa de Oliveira em 04/09/1946.

5ª – Gleba adquirida de Flamínio Leite de Lima em 04/09/1946.
6ª – Gleba adquirida de José Lucas da Silva em 04/09/1946.
7ª – Gleba adquirida de Rodrigo Pires do Rio Filho em 04/09/1946 – área de 39.000 m².
8ª – Gleba adquirida de Ângelo Pasin [avô paterno da autora] em 04/09/1946 – área de 107.442 m²;
9ª – Gleba adquirida de Carlos Wendling em 04/09/1946 – área de 34.582 m².
10ª – Gleba adquirida de Paulo Ramos Dias em 04/09/1946.
11ª – Gleba permutada com a Sociedade de São Vicente de Paulo – antiga Vila Vicentina, em 10/06/1957.
12ª – Gleba que fazia parte do antigo loteamento "Cidade Santuário". Lotes em conjunto de 36 alqueires, adquiridos de diversos proprietários em datas diversas."[49]

Bênção da primeira pedra da nova Basílica Nacional

No dia 8 de setembro do mesmo ano de 1946, uma multidão imensa afluiu a Aparecida em visita ao Santuário. Decidiu o Vigário da Basílica, padre Antônio Pinto de Andrade, C.Ss.R., dar realce especial ao acontecimento do lançamento da pedra fundamental, cerimônia marcada para o dia 10 de setembro.

À tarde todo o povo dirigiu-se para a colina da nova igreja, levando em procissão o cruzeiro que lá ficará erguido. Era uma procissão de quase quinze mil pessoas!

Dois dias após, chegavam a Aparecida o Cardeal Arcebispo de São Paulo e o Cardeal-Patriarca de Lisboa, Dom Manuel Gonçalves Cerejeira, convidado a benzer a primeira pedra do novo templo de Nossa Senhora Aparecida. Recebido festivamente, pouco depois da chegada, às 3 horas da tarde do mesmo dia 10 de setembro, dava-se início às solenes cerimônias.

Convidado para o ato, veio do Rio de Janeiro, em avião especial, o Sr. Cardeal Dom Jayme de Barros Câmara.

---

[49] Arquivo da Cúria Metropolitana da Arquidiocese de Aparecida (avulso).

No local já estavam reunidas inúmeras pessoas, vindas de diversas partes do Estado e do Brasil... diversos Cardeais, Bispos, o representante do Presidente da República, General Eurico Gaspar Dutra, o Prefeito Municipal de Aparecida, Américo Alves P. Filho, grande número de sacerdotes, representantes de diversas associações, alunos de escolas, seminaristas do Seminário Santo Afonso e uma multidão imensa.

Bênção da pedra fundamental da Basílica Nova.

A pedra fundamental, lavrada em granito, trazia unicamente a expressiva legenda: *"Reginae Brasiliae"* (À Rainha do Brasil).

Nada mais era preciso acrescentar, nas palavras do Cardeal Motta, pois uma só podia ser a Rainha do Brasil: aquela que é também Rainha dos céus. Era a ela que se consagrava aquele início.

Na urna da pedra fundamental foram colocadas duas pequenas urnas de prata. Em uma delas foi uma porção de terra com estes dizeres: "Padre Amílcar Martins Fontes, Reitor do Santuário de Nossa Senhora de Fátima, declara que esta terra foi extraída da capelinha das aparições do mesmo Santuário". Era terra do Santuário Mariano de Portugal, trazida pelo Cardeal português. Na outra urna foram colocadas moedas nacionais em circulação e medalhas comemorativas: do jubileu episcopal de Dom Duarte, da Universidade Católica de São Paulo, medalhinhas de Nossa Senhora Aparecida e Nossa Senhora de Fátima, os retratos do Papa Pio XII e dos Cardeais de São Paulo e do Rio de Janeiro, diversas vistas da cidade de Aparecida, um exemplar da última edição do Manual do Devoto e o Álbum com o histórico da cidade e do Santuário Mariano, jornais do dia, como o "Jornal Santuário de Aparecida", os "Ecos Marianos" dos últimos anos e outras publicações...

Texto do Pergaminho encerrado na Urna da Pedra Fundamental

"Em nome da Santíssima Trindade. Amém. – Esta pedra fundamental da segunda Basílica de Nossa Senhora Aparecida, em São Paulo, recebeu a bênção litúrgica e foi solenemente lançada: – No 3. Centenário da Aclamação de Nossa Senhora da Conceição, Padroeira do Brasil e Portugal, pelo rei Dom João IV. – No 8. ano do pontificado de S.S. Pio XII. – No 3. ano da transferência de S. Ema. Revma. Dom Carlos Carmelo de Vasconcellos Motta, Cardeal-Presbítero da Santa Igreja Católica Apostólica Romana, do título de São Pancrácio, para 3. Arcebispo de São Paulo. – No 1. ano do governo do Exmo. Sr. General Eurico Gaspar Dutra, Presidente da República dos Estados Unidos do Brasil. – No 1. ano do governo do Exmo. Sr. Embaixador José Carlos de Macedo Soares, no Estado de São Paulo. – No 1. ano da inauguração da Universidade Católica de São Paulo. – No dia 10 do mês de setembro.

(Seguiam-se as assinaturas.)
[...]

No dia seguinte S. Ema., o Cardeal Motta, celebrou a primeira missa na colina em que se erguerá a nova Basílica. Quis o Sr. Cardeal que as bênçãos do santo sacrifício viessem para aquele lugar já sagrado pela cerimônia litúrgica da véspera..."[50]

No decorrer do ano de 1949, após demorados estudos, foi completado pelo arquiteto Dr. Benedito Calixto de Jesus Neto o projeto da nova Basílica Nacional de Nossa Senhora Aparecida. Apresentado o projeto, relatamos o seguinte tópico:

> "Depois de ter ouvido uma exposição verbal do arquiteto Calixto, a Comissão atentamente examinou o seu projeto e encontrou nele uma grande diligência e uma interessante realização. As características e a funcionalidade dos grandes Santuários foram plenamente respeitadas, e genial é também a ideia das Capelas Sacramentais.
>
> Dada a indiscutível autoridade da Comissão Pontifícia de Arte Sacra, que é composta dos artistas mais considerados em Roma e dos técnicos escolhidos entre os melhores professores das Universidades italianas, este 'parecer' é de um grande valor e uma garantia de excelência.
>
> Ainda em Roma, foi o projeto submetido à apreciação do Sr. Deoclécio Redig de Campos, chefe dos Museus Vaticanos, e que espontaneamente enviou ao Cardeal Motta um parecer:
>
> [...] o plano e os desenhos apresentados correspondem bem à finalidade dos Edifícios e no seu conjunto mostram linhas e volumes de nobre harmonia. Particularmente feliz, pareceu-me a disposição das Capelas Sacramentais inseridas com uma Cruz de Santo André nos braços da cruz grega, formada pela nave e o transepto da Basílica. É uma ideia nova, prática e bela, e a Comissão não hesitou em a definir 'genial' (o que dada a prudência com que habitualmente usam exprimir-se os órgãos do Vaticano, constitui um grande elogio)...
>
> O projeto foi aprovado pelo Papa Pio XII.
>
> Era necessário que se executassem grandes e difíceis trabalhos: a terraplenagem dos terrenos e a canalização do córrego Ribeirão da Ponte Alta que os atravessava.
>
> Por meio da terraplenagem, haver-se-ia de rebaixar consideravelmente o alto do morro, formando dois planos: o

---

[50] Centro de Documentação e Memória Padre Antão Jorge, C.Ss.R., Santuário Nacional.

superior, para a Basílica, e o inferior, para a Praça das Comemorações, e vinte metros abaixo do nível da esplanada da Igreja, sendo o acesso a essa esplanada efetuado por duas rampas laterais formando a praça".[51]

Em 24 de novembro de 1949, o Vigário Padre Antônio Pinto de Andrade foi a São Paulo de caminhão e de lá trouxe a maquete da nova Basílica.

No dia 16 de março de 1952, o Padre Antão Jorge, C.Ss.R., foi a Petrópolis para pedir um auxílio ao Presidente Vargas para a construção da Nova Basílica, no valor de Cr$ 20.000.000,00. A atual Basílica estava pequena demais para comportar o número crescente de romeiros. As missas aos domingos eram tão concorridas que grande número de fiéis ficava fora da igreja.

Em 7 de setembro de 1952, Festa de Nossa Senhora Aparecida, foram oficialmente inaugurados os trabalhos preparatórios. Em procissão solene até o local do novo Santuário, o Cardeal Motta, após a bênção do maquinário, deu por iniciados os trabalhos.

O Vigário Padre Antão Jorge, em 1953, em companhia de pessoas amigas, galgou os morros à procura de água potável para o novo Santuário. Duas fontes de água excelente foram encontradas, e os proprietários do terreno se prontificaram a doar à futura Basílica este precioso líquido.

Em 7 de julho de 1954, o Senado Federal aprovou um decreto-lei do Presidente da República destinando Cr$ 5.000.000,00 para a construção da Nova Basílica. Essa vitória deveu-se, entre outros, ao Dr. Alexandre Marcondes Filho, senador.

No preparo do terreno da grandiosa obra, no cargo de tesoureiro, estiveram os primeiros padres redentoristas, Antônio Pinto de Andrade, de 1946 a 1950, e o Padre Antão Jorge Hechenblaickner, de 1950 a 1956.

No último dia do mês de agosto de 1954, estavam concluídas as obras preparatórias, que contaram com o apoio dos Governos Federal e Estadual.

---

[51] "Revista Seta Magazine". Edição Especial. São Paulo, Edições Publicitárias Lobo Ltda., 1956, p. 32.

Foi dado o início das obras propriamente ditas de construção com a abertura do alicerce num dos cantos da frente da edificação futura, em 8 de setembro de 1954. Após solene missa celebrada por Dom Adeodato Giovanni Piazza, Cardeal Legado do Santo Padre, o Cardeal sentiu-se mal e o Padre Antão Jorge procedeu ao rito da bênção e colocação da pedra fundamental da nova Basílica Nacional de Aparecida, contendo numerosos documentos, enterrados com a pedra fundamental, que em 1946 fora lançada no alto do então existente morro pelo Cardeal Dom Manoel Gonçalves Cerejeira, Patriarca de Lisboa. Infelizmente, a pedra desapareceu, sendo posteriormente encontrada.

"O movimento de terra já descobriu a primeira pedra da nova Basílica, benta aos 10 de setembro de 1946, por S. Exa. o Cardeal de Lisboa, Dom Manoel Gonçalves Cerejeira. Enquanto a firma Irmãos Mariutti Ltda. continua a deslocar milhares de metros cúbicos de terra, fica a pedra fundamental na capela interna do Convento dos Padres Redentoristas, dedicada a Nossa Senhora de Lourdes."[52]

Romeiros chegando à Basílica de Nossa Senhora Aparecida, no início da construção.

---

[52] "Jornal Santuário de Aparecida", Edição Especial. Aparecida, Editora Santuário, 1985, p. 22.

Em 1955, o Cardeal Motta entregou a supervisão e administração das obras a Dom Antônio Ferreira de Macedo, C.Ss.R. No mesmo ano, no dia 29 de maio, foi inaugurado o monumento da Imagem de Nossa Senhora da Assunção, uma oferta dos Congregados Marianos e Filhas de Maria da Arquidiocese de São Paulo.

*"Vestida de sol, com a lua,
debaixo dos pés, e uma coroa
de doze estrelas sobre a cabeça."*
(Ap 12,1)

Estátua de Nossa Senhora da Assunção.

A obra é do escultor italiano Francisco Bussacca, feita em bronze, mede 2,50 metros de altura. Encontra-se hoje à frente da porta principal da Basílica Nacional.

Em 11 de novembro de 1955, a construção teve início pela nave norte, quando se colocou a primeira massa de concreto no alicerce, com a presença do Cardeal Motta, dos bispos auxiliares, do Dr. Calixto, vários padres redentoristas e muitos populares; depois pela torre e parte da cúpula. Em seu dizer sobre a construção da nova Basílica, Dom Macedo afirmou que "o novo Santuário foi construído com palpite dos ricos, críticas dos padres e dinheiro do povo". Afirmou também: "a construção da Basílica é a grande bênção de Nossa Senhora Aparecida para o Brasil. E um grande milagre, uma epopeia de fé". Dom Antônio trabalhou até o início de 1970.

Atuaram também como tesoureiros o padre redentorista José Ferreira da Rosa, de 1956 a 1958, e o padre Pedro Henrique Flörschinger, de 1959 a 1967.

Construção da Basílica, por volta de 1956.

A convite do Cardeal Arcebispo de São Paulo, Dom Carlos Carmello,

> "esteve em Aparecida no dia 12 de setembro de 1958 o Presidente da República Sr. Juscelino Kubitschek de Oliveira, que assistiu a uma missa em ação de graças pelo seu aniversário e visitou as obras da nova Basílica.

Missa em ação de graças na Basílica Histórica, com a presença do Presidente Juscelino, tendo à sua esquerda o bispo Dom Macedo e à sua direita, de terno branco, o então Vereador (depois, duas vezes, Prefeito de Aparecida) Aristeu Vieira Vilela, e diversas autoridades (12/09/1958).

[...]

No final da missa, o Sr. Presidente foi conduzido por Sua Eminência até o nicho da imagem milagrosa, onde se demorou alguns instantes.

[...]

Durante sua visita à nova Basílica proferiu breve discurso:

'Agradeço neste instante a oportunidade que Sua Eminência Dom Carlos de Vasconcellos me concedeu de vir até Aparecida para pedir bênçãos a Nossa Senhora para o meu Governo e para o Brasil.

Quero mostrar-me verdadeiramente surpreendido pelo tamanho, pela beleza e imponência das obras que ora se levantam neste local. É um acontecimento que irá marcar uma hora solar na crença e na fé do povo brasileiro. Vossa Eminência está de parabéns.

Quero pedir a Vossa Eminência orações pela tranquilidade e prosperidade do meu governo.

O governo também quer colaborar nesta obra formidável. Já dei ordem à Usina de Volta Redonda para confeccionar a torre que será toda de estrutura metálica. Terá 100 metros de altura. Já dei instruções ao Presidente da Usina, General Macedo Soares, para apressar esta obra, que será uma das mais robustas demonstrações de fé do povo brasileiro...

[...]

O Exmo. Sr. Presidente foi saudado pelo Prefeito de Aparecida. Depois, tendo visitado de perto a construção, retornou a Guaratinguetá, onde tomou o avião de volta para o Rio de Janeiro".[53]

Construção do Santuário Nacional, década de 1960.
Arquivo Centro de Documentação e Memória "Padre Antão Jorge – C.Ss.R."
– Santuário Nacional.

Podemos hoje considerar o dia 21 de junho de 1959 como o dia da inauguração da nova Basílica, para todos os aparecidenses e romeiros de Nossa Senhora Aparecida!

No III Livro do Tombo da Paróquia de Nossa Senhora Aparecida, lemos: "Hoje, pela primeira vez, o movimento de romeiros se transferiu para a Basílica Nova. Às 4h30, a Imagem de Nossa Senhora foi levada para lá. Missas, batizados, casamentos, confissões e comunhões foram realizados lá. Desafogou bastante aqui em cima. Os padres acharam que o trabalho se desenvolveu muito melhor. A experiência aprovou cem por cento".[54]

Poucos dias antes de deixar o governo, aos 11 de janeiro de 1961, o Presidente da República Sr. Juscelino Kubitscheck de Oli-

---

[53] Arquivo da Cúria Metropolitana da Arquidiocese de Aparecida (avulso).
[54] III Livro do Tombo da Paróquia de Nossa Senhora Aparecida, folha 283.

veira esteve em Aparecida a fim de presidir a inauguração de uma placa comemorativa em sua honra, como agradecimento da Basílica pela doação da estrutura metálica da torre do futuro templo.

A placa de bronze, afixada na torre, contém as seguintes palavras: "Torre Brasília. Homenagem de gratidão ao Senhor Presidente Juscelino Kubitschek de Oliveira, construtor de Brasília e insigne benfeitor deste monumento à Basílica Nacional de Nossa Senhora Aparecida. A.D. 1960".

No início do mês de dezembro de 1963, a torre foi inaugurada. Ali foi colocada uma parcela do Santo Lenho (parte da cruz), dentro de uma redoma, no cruzamento do braço da cruz, em cima da torre.

O padre Noé Sotillo foi tesoureiro em 1967 e terminou a construção da estrutura da cúpula em 1970. Em 1971, no dia 28 de agosto, um sábado, o novo altar debaixo da grande cúpula da nova Basílica foi utilizado pela primeira vez. O revestimento externo da cúpula, com placas de cobre, foi concluído em janeiro de 2007. O padre Noé Sotillo concluiu também as naves sul, leste e oeste, com as respectivas capelas laterais. Foi também administrador até 1988 e Administrador-Geral da Arquidiocese de 1978 a 1988.

Para o ano mariano de 1972, Padre Noé Sotillo entregou para o conforto dos romeiros todo o subsolo da Basílica, com mesas e cadeiras, água e sanitários. Em sua homenagem, o auditório localizado no subsolo foi denominado "Auditório Padre Noé Sotillo".

Seguindo nossa cronologia, registramos o falecimento do Dr. Benedito Calixto de Jesus Neto, na cidade de Aparecida, no dia 21 de julho de 1972, arquiteto que por 26 anos dirigiu as obras de construção da Basílica Nova.

Gratuitamente esteve na supervisão da obra o engenheiro Dr. Luís Alves Coelho, responsável pelo cálculo estrutural da cúpula central, de julho de 1972 a 1980, que era casado com Luiza Maria Lorena Barbosa Coelho, dos padres Isaac Barreto Lorena, C.Ss.R., e João Barbosa Filho, C.Ss.R., e tataraneta do Mestre de Capela e Organista do Santuário de Nossa Senhora Aparecida e da Igreja de Santa Rita de Cássia, no ano de 1899, o senhor Randolpho José Lorena.

Em 4 de julho de 1980, o Papa João Paulo II consagra a nova Basílica.

Depois de mais de duzentos e trinta e sete anos no Morro dos Coqueiros, no dia 3 de outubro de 1982, às 9 horas, em solenidade presidida por Dom Geraldo Maria de Morais Penido, iniciou-se a cerimônia de transladação da Imagem de Nossa Senhora Aparecida para a Basílica Nacional. Dom Geraldo fez a entrega da Igreja de Nossa Senhora Aparecida, agora como Matriz, passando a chamar-se Matriz Basílica de Nossa Senhora Aparecida. Desde 1959 era levada, nos finais de semana, feriados e dias santos, da Basílica Histórica, retornando após a missa das 16 horas.

No dia 12 de dezembro de 1984, através de um decreto da Conferência Nacional dos Bispos do Brasil (CNBB), a Basílica Nacional de Nossa Senhora Aparecida recebeu o título de "Santuário Nacional".

Conhecendo o interior do Santuário Nacional (Basílica Nova)

*Mãos em conjunto,
para a arte do templo
ficar no tempo.*

Interior do Santuário Nacional – 2002.
Arquivo Centro de Documentação e Memória "Padre Antão Jorge
– C.Ss.R. – Santuário Nacional.

A bênção foi dada pelo Papa João Paulo II, no dia 4 de julho de 1980, após a finalização de sua estrutura bruta. No ano de 2000 tiveram início as obras de acabamento da Basílica Nova, que seguiu um estilo neorromânico.

Possui 173 metros de comprimento por 168 metros de largura; comparando, a Capela do Morro dos Coqueiros tinha apenas 18 metros de comprimento por 8,40 metros de largura.

Sua arquitetura lembra uma cruz grega; no centro, o altar, rodeado por quatro naves. Desce da cúpula central, no centro do altar, uma cruz de 7 metros de comprimento, em aço vazado, obra do artista plástico Cláudio Pastro, responsável também pelos painéis de azulejo, os vitrais nas quatro naves e os revestimentos.

A cúpula central, com 40 metros de diâmetro e 70 de altura, está sendo revestida por mosaicos fabricados pelas empresas italianas Orsoni e Friul Mosaic. Uma arte bizantina, com sete tons, em dimensões que variam de 1 x 1 cm a 4 x 4 cm, mosaicos feitos em ouro, vidro e pasta de vidro colorida. A área total que será revestida é de 2.000 metros quadrados.

"O mosaico trará nova luz ao Santuário e permitirá aos peregrinos levantar os olhos e encontrar a árvore da vida, o reflexo do paraíso. Na arte do mosaico da cúpula central, os pássaros que voam no céu dourado, em torno da árvore da vida, representam os Estados brasileiros. Ao centro tem a pomba, símbolo do Espírito Santo", segundo o construtor dos mosaicos, William Bertoja, da Friul Mosaic.[55]

O desenho é do artista plástico Cláudio Pastro. Será aberto um espaço para visitação da cúpula e apreciação do interior da Basílica. Tudo será possível graças aos elevadores nas extremidades das naves.

Acompanhando o desenho da cruz grega, seu interior está dividido em quatro naves: Norte, é a entrada principal, conhecida por Porta Santa; ao centro o Pantocrator; todas as entradas são formadas por um conjunto de três arcos. Na nave Norte os painéis homenageiam a "Vida Pública de Jesus". Na nave Sul, os painéis representam a "Infância de Jesus". Ainda na nave Sul, em um retábulo dourado até o teto, com 37 metros de altura, estão os três arcanjos, Rafael, Miguel e Gabriel, e o nicho, local onde está a Imagem de Nossa Senhora Aparecida, em ouro com 2 x 2 metros, e contornando o nicho da Imagem de Nossa Senhora encontramos a frase: "O Espírito e a Esposa dizem: Amém. Vem, Senhor Jesus" (Ap 22,17). Painéis em azulejo representam os Mistérios da Encarnação e Infância de Jesus. É o local de entrada e visita dos devotos. Na rampa de saída, temos um painel com os primeiros milagres. Na Nave Leste, os painéis representam a "Ressurreição

---

[55] "Revista de Aparecida". Publicação do Santuário Nacional para a Campanha dos Devotos. Aparecida, Gráfica Plural, 2013, p. 15.

de Jesus", e na Oeste, a "Paixão e Morte do Senhor". São ao todo 34 painéis de azulejos, medindo sete metros de altura por cinco de largura.

Acima dos pórticos, na entrada das naves, uma homenagem às Santas Mulheres, na nave Norte; dos Santos Homens, na nave Oeste, e dos Apóstolos e do Cordeiro, na nave Leste.

A claridade em seis tons de azul vem dos vitrais sobre as entradas e do nicho de Nossa Senhora Aparecida. Cada vitral mede aproximadamente 350 m², num total de 1.400 m², e homenageiam os Evangelhos. Uma cor predomina em cada vitral e tem seu significado. Na nave Norte, o vitral é em forma de rosa, com predomínio da cor vermelha, lembrando as Chagas de Cristo. A nave Sul, com vários tons de azul, onde está o retábulo que abriga o nicho de Nossa Senhora Aparecida. Na nave Leste, vidros de cor turquesa, que nos remetem aos painéis dos evangelhos da Ressur-reição, e, na nave Oeste, a cor lilás aos painéis dos evangelhos da Paixão e Morte do Senhor.

À direita do altar, a Capela do Santíssimo Sacramento, ornada com um mosaico, presente do Papa João Paulo II, dois painéis, Lava-pés e Emaús, do artista sacro Adélio Sarro.

À esquerda, a Capela de São José, painéis em azulejo representando a "Anunciação do Arcanjo Gabriel, em um sonho a José", murais da "Sagrada Família" e da "Apresentação de Jesus Menino no Templo", do artista Adélio Sarro.

São duas capelas de passagem, uma em direção à Torre Brasília, e a outra, em direção à Capela das Velas, com obras do escultor Valter Frasson, de São Leopoldo-RS, esculpidas em mogno. No ano de 2002, o Ibama apreendeu 842 mil metros cúbicos de mogno no Estado do Pará. Após visita do Padre Darci José Nicioli, hoje Bispo Auxiliar, e do então Cardeal Lorscheider ao Ministro do Meio Ambiente, José Carlos Carvalho, e ao Sr. Rômulo Mello, presidente do Ibama, a madeira foi doada ao Santuário Nacional.

A Capela dos Apóstolos, no interior do Santuário, é um local reservado para pequenas cerimônias, que comporta 60 pessoas. O nicho da Imagem da Senhora Aparecida é aberto também para a Capela dos Apóstolos, ou capela reservada, onde todo dia 12 de cada mês acontece a Cerimônia do Manto, também chamada de "Graça e Luz". Ali é feita a troca do manto, sendo seus pequenos pedaços doados aos fiéis que participam da "Campanha dos Devotos".

A "Campanha dos Devotos" foi idealizada em 1999 pelo então Cardeal Dom Aloísio Lorscheider, OFM, com o então Administrador do Santuário Nacional, Padre Darci José Nicioli, C.Ss.R., hoje Bispo Auxiliar de Aparecida, com o lema "Acolher bem também é evangelizar". Os devotos auxiliam com doações espontâneas na missão evangelizadora do Santuário de Nossa Senhora Aparecida, que é realizada por meio das transmissões da Rádio e TV Aparecida, do portal A12.com, do Jornal Santuário, Revista de Aparecida, Revista Devotos Mirins e do Centro de Eventos Padre Vítor Coelho de Almeida. Auxiliam também na manutenção, construção e obras do acabamento do Santuário Nacional, bem como para a comemoração dos 300 anos do encontro da Imagem, em outubro de 2017, e para a restauração da Basílica Histórica, restauração esta que também contou com a colaboração de empresas privadas. A reinauguração da Basílica Histórica e de seu órgão de tubos, que foi construído na Alemanha, em 1926, ocorreu no dia 2 de fevereiro de 2015, com uma missa solene e um concerto a cargo do organista da Capela Sistina, do Vaticano, Sérgio Militello. O Santuário Nacional também realizou a urbanização do Morro do Cruzeiro, do porto Itaguaçu e as obras do Caminho do Rosário.

Os donativos para a "Campanha dos Devotos" também mantêm as obras sociais, como a Casa do Pequeno, PEMSA – Projeto de Educação Musical do Santuário Nacional, Lar para Idosas Nossa Senhora Aparecida. Contribuem ainda com o Lar São Vicente de Paulo, Santa Casa de Misericórdia e Casa da Infância e Juventude, e inúmeras outras no anonimato.

Desde 1º de fevereiro de 2006, o interior da Basílica Nacional está sendo revestido por tijolos à vista.

A Capela do Batismo, que foi uma doação da família Sieh, de origem chinesa, e a Capela da Ressurreição estão ligadas por dois grandes corredores, formando um meio círculo. No centro, a Tribuna Papa Bento XVI e as colunas com as estátuas dos 12 apóstolos: São Pedro, São Tiago (maior), São João, Santo André, São Filipe, São Paulo, São Marcos, São Mateus, São Tomé, São Bartolomeu, São Tiago (menor), Simão Zelote.

No jardim norte, uma homenagem a Nossa Senhora de Fátima, entronizada em seu Monumento, no dia 18 de maio de 2014, como recordação do centenário das aparições de Nossa Senhora de Fátima na Cova de Iria, em Portugal, no ano de 1917. O Cardeal Arcebispo de Aparecida, Dom Raymundo Damasceno Assis, presidiu a Celebração Eucarística nesse dia, concelebrado por Dom Darci José Nicioli, Bispo Auxiliar de Aparecida, Dom Antônio Augusto dos Santos Marto, Bispo de Leiria, em Portugal, padre Carlos Manoel Pedrosa Cabecinhas, reitor do Santuário de Fátima, e Padre Domingos Sávio da Silva, C.Ss.R., reitor do Santuário de Nossa Senhora Aparecida. A homenagem recebeu o nome de: "2017: Aparecida e Fátima, centenários de bênçãos".

Em 12 de maio de 2015, a cerimônia aconteceu em Fátima, Portugal, com a entronização de uma imagem de Nossa Senhora Aparecida.

À frente da Basílica, na parte inferior, a Praça das Palmeiras e a Tribuna Cardeal Lorscheider.

Já no subsolo temos a Capela das Confissões, a Sala das Promessas, a Casa do Pão, o estúdio da TV Aparecida, o Salão dos Romeiros e o Auditório "Padre Noé Sotillo".

Devido a sua grande extensão, citamos apenas uma parte de sua obra, arquitetura e arte sacra.

"Nosso norte é evangelizar pelo acolhimento, por isso investimos sempre em obras e realizações que permitem que os Devotos da Mãe sintam-se realmente em casa e aqui vivam plenamente seu momento de oração."[56]

---

[56] Padre Hélcio Vicente Testa, C.Ss.R., janeiro de 2008.

1951
SINTONIZE A RÁDIO APARECIDA

Através da Rádio Aparecida
o ouvinte pode acompanhar:
a celebração da missa,
a recitação do terço,
a consagração a Nossa Senhora,
a ladainha de todos os santos
e cantar:
"Viva a Mãe de Deus e nossa,
sem pecado concebida.
Viva a Virgem Imaculada,
a Senhora Aparecida".

O Jornal Santuário levava notícias de Aparecida semanalmente, mas sempre foi um sonho dos padres redentoristas uma emissora de rádio, para transmitir missas, terços, ladainhas, pregações e para os romeiros acompanharem o dia a dia do Santuário.

Aos 13 de dezembro de 1950, o Presidente da República Getúlio Dorneles Vargas finalmente assinou a concessão para a instalação da emissora, depois dos pedidos do Padre Antônio Pinto de Andrade, então Vigário da Basílica.

O Superior Provincial dos Redentoristas, Padre Antônio Ferreira de Macedo, ficou responsável pela criação da Sociedade Anônima Limitada, etapa necessária para a instalação da rádio.

No dia 8 de setembro de 1951, dia da festa de Nossa Senhora Aparecida, foi inaugurada ao lado da Basílica Histórica, depois de a Sala dos Milagres passar por uma adaptação, a Rádio Aparecida, a Rádio de Nossa Senhora Aparecida, com alcance limitado. O Padre Daniel Marti anunciou ao microfone "Viva, Cristo Rei! Salve, Maria!".

Era o início do ato inaugural da emissora. A missa solene foi narrada pelo Padre Vítor Coelho de Almeida, C.Ss.R.

A implantação da Rádio Aparecida deve muito ao trabalho do padre Francisco Wand, C.Ss.R., que, quando vigário, foi o primeiro a idealizar a Rádio; depois ao padre Oscar das Chagas Azeredo; ao padre Antônio Pinto de Andrade, C.Ss.R., que lutou por sua implantação desde 1948; ao padre Daniel Marti, C.Ss.R., que continuou seu trabalho até conseguir as ondas curtas em uma audiência no Palácio do Catete, no Rio de Janeiro, com o General Caiado de Castro. Na reunião, o General, em resumo, argumentou: "Aparecida, cidadezinha do interior, nunca poderá ter uma emissora de ondas curtas". O padre afirmou: "Aparecida, capital espiritual do Brasil, terá sua emissora de ondas curtas, graças à sua protetora, a Padroeira; o senhor será convidado para a inauguração". E, aos 18 de abril de 1953, um telegrama ao padre Antão Jorge, C.Ss.R., informava: "Presidente autorizou ondas curtas. Padre Marti – C.Ss.R.". A Rádio deve também muito ao trabalho do Sr. José Gorra Ubaid; Dom Antônio Ferreira de Macedo, C.Ss.R., Bispo Auxiliar de Aparecida; padre Vítor Coelho de Almeida, com sua experiência de rádio do período em que esteve em tratamento em Campos do Jordão-SP; e do padre Humberto Pieroni, C.Ss.R., primeiro diretor da Rádio Aparecida.

Em 8 de setembro de 1954, os padres redentoristas, com o apoio de Dom Carlos Carmelo de Vasconcellos Motta, colocaram no ar a frequência de 31 metros, sendo de alcance nacional.

Em 1º de outubro de 1955, foi inaugurado o prédio de três andares, situado também ao lado da Basílica Histórica, e finalmente, no dia 5 de julho de 1975, o atual edifício, que também abriga a TV Aparecida, na Avenida Getúlio Vargas.

"A Rádio Aparecida pode ser considerada um dos principais púlpitos da Igreja no Brasil."[57]

---

[57] Padre Willian Betônio, C.Ss.R.

Padre Vítor Coelho de Almeida, C.Ss.R.

A Mãe de Deus sabe escolher
os que ajudam a anunciar a Redenção de Cristo.
Padre Vítor é um desses filhos queridos
da Mãe Aparecida.

N a Rádio Aparecida, destaca-se o Padre Vítor Coelho de Almeida, benemérito no trabalho de evangelizar seus ouvintes durante trinta e seis anos.

Padre Vítor nasceu na cidade de Sacramento, Minas Gerais, em 22 de setembro de 1899, filho de Leão Coelho de Almeida e de Maria Sebastiana de Almeida. Iniciou sua formação religiosa no Seminário Santo Afonso e concluiu os estudos na Alemanha, onde foi ordenado sacerdote pelo Arcebispo de Munique, Cardeal Faulhaber, em 5 de agosto de 1923. No dia 12 de agosto do mesmo ano celebrou sua primeira missa... Sacerdote até a eternidade! Voltou ao Brasil em 1924, chegando a Aparecida no dia 14 de outubro.

Depois de anos, o Padre Vítor voltaria a se recordar de uma passagem muito triste, sendo agora apenas hora de agradecer a Nossa Senhora Aparecida.

"Quando eu era criança, bem pequeno, mamãe havia dado a mim uma medalhinha de Nossa Senhora Aparecida. Eu carregava no pescoço. Um dia, na aula, o meu professor era ateu e zombou da medalha, dizendo que eu carregava um cincerro. Cincerro é um sino que dependura no pescoço do burro para ser madrinha da tropa. Além de zombar, ele chegou perto de mim e arrancou a medalha e jogou no mato, pela janela. Eu chorei muito e fui procurar a medalhinha que mamãe havia me dado. Nunca mais achei. Veja como é a vida. Agora eu estou aqui, debaixo de seus pés. Eu sou missionário redentorista. Havia também a promessa e o milagre onde papai me entregou para Nossa Senhora e eu vim parar aqui na cidade de Aparecida. Esta semana vou levar a imagem da mãe querida à minha cidade de Sacramento. Nunca mais achei a medalhinha. Mas Nossa Senhora me achou. Ela me tirou do lodo, ela me fez seu anunciador. Sou filho da misericórdia."[58]

Seus programas alcançaram grande audiência; os ouvintes eram chamados de "caríssimos" e suas pregações eram simples e claras. No programa das 10h, "Entrevista com os romeiros", os romeiros, em fila, iam passando junto ao microfone e falavam o nome, contavam a graça recebida e enviavam mensagens a seus familiares; ao meio-dia, "Os ponteiros apontam para o infinito", Padre Vítor explicava a mensagem da Bíblia, a catequese, promoção humana, formação das comunidades rurais e a doutrina social da Igreja. Para os romeiros, Padre Vítor é considerado santo, o santo que convertia, ensinava e educava pelas palavras de fé e esperança, que tocou fundo o coração e a alma de muitos devotos.

Padre Vítor em uma pregação aos jovens (data desconhecida).

O programa "Clube dos Sócios", uma iniciativa do Padre Rubem Leme Galvão, C.Ss.R., que teve início em 1955, remete-nos às palavras do Padre Vítor: "quem ajuda a pregação tem merecimento

---

[58] PAIVA, Gilberto. *Padre Vítor Coelho de Almeida:* o missionário da Senhora Aparecida. Aparecida, Editora Santuário, 2014, p. 338.

de pregador" e "os representantes do Clube dos Sócios da Rádio Aparecida são aqueles que seguram o microfone para a gente falar".

"Em 1969, durante a ditadura militar, a emissora foi tirada do ar durante 24 horas, acusada de subversão. O motivo? A Declaração dos Direitos Humanos, lida ao vivo pelo Padre Vítor Coelho, no programa 'Os ponteiros apontam para o infinito'. [...] No dia 8 de janeiro de 1969, o padre Vítor enviou o texto da alocução ao Procurador da República, Dr. Adroaldo Mesquita, recebendo dele no dia 14 de fevereiro o seguinte telegrama: 'Brasília. Recebi quando estava em P. Alegre verifiquei alocução só mereceu louvor creio ter havido equívoco ou segunda intenção. Sua bênção. Abraços. Adroaldo Mesquita da Costa, Consultor Geral."[59]

Às 15h, "caríssimos, são três horas... hora da consagração...", e os romeiros lotavam a Basílica Histórica para ouvi-lo e rezar a **Oração de Consagração a Nossa Senhora**.[60]

"Ó Maria Santíssima, pelos **méritos de Nosso Senhor Jesus Cristo**, em vossa querida imagem de Aparecida, espalhais inúmeros benefícios sobre todo o Brasil.

Eu, embora indigno de pertencer ao número de vossos filhos e filhas, mas cheio do desejo de participar dos benefícios de vossa misericórdia, prostrado a vossos pés, consagro-vos o meu entendimento, para que sempre pense no amor que mereceis.

Consagro-vos a minha língua, para que sempre vos louve e propague a vossa devoção. Consagro-vos o meu coração, para que, depois de Deus, vos ame sobre todas as coisas.

Recebei-me, ó Rainha incomparável, **vós que o Cristo crucificado deu-nos por Mãe**, no ditoso número de vossos filhos e filhas. Acolhei-me debaixo de vossa proteção.

Socorrei-me em todas as minhas necessidades, espirituais e temporais, sobretudo na hora de minha morte.

Abençoai-me, **ó Celestial cooperadora**, e, com vossa poderosa intercessão, fortalecei-me em minha fraqueza, a fim

---

[59] Arquivo da Cúria Metropolitana da Arquidiocese de Aparecida (avulso).
[60] Não temos informação antes de 1929 da Consagração Oficial à Padroeira do Brasil, oração composta por Dom Sebastião Leme, arcebispo do Rio de Janeiro. As mudanças aqui apresentadas em negrito são do Concílio Vaticano II, com a presença do Papa João XXIII em 1961 e concluída em 1965 por Paulo VI.

de que, servindo-vos fielmente nesta vida, possa louvar-vos, amar-vos e dar-vos graças no céu, por toda a eternidade. Assim seja!"

E os devotos, em um só coro, cantavam:

"Dai-nos a bênção.
Ó Mãe querida.
Nossa Senhora
Aparecida!"

Após o término da oração, o Padre Vítor abençoava objetos de devoção dos romeiros, inúmeras garrafas de água, imagens, medalhas, santinhos e terços que eles levavam como lembranças da cidade da Santa e os ouvintes da Rádio Aparecida.

A pedido do Padre Vítor, no dia 12 de outubro, dia da festa de Nossa Senhora Aparecida, às 12 horas, muitas cidades do Brasil, incluindo Aparecida, realizavam a queima de fogos, iniciativa do padre Rubem Leme Galvão, C.Ss.R., uma homenagem do povo a sua Padroeira, pedido este feito através da Rádio Aparecida, sendo até hoje a tradição mantida. A seguir Padre Vítor fazia a consagração de todo o Brasil a Nossa Senhora Aparecida.

Sempre foi amigo do povo aparecidense e dos romeiros. Quantas fotografias tirou com os romeiros na porta da Basílica Histórica!

Padre Vítor na Praça Nossa Senhora Aparecida, ladeado por romeiros (data desconhecida).

O Padre Vítor Coelho de Almeida é exemplo de grande pregador, do fiel devoto de Nossa Senhora Aparecida, cuja imagem ele próprio conduziu em muitas missões por este Brasil. Em 1921, estudando teologia na Alemanha, contraiu tuberculose. Já morando no Brasil, a doença retornou e ficou internado no Sanatório da Divina Providência de Campos do Jordão-SP durante sete anos, de 1941 a 1948, tendo como sua fiel companheira uma Imagem da nossa Mãe Maior, a Senhora Aparecida.

Do Sanatório da Divina Providência Padre Vítor escreveu para o "Ecos Marianos", em 1944:

> "Nossa Senhora Aparecida é cultuada com especial fervor. A imagem milagrosa (fac-símile) percorre solenemente os quartos, ficando uma semana em cada um. Todas as enfermas inscreveram-se na 'Arquiconfraria de Nossa Senhora Aparecida e de São Geraldo'. Este santo redentorista, que em sua vida experimentou as agruras da tuberculose, é o orago da capela e patrono da casa".

Durante o tratamento, passou a cultivar orquídeas como terapia por ordem médica e continuou a cultivá-las no Memorial dos Padres Redentoristas, situado na Praça Nossa Senhora Aparecida, aberto à visitação e onde está sepultado em uma Capela. Após reestruturação, sediará o Centro Cultural Afonsiano.

Padre Vítor possuía apenas um pulmão devido à tuberculose.

Voltou para casa da Mãe Aparecida e dos seus romeiros em 1948.

Faleceu aos 87 anos, no dia 21 de julho de 1987, exercendo o sacerdócio por 64 anos.

O processo de beatificação do Padre Vítor teve início em 12 de outubro de 1998. "Processo sobre a Vida, Virtudes e Fama de Santidade do Servo de Deus, padre Vítor Coelho de Almeida", no dia 31 de agosto de 2006, foi enviado para a Congregação da Causa dos Santos, no Vaticano. É a primeira fase para a beatificação, chamado de "Sessão Clausura".

O processo de canonização se divide em três etapas:

– 1ª etapa: Servo de Deus, com suas virtudes, é considerado venerável.

– 2ª etapa: Beato, quando um milagre é atribuído por sua intercessão (uma senhora de 75 anos da cidade de Pindamonhangaba-SP, às vésperas da cirurgia, curou-se de um câncer no pâncreas em 2005, após ter feito a novena ao Servo de Deus Padre Vítor Coelho).

– 3ª etapa: Santo, reconhecimento de que se encontra na glória de Deus, por nós intercedendo e servindo a todos.

Na entrada da Rádio Aparecida, encontramos o busto do Padre Vítor, uma escultura de Maria Helena Chartuni, do MASP de São Paulo, confeccionado em poliéster e fibra de vidro, homenagem da "Fundação Nossa Senhora Aparecida".

Em 1999, ano em que Padre Vítor completaria 100 anos, foi composto um hino em sua homenagem.

Hino ao Padre Vítor

Música: Antônio Celso Lellis de Andrade
Letra: Profa. Helena Lellis de Andrade

O menino querendo ser padre
pra ajudar ingressou no seminário.
Jovem forte, bonito prendado, já de
Cristo futuro soldado.

Padre Vítor na glória celeste.
Santo Afonso irá nos abraçar.
E a Virgem Maria muito em breve, filho
Santo nos irá coroar.

Pregador da palavra divina.
Quantas horas no rádio a falar.

A trindade de Deus explicando e as
Glórias de Maria a cantar.

Padre Vítor na glória celeste.
Santo Afonso irá nos abraçar.
E a Virgem Maria muito em breve, filho
Santo nos irá coroar.

Intercede por nós, Padre Vítor.
Que sejamos fiéis sempre a Deus.
E vencidas as lutas terrenas,
todos juntos estejamos no céu.

Padre Vítor na glória celeste.
Santo Afonso irá nos abraçar.
E a Virgem Maria muito em breve, filho
Santo nos irá coroar.[61]

Mais uma vez "Os ponteiros apontam para o infinito". Hoje é apenas uma voz que a repete. Mas, com certeza, aquele que tanto a falou pelo microfone, hoje, lá no Infinito se encontra e aqui nos deixou saudades...

---

[61] LELLIS, Helena. *Sob o azul de Aparecida – Vivências*. Guaratinguetá, Frei Galvão Gráfica e Editora, 2012, p. 13.

HINO OFICIAL A
NOSSA SENHORA APARECIDA

O seu nome se perpetuará por todas as gerações,
através de seus hinos...
"Viva a Mãe de Deus e nossa,
sem pecado concebida.
Viva a Virgem Imaculada,
a Senhora Aparecida!"

O Conde Doutor José Vicente de Azevedo, Senador da República, nascido em 7 de julho de 1859, em Lorena, e falecido em 3 de março de 1944, merece ser lembrado. Seus 85 anos de vida foram de devoção a Nossa Senhora Aparecida.

Em 22 de março de 1884 enviou à Assembleia Provincial de São Paulo o projeto n. 268, que destinava as esmolas oferecidas a Nossa Senhora Aparecida para a conclusão da Igreja, respectivo culto e fundação de um "Cattalengo" (amparo e asilo para todos), a começar por um asilo para meninas desvalidas e para velhos inválidos, nos arredores de Aparecida.

Quando Dom Duarte assumiu o posto de Bispo de São Paulo, determinou que desde a chegada dos romeiros a Aparecida até a entrada da Basílica fosse entoado um único cântico:

"Senhora Aparecida,
guiai a nossa sorte,
ó doce mãe querida,
na vida e na morte".

O Conde compôs vários hinos dedicados a Senhora Aparecida; um deles intitulado "Viva a Mãe de Deus e Nossa" foi declarado Hino Oficial de Nossa Senhora Aparecida pelo Cardeal de São Paulo, Dom Carlos Carmelo de Vasconcellos Motta, pelo Decreto de 11 de maio de 1951, como consta do III Livro do Tombo da Paróquia de Nossa Senhora Aparecida.[62]

---

[62] Folha 188, verso.

Hino oficial a Nossa Senhora da Conceição Aparecida

"Hino à Virgem Aparecida"

Letra e melodia: Conde Dr. José Vicente de Azevedo

Refrão
Viva a Mãe de Deus e nossa,
Sem pecado concebida.
Viva a Virgem Imaculada,
A Senhora Aparecida!

1. *No segundo aniversário*
Da Coroação merecida,
Aos vossos pés nos achamos,
Ó Senhora Aparecida!

2. *Aqui estão vossos devotos*
Cheios de fé incendida,
De conforto e de esperança,
Ó Senhora Aparecida!

3. *Nossos rogos escutai,*
Nossa voz seja atendida.
Do imo d'alma pedimos,
Ó Senhora Aparecida!

4. *No Calvário, junto à Cruz,*
Com a alma de dor ferida,
Jesus vos fez nossa Mãe,
Ó Senhora Aparecida!

5. *Virgem Santa, Virgem bela,*
Mãe amável, Mãe querida,
Amparai-nos, socorrei-nos,
Ó Senhora Aparecida!

6. *Visando altos desígnios*
Fostes por Deus escolhida
Padroeira do Brasil,
Ó Senhora Aparecida!

7. *Quem assim vos proclamou*
cumpriu ordem recebida.
Foi inspiração do Céu,
Ó Senhora Aparecida!

8. *Pelo Sangue de Jesus,*
nós, a raça redimida,
em vós tudo confiamos,
Ó Senhora Aparecida!

9. *Protegei a Santa Igreja,*
Mãe terna e compadecida,
protegei a nossa Pátria,
Ó Senhora Aparecida!

10. *Velai por nossas famílias.*
Pela infância desvalida.
Pelo povo brasileiro,
Ó Senhora Aparecida!

11. Aos enfermos dai saúde,
Aos transviados guarida:
Que todos, todos, se salvem,
Ó Senhora Aparecida!

12. Louvores mil elevemos,
Com a alma alegre e agradecida
Belos hinos entoemos,
À Senhora Aparecida!

13. Ave, Maria Santíssima,
Pelo Anjo enaltecida!
Excelsíssima Rainha,
Ó Senhora Aparecida!

14. De São Joaquim e Sant'Ana.
Sois a Filha estremecida,
Alegria de Israel,
Ó Senhora Aparecida!

15. Glória de Jerusalém,
Esperança, doçura e vida,
Honra do brasileiro povo,
Ó Senhora Aparecida!

16. Salve 8 de setembro!
Salve data engrandecida!
No presente e no futuro,
Ó Senhora Aparecida!

17. Que sempre, todos os anos,
No correr da nossa vida,
Neste dia aqui estejamos,
Ó Senhora Aparecida!

18. Permiti que fielmente,
Tal palavra prometida,
Não deixemos de cumprir,
Ó Senhora Aparecida!

19. Muito felizes seremos,
Nesta e na outra vida,
Se formos sempre devotos,
Da Senhora Aparecida!

20. Viva a Mãe de Deus e nossa,
Sem pecado concebida,
Viva a Virgem Imaculada!
A Senhora Aparecida!

O autor do hino, em algumas edições, acrescentou ou eliminou uma ou outra estrofe. É essa a versão mais ampla, cantada pela primeira vez em 1907.[63]

---

[63] FRANCHESCHINI, Maria Angelina Vicente de Azevedo, *et alli*. *Conde José Vicente de Azevedo – sua vida e sua obra*. São Paulo, Fundação Nossa Senhora Auxiliadora do Ipiranga, 1996, 2ª edição ampliada, p. 337 e 338.

1954
12 DE OUTUBRO
FESTA DE NOSSA SENHORA APARECIDA

Na festa de Nossa Senhora Aparecida,
vou participar da novena,
da missa solene,
rezar em frente da sua Imagem
e acompanhar a procissão
pelas ruas e ladeiras,
e cantando hinos
à Senhora Aparecida!

❝❝ Dizem as folhas do tempo que, por ato de piedade religiosa, tendo nesse dia ratificado o Imperador a provisão de 25 de março de 1646, pela qual o Rei de Portugal Dom João IV tomou a Santa Virgem sob a invocação da Imaculada Conceição, por Padroeira do Reino de Portugal e seus domínios."[64]

A festa oficial de Nossa Senhora Aparecida é comemorada a partir de 1745, em duas datas: a Anunciação, aos 25 de março, e a Natividade, no dia 8 de dezembro, uma herança dos colonizadores portugueses.

No ano de 1756, a festa oficial de Nossa Senhora da Conceição Aparecida foi transferida de 8 de dezembro para o dia 25 de março, conforme os estatutos da Irmandade de Nossa Senhora.

Em 1878, a festa oficial de Nossa Senhora Aparecida passou a ser celebrada no mês de maio, mês de Maria. Orações, cantos, ladainhas cantavam-se todos os dias, encerrando-se as festas em 31 de maio com a coroação de Nossa Senhora.

No ano de 1894, a pedido de Dom Joaquim Arcoverde de Albuquerque Cavalcanti, o Papa Leão XIII incluiu a Virgem Aparecida no calendário da Diocese de São Paulo e marcou dia próprio para a festa. A festa oficial foi transferida para o quinto domingo

---

[64] Arquivo da Cúria Metropolitana da Arquidiocese de Aparecida (avulso).

depois da Páscoa. O Papa Leão XIII foi o primeiro papa a ser informado sobre o Santuário de Aparecida.

Por volta do ano de 1900, já era costume ter uma festa no dia 8 de dezembro, com novena em preparação em honra à Imaculada Conceição.

No dia da festa, no período da manhã, houve celebração solene com missa festiva. "Ao meio-dia, em coreto da Praça da Basílica, eram leiloadas as joias e prendas oferecidas a Nossa Senhora Aparecida pelos senhores romeiros. Era assim que o leiloeiro, o senhor Carlos Wendling, no coreto da praça, lançava seu pregão: 'Quanto me dão por este anel de ouro com brilhante oferecido a Nossa Senhora?' (e tirava o boné preto ao falar o nome da Santa)."[65]

Hoje, as joias que são doadas a Nossa Senhora estão expostas na Sala do Ouro, no primeiro andar da Torre Brasília.

No período da tarde, a solene procissão. Os padres redentoristas solicitavam aos moradores que ornamentassem as frentes de suas casas.

Transcrevemos a crônica do padre José Wendl, C.Ss.R., de 1901, sobre a festa de Nossa Senhora Aparecida:

> "Bonito é ver nas festas principais, o Nicho de Nossa Senhora cercado de umas 80 velas em castiçais dourados e prateados, entre eles, as mais variadas flores, no presbitério quatro grandes castiçais rodeados de outros pequenos e velas pelas laterais centrais, umas 300 iluminando a igreja. Só mesmo vendo. O povo diz 'parece o céu' e 'não há coisa mais linda no mundo'. Quando no meio-dia, da igreja irrompem as vozes do coro, cantando por três vezes as mágoas do coração e sua esperança: *Consolatrix aflictorum, ora pro nobis,* a gente se arrepia todo e muitos olhos enchendo-se de lágrimas. [...]
>
> Nesses dias de festa solene, a missa é às 9 horas com assistência litúrgica completa. O altar brilha de luzes e flores pelos degraus acima até o alto. Os paramentos dos padres pesam, tanto fio de metal. Os coroinhas são os cinco juvenistas e outros meninos vestidos de vermelho sob a direção de cerimoniário padre Kammerer. Ao evangelho, pregação por um padre diocesano especialmente convidado, que prega

---

[65] *Ecos Marianos*. Aparecida, Editora Santuário, 1961, p. 58.

por feita de ¾ de hora. Sua remuneração, como também da pregação da tarde por um padre dos nossos, é de 300 marcos. Tudo vai até 11h30, mesmo até meio-dia. [...] Às 2 horas da tarde, tira-se a Imagem do nicho e um padre de roquete e estola a oferece ao ósculo das pessoas, que aproveitam a ocasião para tocarem medalhas, terços etc., na Imagem. Às 5 horas é a procissão. A Imagem colocada num rico andor, doação de pessoas gradas, é levada por quatro moças vestidas de branco e com uma faixa azul à cintura; dele pendem quatro fitas largas, duas de cada lado, em cujas pontas vão quatro meninas vestidas de anjo. Não há outros andores nessa procissão, só o da Mãe de Deus. [...]"[66]

Em 1904 houve nova mudança no calendário. "O Papa Leão XIII permitiu que se celebrasse a festa da Santíssima Virgem, sob o título de Aparecida, no primeiro domingo do mês de maio."[67]

De 1904 a 1915 a festa era celebrada no primeiro domingo de maio.

O I Livro do Tombo da Paróquia de Nossa Senhora Aparecida registrou: "17 de abril de 1915 – Conforme a nova folhinha eclesiástica, a festa de Nossa Senhora Aparecida, que outrora era celebrada no primeiro domingo de maio, foi agora fixada para o dia 11 de maio".[68]

"Realizou-se dia 8 de setembro de 1923 a festa de Nossa Senhora Aparecida em comemoração ao XIX ano de sua coroação. Pode-se dizer que foi essa dentre todas as festas de Nossa Senhora a mais concorrida até hoje. A afluência dos fiéis foi tanta que a procissão, ao chegar ao alto da ladeira, esta em toda a sua extensão estava literalmente coberta pela compacta massa popular, não faltando povo que se aglomerava também no pátio da Basílica. De alguns dias para cá não havia um só lugar nos hotéis e casas de pensão aqui como na vizinha cidade. Durante todo o dia, imenso foi o movimento não só na Igreja como nas ruas, continuando todos os trens que aqui chegavam com inúmeros romeiros. Depois da pro-

---

[66] BRUSTOLONI, Padre Júlio J., C.Ss.R. *Coletânea de Documentos e Crônicas da Capela de Nossa Senhora Aparecida (1717-1917)*. Aparecida, 1978, p. 105 e 106.
[67] *Ecos Marianos*. Aparecida, Editora Santuário, 1995, p. 73.
[68] Folha 12.

cissão, efetuou-se o beijamento da imagem, o que se prolongou até alta noite."[69]

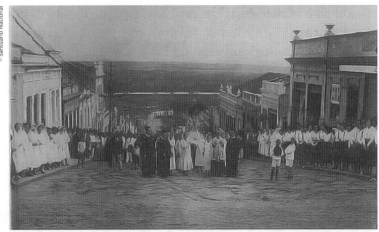

Procissão na Rua Calçada, atual Ladeira Monte Carmelo, década de 1930.

Arquivo Centro de Documentação e Memória "Padre Antão Jorge – C.Ss.R. – Santuário Nacional

Em 1939, os senhores Bispos, reunidos em Concílio Plenário Brasileiro, celebrado na então Capital Federal, Rio de Janeiro, pediram à Santa Sé transferir oficialmente a festa litúrgica de Nossa Senhora Aparecida, "Padroeira do Brasil", de 11 de maio para 7 de setembro, Dia da Pátria, pois nesse dia o calendário não celebra nenhuma festa, sendo mais fáceis às romarias. O Santo Padre atendeu a esse pedido e, deste ano em diante, o dia oficial de Nossa Senhora Aparecida passou a ser 7 de setembro.

"No dia 8 de setembro de 1947 – dia da coroação de Nossa Senhora Aparecida, a procissão foi uma apoteose. Foi levada nessa procissão a Imagem verdadeira, o que há muito não se fazia. Ao entrar na Praça da Basílica o majestoso carro andor, o povo em aclamações, com salvas de palmas, vivas, flores e luzes. Naquele momento, ascenderam-se duas cruzes de luzes de magnésio e a Praça tornou-se como dia, e ao aproximar-se a Sagrada Imagem de Nossa Senhora Aparecida, ofereceu-se um espetáculo deslumbrante, quando a

---

[69] II Livro do Tombo da Paróquia de Nossa Senhora Aparecida, folha 74.

fumaça do magnésio, formando uma bela nuvem, envolveu a Imagem."[70]

Durante a Conferência Nacional dos Bispos do Brasil – CNBB (fundada em 1952 no Rio de Janeiro), reunidos no Congresso Nacional Eucarístico em Belém do Pará, ocorrido em 1953, foi solicitada a data da transferência da Festa de Nossa Senhora, devido às comemorações do Dia da Pátria, de 7 de setembro, pois as comemorações realizavam-se habitualmente pela manhã, a hora das missas. Por decreto de 5 de setembro de 1953, a festa litúrgica de Nossa Senhora Aparecida é estabelecida pela Santa Sé.

Pela primeira vez, em 1954, celebrou-se a festa de Nossa Senhora Aparecida no dia 12 de outubro. É também o mês em que a imagem foi encontrada e o mês consagrado ao Rosário pelo Papa Leão XIII.

Na festa de Nossa Senhora Aparecida, no dia 12 de outubro de 1966, o sr. Núncio Apostólico, Dom Sebastião Baggio, celebrou missa pontifical e, no final do sermão, promulgou o Jubileu comemorativo dos 250 anos do encontro da Imagem, a ser celebrado no ano de 1967. O pedido havia sido feito pelo Cardeal Arcebispo Dom Carlos Carmelo de Vasconcellos Motta.

Festa de Nossa Senhora Aparecida
1717 – Ano Jubilar – 1967

– De 6 a 11 de outubro: Primeira parte da Novena preparatória.
19h: Reza solene (Basílica Histórica).
– Dia 12 de outubro: 9h: Missa festiva, celebrada por D. Antônio Maria de Siqueira, Arcebispo Coadjutor de Campinas.
12h: Repique de sinos e queima de fogos, sob comando da Rádio Aparecida.
19h: Solene Tríduo preparatório.
Pregador: D. Cândido Padim, Bispo de Lorena.

---

[70] III Livro do Tombo da Paróquia de Nossa Senhora Aparecida, folha 128.

– Dia 13 de outubro: 19h: Solene Tríduo preparatório.

Pregador: D. Francisco Borja do Amaral, Bispo de Taubaté.

– Dia 14 de outubro: 19h: Solene Tríduo preparatório.

Pregador: D. Paulo Rolim Loureiro, Bispo de Mogi das Cruzes.

– Dia 15 de outubro: 6h: Repique de sinos e salva de morteiro.

9h: Solene Pontifical.

Celebrante: D. Antônio Ferreira de Macedo, Arcebispo Coadjutor de Aparecida.

Pregador: D. Antônio de Almeida Morais, Arcebispo de Niterói.

A parte coral está a cargo da Associação de Canto Coral do Rio de Janeiro.

18h30: Procissão luminosa, saindo da Basílica Nova e concentração na Praça das comemorações.

Por determinação do Cardeal Motta, a festa foi celebrada no dia 15 de outubro de 1967.

Durante a Festa de Nossa Senhora Aparecida, no dia 12 de outubro de 1975, domingo:

> "a estatística LIP (Luís Inocêncio Pereira) nos forneceu os seguintes dados: 3.000 ônibus, 4.500 carros, 180.000 pessoas. No entanto, o próprio padre Inocêncio reconhece que a contagem foi deficiente neste dia. A Polícia Rodoviária desviou o trânsito para Guaratinguetá e Lorena. Em Aparecida neste dia estiveram entre 200.000 e 250.000 pessoas. [...] Atendemos 9.001 confissões. Com o bom número de padres e fazendo ritos abreviados, o trabalho das confissões deslizou-se 'maravilhosamente bem'. [...] Às 15 horas, o Cardeal Motta faria a Consagração oficial do Brasil a Nossa Senhora Aparecida, conforme consta do programa. Com a confusão do trânsito, o Sr. Cardeal conseguiu chegar às 16h30. Que confusão! Diante das informações do delegado de polícia que comandava o trânsito caótico, o Cardeal Motta deu por encerrada a festa da Padroeira do Brasil. Simplesmente impossível sair procissão no trajeto previsto. Imediatamente, permitiu uma 'passeata' nos terrenos da Igreja Nova!

> Assim, às 18 horas, saiu da igreja a procissão indo para a praça da Esplanada junto ao monumento de Nossa Senhora Aparecida.

[...]

Apesar da grande confusão do dia, o encerramento foi um ato digno. Um pouco antes de sair a 'procissão-passeata', o tempo prometia chuva. Quando chegamos à esplanada, a lua coroava os louvores a Nossa Mãe do Céu!

[...]

A festa passou. Mas Aparecida foi manchete da imprensa paulista. [...] A reportagem mais sensata e objetiva foi feita pelo jornal 'Estado de São Paulo' do dia 15/10/75. Em termos da política, a crônica dessa reportagem começa assim: 'O caos verificado em Aparecida no último domingo que coincidiu com o dia da Padroeira do Brasil só poderia surpreender a quem quis ser surpreendido. Todo mundo sabe, menos as autoridades responsáveis pela segurança, saúde e policiamento rodoviário, que nessa data, tanto mais caindo num domingo..., o movimento atinge o seu auge naquele que – servido por excelente rede de comunicação – é hoje o maior centro de peregrinações do continente'".[71]

Prestamos aqui nossas homenagens ao padre Luís Inocêncio Pereira, C.Ss.R., que deu início à estatística de romeiros (LIP), no ano de 1968, com uma "catraca" manual, com a qual fazia a contagem aproximada, das 10h30 às 12 horas, sendo 40 pessoas por ônibus e cinco pessoas por carro. O Padre Inocêncio fez sua estatística até completar 88 anos. Daí em diante, o Santuário deu continuidade às estatísticas.

Devido ao grande número de romeiros que vieram para a cidade, em torno de 250 mil pessoas aproximadamente, foi publicado o Decreto n. 1.040, de 12 de outubro:

> "Considerando a total impossibilidade de comunicação por rodovias e estradas de Aparecida com os municípios próximos, diante do total congestionamento de todos os acessos e saídas da cidade...
>
> [...]
>
> Considerando que bares e restaurantes estão cerrando suas portas, com estoques de bebidas e refrigerantes esgotados ao máximo...

---

[71] I Livro do Tombo do Santuário Nacional, folhas 50, verso, 51 e verso.

[...]

Considerando que mesmo as viaturas policiais não conseguem vencer a paralisação do trânsito, repetindo-se ocorrências que exigem a presença de policiais nos quatro cantos da cidade...

[...]

Vicente de Paula Penido, Prefeito Municipal de Aparecida, usando de suas atribuições legais, decreta:

Artigo 1º - Fica declarado Estado de Calamidade Pública no município, buscando-se imediatamente recursos externos, em força policial e viaturas para tentar o descongestionamento da cidade de fora para dentro.

[...]

Artigo 3º - Este decreto entrará em vigor nesta data, imediatamente, para o que se dará pronta publicidade.

Artigo 4º - Revogam-se as disposições em contrário. Registre-se e publique-se.

Aparecida, 12 de outubro de 1975".

Com a presença do vice-presidente da República, General Adalberto Pereira dos Santos, na missa solene do dia 12 de outubro de 1976, padre Izidro de Oliveira Santos, C.Ss.R., reitor do Santuário, fez um pedido: "que olhe pelo Santuário Nacional em benefício dos romeiros e, se possível, seja feriado o dia da Padroeira do Brasil".

A primeira novena da festa de Nossa Senhora Aparecida, celebrada na Basílica Nova, foi no ano de 1978. Após a missa solene no dia 12 de outubro, no final da procissão, Dom Geraldo Maria de Moraes Penido, em seu discurso, agradeceu aos responsáveis a restauração da imagem. Estavam presentes na celebração: Maria Helena Chartuni, dr. João Marino, o fotógrafo Luiz Sadaki Hossaka. Pietro Maria Bardi, diretor do MASP, não estava presente por achar-se doente.

No dia 3 de outubro de 2014, teve início a novena da Festa de Nossa Senhora Aparecida e o tríduo "Jubileu 300 anos de Bênçãos", preparando-nos para o dia 12 de outubro de 2017.

"Se para o pescador, no longínquo ano de 1717, a pesca foi abundante, também hoje, para quem crê, a vida se faz possível! Esta é a grande festa de Aparecida!"[72]

---

[72] Dom Darci José Nicioli, C.Ss.R., Bispo Auxiliar de Aparecida.

1958
O PAPA PIO XII CRIA A ARQUIDIOCESE DE APARECIDA

Em extensão territorial,
uma das menores do Brasil.
Em número de fiéis,
uma das maiores do país.

A Capela rural de Nossa Senhora da Conceição Aparecida de 1717 a 1745 pertenceu à Paróquia de Santo Antônio de Guaratinguetá, que pertencia à Diocese do Rio de Janeiro. A primeira diocese do Brasil foi fundada em 1551, em Salvador, na Bahia. De 1745 a 1908, como Capela rural e depois Episcopal Santuário (em 1893), que pertenceu à Diocese de São Paulo. No dia 7 de julho de 1908 o Papa Pio X criou a Arquidiocese de São Paulo, subdividida em quatro dioceses, entre elas a de Taubaté.

No ano de 1958, o Papa Pio XII criou a Arquidiocese de Aparecida através da Bula *"Sacrorum Antistitum"*, com território desmembrado da Arquidiocese de São Paulo e da Diocese de Taubaté, no dia 19 de abril, e instalado em 8 de dezembro. "Caso raríssimo, disse Dom Armando Lombardi, Núncio Apostólico, na história da Igreja: De simples paróquia passou a Arcebispado, Sede Metropolitana, sem ter sido bispado antes."

A sede da Arquidiocese desde 1958 está no Seminário Bom Jesus. A Arquidiocese de Aparecida abrange cinco cidades: Aparecida, Guaratinguetá, Potim, Roseira e Lagoinha.

Os livros que registraram a história de Nossa Senhora Aparecida, como, por exemplo, Livros dos Aprendamentos dos Escravos e das Arrematações; Livro dos Inventários; Livros de Atas das Sessões da Mesa Administrativa de 1809 em diante; Livros do Tombo e Atas das Sessões da Câmara Municipal de Guaratinguetá; estavam guardados em arquivos da Arquidiocese de São Paulo.

"Alguns desses livros perderam-se no correr dos anos por descuido dos tesoureiros. Quando em 1890 a administração do Santuário voltou para as mãos da autoridade eclesiástica, da então diocese de São Paulo, a Cúria Diocesana recolheu toda a documentação que ainda existia e que ainda podia alcançar. O arquivista consertou com muito carinho os papéis carcomidos. Com a criação da Arquidiocese de Aparecida, em 8 de dezembro de 1958, toda a documentação que diz respeito ao Santuário foi transferida para o arquivo da Cúria Metropolitana de Aparecida."[73]

Chuvas de Pétalas de Rosas, 1958.

Em comemoração ao aniversário da Coroação de Nossa Senhora Aparecida, no dia 8 de setembro de 1958, realizou-se uma chuva de pétalas de rosas sobre a Basílica Histórica e a Praça Nossa Senhora Aparecida.

Ainda no ano de 1958, precisamente dia 27 de outubro, a Imagem de Nossa Senhora Aparecida esteve na casa da família

---

[73] MACHADO, Padre João Correia, C.Ss.R. *Aparecida, na História e na Literatura*. Edição do Autor, Campinas, 1983.

do sr. Gilberto Pasin e da sra. Sebastiana Galvão Pasin, na ladeira Monte Carmelo.[74] Os parentes e vizinhos foram convidados para tão precioso momento.

Visita da Senhora Aparecida à casa do sr. Gilberto Pasin, em 27/10/1958.
Ao lado dos pais, donos da casa, os irmãos Roque Galvão Pasin, Maria Hosana Galvão Pasin e Maria Aparecida.

O altar foi feito com muito carinho e no início da noite o padre redentorista chegou trazendo a Imagem. Era um costume a Imagem ficar de um dia para o outro com a família.

Mesmo com pequena idade, eu e meus irmãos nos revezávamos para que a Imagem de Nossa Senhora Aparecida permanecesse ali com as orações do terço e certamente agradecimentos e súplicas, na companhia de nossos pais.

"No dia 4 de janeiro de 1959, após a fundação da Arquidiocese de Aparecida, o Santuário e a paróquia de Aparecida foram separados oficialmente. O Santuário passava a ser dirigido pelo padre Pedro Henrique, C.Ss.R., com o título de Reitor do Santuário. A paróquia recebia um Vigário, na pessoa do Padre Pedro Fré."[75]

---

[74] A visita da Imagem ocorreu na casa dos pais da autora desta obra.
[75] *Jornal Santuário de Aparecida*. Edição Especial. Aparecida, Editora Santuário, 10/11/1985, p. 24.

E, em 15 de julho de 1960, foi criado pela Santa Sé o Conselho Nacional pró-Santuário de Nossa Senhora Aparecida, composto pelo Presidente, que é sempre o Presidente *pro tempore* da Conferência Nacional dos Bispos do Brasil – CNBB, do Arcebispo de Aparecida, membro nato, e de três Arcebispos, eleitos pela Assembleia-Geral dos Bispos.

A finalidade do Conselho é decidir sobre as obras de construção, as ofertas dos romeiros e as diretrizes do Santuário Nacional.

Em maio de 1967, o Padre Noé Sotillo, C.Ss.R., como administrador da construção da nova igreja (1967-1988), instalou na Torre Brasília da Basílica novo escritório para administrar o Santuário Nacional.

1964
POSSE DO PRIMEIRO CARDEAL DE APARECIDA, DOM CARLOS CARMELO DE VASCONCELLOS MOTTA

A seu pedido, veio transferido
Dom Carlos – Cardeal Motta,
e foi nosso primeiro Cardeal.
Quis morar próximo de
Nossa Senhora Aparecida!

Posse do Cardeal Motta em 1964.

Tendo o Cardeal Dom Carlos Carmelo de Vasconcellos Motta resignado o Arcebispado de São Paulo por motivo de saúde, Sua Santidade o Papa Paulo VI, através de uma bula papal, em 18 de abril de 1964, desvincula-o da Arquidiocese de São Paulo e transfere-o para o Arcebispado de Aparecida. Para a cerimônia solene de sua posse, no dia 29 de junho de 1964, na festa dos santos apóstolos São Pedro e São Paulo, a Imagem foi em procissão às 7 horas da manhã para a Basílica Nova, onde foi feito um altar provisório e um nicho. Após a posse, do Cardeal Motta, teve início a missa, com a presença do coro do Seminário de Santo Afonso, sob a responsabilidade do padre Délcio Viesse, C.Ss.R. Também usou da palavra Dom Antônio Macedo, que fez os agradecimentos. Cantou-se o "Te Deum", foi dada a bênção com o Santíssimo Sacramento e se encerraram as cerimônias.

A bula de transferência foi acompanhada por uma carta do Papa Paulo VI, na qual exortava o Cardeal a continuar a construção da nova Basílica e a propagar a devoção a Nossa Senhora.

O Cardeal Dom Carlos Carmelo de Vasconcellos Motta nasceu na fazenda da Quinta do Lago, município de Caeté, hoje Bom Jesus do Amparo, Minas Gerais.

Na fazenda paterna iniciou as primeiras letras. Seu bisavô, José Teixeira de Vasconcellos, governou a Província de Minas Gerais, e seu pai, João Vasconcellos Teixeira da Motta, foi deputado durante o Império.

Dom Carlos foi eleito vereador para a Câmara Municipal de Caeté. Seguiu mais tarde para Belo Horizonte, onde cursou o primeiro e o segundo ano da Faculdade de Direito, quando, sentindo-se chamado para o apostolado de Deus, abandonou a Faculdade e matriculou-se no Seminário Maior de Mariana em 1914.

Em 29 de junho de 1918, foi ordenado padre. Rezou sua primeira missa na Matriz da Paróquia de Taquarassu, onde permaneceu até 29 de março de 1919.

Em 29 de julho de 1932 foi eleito Bispo Auxiliar do Arcebispo de Diamantina.

No mês de dezembro de 1935, foi nomeado Arcebispo de São Luiz do Maranhão. Seu primeiro ato foi restabelecer o retiro do clero. A seu convite, os Irmãos Maristas fundaram o Ginásio Maranhense, com sede no próprio Palácio Arquiepiscopal.

Em 1943, por ocasião de seu Jubileu sacerdotal, realizou a primeira Conferência dos Bispos da Província Eclesiástica do Maranhão e muitos outros apostolados.

Em 13 de agosto de 1944 foi escolhido Arcebispo Metropolitano de São Paulo, tomando posse em 16 de novembro. No dia 18 de fevereiro de 1946, o Papa criou e publicou Cardeal Presbítero da Santa Igreja Romana, do título de São Pancrácio, a Dom Carlos Carmelo de Vasconcellos Motta, Arcebispo Metropolitano de São Paulo.

Entre suas principais realizações destacam-se: em 1946 fundou a Pontifícia Universidade Católica de São Paulo. Inaugurou a magnífica Sé Metropolitana, cuja construção sob sua direção tomou ritmo acelerado. Criou a Diocese de Santo André, desmembrada da de São Paulo, e criou novas paróquias. Realizou ainda o grandioso Primeiro Congresso Mariano Nacional.

Chamado pelo Cardeal Dom Motta para a Arquidiocese de Aparecida, Dom Antônio Ferreira de Macedo, C.Ss.R., Bispo Auxiliar, veio transferido de São Paulo.

Dom Macedo.
Bispo das grandes obras:
Seminário Santo Afonso,
Rádio Aparecida,
Basílica Nova.

Dom Antônio Ferreira de Macedo, C.Ss.R., nasceu em 30 de outubro de 1902, em Guaratinguetá-SP, no bairro da Pedrinha.

Em 1916 ingressou no Seminário Santo Afonso. No ano de 1923 foi para a Alemanha, onde completou seu curso eclesiástico. Foi ordenado sacerdote em 29 de julho de 1928.

Regressando ao Brasil em 1929, ocupou sucessivamente vários cargos, quer na Congregação Redentorista, quer na Arquidiocese. Foi professor no Seminário Santo Afonso e Provincial da Congregação Redentorista de 1947 a 1955. Em 26 de junho de 1955, Dom Antônio Ferreira de Macedo tomou posse como Bispo Auxiliar do Cardeal Motta. De 1955 a 1970, esteve à frente da construção da Basílica Nova. Em dezembro de 1977, Dom Macedo renunciou a seu cargo por motivo de saúde.

Permaneceu ao lado do Cardeal Motta até seu falecimento, no dia 18 de setembro de 1982, aos 92 anos, no Palácio Paulino, uma homenagem a São Paulo e ao Papa Paulo VI, que ficava na Praça Nossa Senhora Aparecida.

No dia 28 de fevereiro de 1988, aos 87 anos, faleceu o Bispo Auxiliar de Aparecida, Dom Antônio Ferreira de Macedo, C.Ss.R.

1967
JUBILEU DOS 250 ANOS DO ENCONTRO DA IMAGEM

"Senhora de barro, que é feita, portanto, dos Quatro Elementos: que é Terra, que é Água, que é Fogo, que é Ar, Senhora total, vivendo, invisível, no fundo do rio de moles e lentos, enlaces e fugas que levam ao mar, ao monstro de sal, mas salva na rede de arrasto pobrinha dos descobrimentos: os que a elevariam à glória do altar, a glória final." Trecho do "Cântico Jubilar"

Guilherme de Almeida, 1967

Antes da grande peregrinação nacional nos anos de 1965 a 1969, em comemoração ao ano jubilar, aconteceram inúmeras peregrinações, iniciadas em 1931, quando a Imagem foi levada ao Rio de Janeiro (já citada anteriormente na página 218.

No dia 26 de julho de 1942, a Imagem de Nossa Senhora Aparecida foi levada com grande solenidade de Aparecida para Mogi das Cruzes; no dia 2 de agosto seguiu para São Paulo, percorrendo as Avenidas Celso Garcia e Rangel Pestana, em um cortejo imenso e muito piedoso, sendo recebida na Praça da Sé por aproximadamente cem mil pessoas.

> "O fim da guerra despertou no mundo inteiro a aspiração de uma nova ordem social. [...] São Paulo tomou a iniciativa deste movimento e, para que ele se tornasse realmente grandioso, ordenou que a concentração projetada tivesse a assistência da verdadeira Imagem de Nossa Senhora Aparecida.
>
> Não sendo possível improvisar um trajeto solene, foi a Imagem levada de modo particular. No dia 14 de julho, ao meio-dia, o representante do sr. Arcebispo, Cônego Paulo Rolim Loureiro, tirou a imagem do nicho e, acompanhado do vigário da Basílica e do prefeito de Aparecida, levou-a de

automóvel a São Paulo, onde ficou guardada na capela do Palácio Arquiepiscopal. Às 20 horas, o sr. Arcebispo levou-a com cortejo solene à Praça da Catedral, onde foi colocada no trono preparado no pórtico da Catedral. Toda a praça, ruas e praças adjacentes estavam apinhadas de povo, sendo calculado em duzentos mil o número de pessoas que a assistiam. [...]

Às 21 horas começaram os discursos da concentração, chamada 'Noite de Nossa Senhora'. [...]

A concentração terminou depois das 23 horas, sendo a Imagem conduzida ao altar do interior da Catedral, onde começou desde logo a 'Vigília de Nossa Senhora Aparecida'. [...]

Às 4 horas da madrugada, começaram as missas que se foram seguindo até a missa do sr. Arcebispo, às 10 horas. [...]

A Imagem chegou às 18 horas a Aparecida, onde teve soleníssima recepção."[76]

"Constitui verdadeiro acontecimento a viagem da Imagem de Nossa Senhora Aparecida a Belo Horizonte-MG. [...] No dia 29 de agosto de 1947, às 6h30, partiu daqui uma caravana composta de umas 78 pessoas, acompanhada do Sr. Cardeal, dos Bispos Dom Paulo de Tarso e Dom Luiz Peluzo, o vigário de Aparecida, padre Antônio P. de Andrade e mais uns oito sacerdotes. [...]

No alto da serra, encontrava-se já a Primeira Caravana de Itajubá, que veio ao encontro da Imagem, havendo ali as saudações dos mineiros. [...] Num delírio, entrava às 14 horas a Imagem em Itajubá, sendo ovacionada por umas 10 mil pessoas; [...] depois dos discursos, Nossa Senhora foi tirada do altar triunfal da Praça e levada no meio de uma onda popular que inundava literalmente a rua que leva à estação da Rede Sul Mineira.

[...]

Em vez de 10 horas, saiu o trem especial às 15h30. De Itajubá a Belo Horizonte, a Padroeira da Pátria recebia em cada lugar, cidade, vila, lugarejo, manifestações estrondosas. [...] À noite de 30 de agosto chegava o especial, todo ornamentado [...] nos subúrbios de Belo Horizonte [...]. Por fim às 21h30 entrava o especial na Estação do Brasil (que permitiu a entrada do especial na Rede), onde cerca de 30.000 pessoas esperavam a Imagem de Nossa Senhora Aparecida. Recebida por Dom

---

[76] III Livro do Tombo da Paróquia de Nossa Senhora Aparecida, folhas 100, verso e 101.

Cabral, Arcebispo de Belo Horizonte e pelo governo, depois das saudações, a Imagem foi levada por Dom Cabral em marcha triunfal até a Igreja de São José, dos padres redentoristas, onde ficou até a tarde do dia 31, e de onde saiu novamente no meio de uma multidão incalculável para o local do Congresso de Ação Católica. Assim, encerrou-se a marcha triunfal por Minas Gerais. Esta Imagem oferecida pelo Cardeal Dom Carlos Motta à cidade de Belo Horizonte terá ali paróquia sob sua invocação na Vila Operária (Industrial)."[77]

Em 1948, por ocasião do V Congresso Eucarístico Nacional de Porto Alegre, uma cópia da Imagem de Nossa Senhora Aparecida foi levada por rodovia até a capital do Rio Grande do Sul.

"Nossa Senhora recebeu grandes manifestações até o Rio Grande do Sul, em todas as capitais dos estados do sul.

A comissão foi formada de professores e de alguns senhores. E mais o padre Antônio de Macedo, C.Ss.R., Provincial dos Redentoristas, o Vigário Padre Antônio P. de Azevedo, padre Arlindo Tomaz e padre Antão Jorge, Secretário da Paróquia, que em dois ônibus (peruas) acompanharam a Imagem.

A partida da caravana da Basílica Histórica deu-se no dia 22 de outubro de 1948, às 11 horas, sendo Nossa Senhora Aparecida ovacionada pela população de Aparecida em peso, com os milhares de romeiros que aqui estavam. [...]

Delirante foi a manifestação do operariado de São Miguel Paulista, onde mais de 10 mil pessoas se comprimiam para verem a santa Imagem. [...] Manifestações comoventes teve Nossa Senhora daqui até Curitiba. [...]

Entrou-se no Estado do Paraná, marchou-se rapidamente e às 23 horas estava-se nas proximidades de Curitiba, havendo encontro com os 500 automóveis, que esperavam desde às 17 horas a caravana. Na Praça da Catedral deslumbrante, cerca de 50 mil pessoas aclamaram delirantemente a santa Imagem. Ali estava o Governador do Estado e com ele as autoridades civis e militares e o que há de elite na cidade. Vários discursos, entre eles o do Governador, e às 24 horas Nossa Senhora entrava na Cate-

---

[77] III Livro do Tombo da Paróquia de Nossa Senhora Aparecida, folhas 126, verso e 127.

dral, havendo logo Missa do sr. Bispo Dom Paulo. Após a missa continuou o desfile diante da Imagem até a hora da partida, que se deu às 7h30, havendo na Praça da Catedral grande massa popular.

[...]

Dia 26, às 17 horas, entre delirante aclamação popular, iniciou-se a marcha final em demanda da capital gaúcha. Durante todo o cortejo engrossaria mais e mais o número de autos que acompanhavam Nossa Senhora, chegando a Porto Alegre com mais de 1.200 carros. [...] À entrada da cidade, encontravam-se Dom Vicente Scherer, Arcebispo de Porto Alegre, e com ele o representante do governador do Rio Grande do Sul e autoridades civis e militares. Organizou-se o cortejo, precedido por batedores da polícia, por uma banda de clarins da Brigada Militar, sendo o carro triunfal ladeado por um esquadrão do Regimento Bento Gonçalves. [...] No altar monumento, entre delirante aclamação de milhares de fiéis, [...] a Imagem foi entronizada.

[...]

Em 15 de novembro, chegaram, por volta das 23 horas, sendo recebidos com grande júbilo pelo povo de Aparecida. A Imagem de Nossa Senhora Aparecida que foi ao Congresso foi doada pelo Cardeal Motta, Arcebispo de São Paulo, à Paróquia de Porto Alegre-RS."[78]

Na Catedral da Sé, em São Paulo, de 5 a 7 de setembro de 1954, ocorreu o Congresso Mariano, com a presença da Imagem de Nossa Senhora, quando foi comemorado o primeiro centenário da proclamação do Dogma da Imaculada Conceição (1854-1954), o IV Centenário da cidade de São Paulo e o Jubileu de Ouro da Coroação da Imagem (1904-1954). O Congresso Mariano foi encerrado no dia 8 de setembro, com missa, na Basílica Nova, no início de sua construção.

No ano seguinte, 1955, a Imagem de Nossa Senhora Aparecida foi de trem especial para o Rio de Janeiro, no 36º Congresso Eucarístico Internacional, retornando de avião da Força Aérea Brasileira.

---

[78] III Livro do Tombo da Paróquia de Nossa Senhora Aparecida, folhas 143, verso, 144, verso, 145, verso, 146, verso e 147.

Dom Motta, Cardeal Arcebispo de São Paulo.
À sua esquerda, seus quatro bispos auxiliares,
dentre os quais o bispo Dom Macedo e, à direita,
os bispos das cidades de Oliveira-MG e de Barra do Piraí-RJ,
no ano de 1955.

Dom Antônio M. A. de Siqueira, bispo auxiliar de São Paulo, assim descreveu esta visita: "por fim, a Senhora de manto azul, pequenina, escura e humilde, mas tão grande no seu carinho e proteção ao povo brasileiro, chegou ao Rio".

A srta. Ada Rogato, aviadora brasileira, em comemoração ao 50º aniversário do "voo mais pesado que o ar" de Santos Dumont, fez um *raid* aéreo pelo território nacional no ano de 1956. Teve em sua companhia no avião uma imagem de Nossa Senhora Aparecida. Levou também duas mensagens, uma do Governador do Estado de São Paulo, Dr. Jânio Quadros, e outra do Cardeal de São Paulo, Dom Carlos Carmelo de Vasconcellos Motta.

A mensagem do Cardeal está transcrita em folheto (conforme o exemplar a seguir) para ser distribuída às autoridades e ao povo, na ocasião da chegada da mencionada aviadora.

MENSAGEM

DE SUA EMINÊNCIA O SR. CARDEAL-ARCEBISPO DE S. PAULO
D. CARLOS C. DE VASCONCELLOS MOTTA

Às Autoridades Civis e Eclesiásticas do Brasil, tanto em nosso nome quanto em nome da presidência da Conferência Nacional dos Bispos do Brasil, mandamos aqui uma fraternal mensagem de saudação: pelo obsequioso intermédio da heróica Aviadora de nossa Pátria, cujo nome, Ada Rogato, já fulgurou em céus de outras pátrias por ela sobrevoadas; e cuja missão, agora, é levar a todos os Estados e Territórios Brasileiros a visita e as bênçãos da Imagem de Nossa Senhora da Conceição Aparecida, celestial Padroeira do Brasil.

† CARLOS CARDEAL MOTTA
Arcebispo de São Paulo

Arquivo da Cúria Metropolitana da Arquidiocese de Aparecida – 1956.

Aviadora Ada Rogato na Basílica Histórica, 1956.
Arquivo da Cúria Metropolitana da Arquidiocese de Aparecida.

Em 1957, Nossa Senhora foi levada para a primeira missa na nova capital federal, Brasília, durante sua construção.

"São Paulo, 28 de março de 1957.
Exmo. Sr. Dom Abel C. Ribeiro,
M. D. Bispo Eleito de Jataí e Vigário Capitular de Goiânia.
Cumprimentando respeitosamente a V. Exma., peço vênia para expor, em poucas linhas, o quanto segue.
Sua Eminência Sr. Cardeal Motta foi convidado pelo Sr. Presidente da República a celebrar a primeira missa, em Brasília. Depois de muito adiar, foi agora fixado o dia 3 de maio próximo vindouro, data histórica em que se comemora a celebração da primeira Missa no Brasil.
No mencionado dia, irá uma grande caravana aérea, integrada pelo Sr. Presidente, Sr. Cardeal Motta (talvez o Sr. Cardeal Câmara), novo Arcebispo, e outras autoridades, levando em procissão aérea a Imagem de Nossa Senhora Aparecida, a mesma, conduzida pela aviadora Ada Rogato, através do território nacional, em *raid* aéreo no ano passado, que irá ficar definitivamente em Brasília, na primeira igreja e paróquia. Tudo isto já de acordo com o novo Arcebispo eleito, Dom Fernando Gomes dos Santos.

Para colaborar nos preparativos da recepção, o Sr. Cardeal Motta achou bom que eu, na qualidade de Bispo encarregado do Santuário de Nossa Senhora Aparecida, fosse a Goiânia, uns dias antes, a fim de estar à disposição de V. Excia e tomar parte na recepção da Imagem.

Fazendo votos para que tudo concorra para a glória de Deus e bem da nossa querida Pátria, subscrevo-me, como o irmão em Cristo e Maria,

Dom Antônio Ferreira de Macedo,

Bispo Auxiliar do Sr. Cardeal de São Paulo."

Já em 1960 aconteceu a visita da Imagem na cidade mineira de Mariana.

No dia 7 de junho de 1961, a Imagem de Nossa Senhora Aparecida foi levada pelo Cardeal de São Paulo, Dom Motta, para Brasília, onde foi proclamada Padroeira da Arquidiocese.

Em algumas cidades de Minas Gerais e Goiás (Sete Lagoas, Pedro Leopoldo, Paracatu, Cristalina etc.), foi recepcionada pela multidão que aguardava sua passagem.

Saudação a Nossa Senhora Aparecida

"Benvinda sejas a Brasília, Senhora Aparecida. Quero saudar-te, contrito e comovido, confessando aqui o quanto te devo em incentivo e confiança para erguer nestas alturas a Cidade que é tua. Deixaste o recanto de tua Basílica, onde o rio que sulca a terra descreve o M de teu nome, e vieste até aqui para significar que pulsa conosco o teu coração materno e que não hás de desamparar este povo e esta Nação..."[79]

São Paulo recebeu mais uma vez a visita da Imagem de Nossa Senhora em 1963.

"Em 17 de abril de 1965, uma comissão vinda de Belo Horizonte, chefiada pelo Comandante da Polícia Militar do Estado de Minas Gerais, trouxe um pergaminho, com um pedido de

---

[79] Senador Juscelino Kubitscheck, arquivo da Cúria Metropolitana da Arquidiocese de Aparecida (avulso).

peregrinação nacional a iniciar por Belo Horizonte, e visitando diversas cidades de Minas Gerais. Trazia a assinatura do Presidente da República, Marechal Humberto de Alencar Castelo Branco, do Vice-Presidente, Dr. José Maria Alkmin, do Governador, Dr. José de Magalhães Pinto, e personalidades ilustres."[80]

Pergaminho do Estado de Minas Gerais com destaque ao título de Generalíssima, concedido a Nossa Senhora Aparecida, 1965.

---

[80] IV Livro do Tombo da Paróquia de Nossa Senhora Aparecida, folhas 13, verso e 14.

Antes da peregrinação de Nossa Senhora, o Cardeal Motta enviou aos senhores Bispos uma correspondência.

"Aparecida, 22 de abril de 1965.

Temos a grata satisfação de, na qualidade de Vigário-geral de Aparecida e de Presidente da Comissão executiva da Visitação da Imagem Milagrosa de Nossa Senhora Aparecida, Padroeira do Brasil, em nome do Cardeal Motta, comunicar a V. Exa. que, no ano de 1967 próximo futuro, transcorrerá o 250º aniversário do encontro da Imagem Milagrosa de Nossa Senhora Aparecida, por três pescadores, nas águas do rio Paraíba, em meados de outubro de 1717.

[...]

Na última reunião do Conselho Nacional pró-Santuário de Nossa Senhora Aparecida, em 6 de abril do corrente ano, ficou resolvido programar para 1967 um Ano Jubilar, com a aprovação do Santo Padre.

Para dar maior realce a esse Jubileu e no intuito de preparar bem o povo para esse Ano de Graças, ficou deliberado, na mesma reunião, organizar uma peregrinação da Imagem Milagrosa por todo o território nacional. Será a Visita da Padroeira do Brasil. [...]

Outrossim, temos a informar que, já antes de ser tomada essa resolução, nos haviam chegado vários pedidos nesse mesmo sentido. Um deles procedente de Belo Horizonte. [...]

Tudo para a glória de Deus, para a honra de Nossa Senhora Aparecida, Padroeira do Brasil, e para a bênção e felicidade do povo brasileiro.

Dom Antônio Ferreira de Macedo."[81]

Na passagem do ano, a zero horas do dia 1º de janeiro de 1967, o Cardeal Motta celebrou missa. Foi a abertura do Ano Jubilar dos 250 anos do encontro da Imagem.

Durante o Ano Jubilar de 1967, a partir de janeiro, tiveram início as Conferências, que se estenderam até o mês de dezembro, num total de nove, todas ocorridas no Umuarama Clube de Aparecida.

---

[81] Arquivo da Cúria Metropolitana da Arquidiocese de Aparecida (avulso).

A seguir, destacamos a Conferência do dia 13 de abril de 1967, proferida pelo Dr. Pedro de Oliveira Neto, Presidente da Academia Paulista de Letras.

Conferência comemorativa

"A Imagem de Nossa Senhora Aparecida
Dr. Pedro de Oliveira Ribeiro Neto
Presidente da Academia Paulista de Letras

Foi para mim honra insigne, que desde logo me acumulou de bênçãos, receber de S. Eminência Reverendíssima o Sr. Cardeal Arcebispo de Aparecida o convite para pronunciar esta conferência comemorativa do Ano Jubilar de 1967. Duzentos e cinquenta anos do encontro, nas águas do rio Paraíba, da Santa imagem da Padroeira do Brasil. Estudioso que sou, há longos anos, da imaginária brasileira, logo me ocorreu a ideia de apresentar-vos aqui uma palestra sobre as imagens de Nossa Senhora, feitas em São Paulo, no século XVII, fabuloso repositório de arte sacra nacional, dos princípios do Brasil, e que São Paulo guarda com imenso carinho e justificado orgulho. E como ligar esse assunto à festividade gloriosa de Nossa Senhora Aparecida? Que ocasião melhor para estudar todos os detalhes da santa imagem que Felipe Pedroso, Domingos Garcia e João Alves encontraram em 1717, na rede de sua pesca para o Conde de Assumar?

Há quinze dias, pela bondosa aquiescência de Dom Carlos Carmelo de Vasconcellos Motta, que pessoalmente nos acompanhou à Basílica da Santa Padroeira, tive a suprema honra, que poucos mortais terão tido, de ter em mãos, por mais de uma hora, na Sacristia da Igreja, a Imagem Veneranda e de examiná-la em todos os detalhes da sua escultura, da sua cor, da sua matéria, para defini-la no tempo e no espaço, classificado a sua fatura artística, o que tinha sido até agora objeto apenas de conjecturas, piedosas sem dúvida, bairristas algumas, mas apenas conjecturas sem quaisquer visos de verdade.

Estamos todos acostumados, e creio que muito pouca gente a viu de outra forma, a ver e a invocar a imagem de Nossa Senhora Aparecida revestida do manto que lhe dá a tradicional forma triangular de larga base, triângulo bendito em que, numa fresta exígua, a imagem de cor escura, que alguns chamam negra, ouve as nossas preces e conduz a nossa vida. Desde quando a imagem de barro encontrada no Paraíba recebeu dos seus devotos o manto clássico, recamado de pedrarias e de ouro? A história não o conta. Em todas as gravuras conhecidas, mesmo as mais antigas, esse manto aparece, fazendo parte indefectível da imagem, caracterizando-a e fixando-a na devoção de todos.

Numa gravura recolhida do sul de Minas Gerais, gravura de princípios do século XIX, já Nossa Senhora Aparecida surge com esse manto hierárquico, desenhada evidentemente por quem nunca tive a ventura de vê-la, completamente diferente de traços, de expressão e de forma, meã de altura, branca e vestida à moda do Império Brasileiro. Nem mesmo a posição das mãos, que se enxergam, é correta. Como seria a imagem verdadeira, escondida sob o manto tradicional que a devoção dos fiéis lhe colocou e vem redourando através dos séculos?

Foi o que nos foi consentido ver pelo Sr. Cardeal Arcebispo, sob as vistas de outros estudiosos e devotos que nos acompanharam, em peritagem que tivemos a honra de executar, com a alma de joelhos e de olhos atentos a todos os detalhes da classificação a que nos propúnhamos.

Para esse relatório aqui estamos, Sr. Cardeal, minhas senhoras e meus senhores, com a firme convicção de que a imagem de Nossa Senhora Aparecida, encontrada prodigiosamente no rio Paraíba em fins de outubro de 1717, é paulista, de arte erudita, feita provavelmente na primeira metade do 1600, por discípulo, mas não pelo próprio mestre, do beneditino Frei Agostinho da Piedade.

Como chegamos a essa conclusão? Aqui estão, para confronto, elementos que colhemos nos nossos estudos de alguns decênios sobre imagens de Nossa Senhora em terras de São Paulo, no 1600. E prometemos apresentar, para vossa constatação, as fotografias e *slides* dessas imagens, na evidente impossibilidade de trazê-las a esse esplêndido conclave.

Para os estudiosos das coisas brasileiras, é fato incontestável que desde a chegada dos jesuítas ao Brasil, em princípios do século XVI, para aqui vieram artistas e artesãos de vários talentos e especialidades, que desde logo se puseram a braços com o tudo a fazer. Como é natural, seguiram esses artistas, a princípio, consciente ou inconscientemente, na confecção desses trabalhos, os métodos e modelos das terras de origem – de Portugal, da Espanha, da Itália, da França, conforme o país originário da sua formação artística. Mas com o correr do tempo, porque se fosse esmaecendo a lembrança dos modelos europeus, ou porque se renovasse o quadro de artistas, o certo é que pouco a pouco foram aparecendo os objetos de arte tipicamente brasileira.

A esta modificação natural e espontânea do gosto, determinando a nova forma e os novos detalhes das peças feitas nos primórdios do Brasil colônia, devem-se juntar, como elementos de grande realce, a falta de certos instrumentos de trabalho, ocasionando a simplificação da forma, e a diferença de qualidade do material trabalhado – a pedra, a madeira ou o barro –, obrigando o artista a seguir outros métodos de entalhe, de escultura ou de cozimento. O exame de nossas pedras, das nossas madeiras e do nosso barro, mostra a diferença que fazem os materiais brasileiros dos seus congêneres europeus, diferença tão mais compreensível se verificarmos a mudança que existe até entre os materiais colhidos ou trabalhados no Norte ou no Sul do Brasil, apresentando diferença notável mesmo os de zonas compreendidas na mesma região geográfica.

Embora muita gente estranhe, pela pouca difusão que São Paulo faz da sua cultura, na Exposição de Arte Retrospectiva Brasileira, que se realizou no Rio de Janeiro em 1955, quando do XXXVI Congresso Eucarístico Internacional, do litoral paulista, de Itanhaém e São Vicente, eram as duas mais antigas imagens – Nossa Senhora da Conceição e Nossa Senhora do Rosário, ambas, de 1560, de barro cozido e policromado, feitas pelo ceramista João Gonçalo Fernandes. Fato curioso é que os nomes dessas duas imagens de Nossa Senhora permanecem trocados desde o século XVI até hoje, pois em 1560 por engano foi remetida para Itanhaém a imagem da Virgem do Rosário e para a Igreja de São Vicente a da Virgem da Conceição, sendo certo que a padroeira de Itanhaém, decantada nos doces versos de Anchieta, é Nossa Senhora da Conceição. Por dificuldade de transporte não se desfez na época a atrapalhação; por questão de rivalidade entre as vilas não se acertaram os oragos depois. E até hoje, as imagens, perfeitamente reconhecíveis em seus atributos, têm a denominação errada. Artisticamente as duas estátuas se equivalem, bem como em tamanho, em força de escultura e em tradição milagrosa. A que está em São Vicente tem 108 cm de altura, a de Itanhaém 110 cm. Ambas estavam muito repintadas quando foram expostas no Rio de Janeiro e fotografadas, mas hoje aparecem nas suas igrejas com a sua bela policromia primitiva, livres das sucessivas e inábeis camadas de tinta que as desfiguravam.

De João Gonçalo Fernandes só se sabe que veio da Bahia em meados de 1500, constando que estava preso por motivos políticos na Cadeia de Itanhaém, quando lhe foram encomendadas as imagens. De sua autoria conhecida é a imagem de Santo Antônio, também de barro cozido, quase em tamanho natural, que está na matriz de São Vicente, no Estado de São Paulo, logo à entrada da porta direita. Apesar de nada constar a respeito, diz-nos o instinto que essa é a mais antiga das três imagens, pelo menos a mais primitiva e ingênua na forma. Supomos que na prisão João Gonçalo Fernandes esculpiu o Santo Antônio e à vista dessa imagem é que foram encomendadas as duas Virgens.

Cabe aqui uma anotação que talvez possa vir a esclarecer a origem desse Mestre, que deve ter aprendido em Portugal a força de sua arte. Pela forma das figuras de pouca estatura, pela posição dos braços e das mãos pouco salientes, pelo tratamento dos cabelos, da boca pequena e expressiva, dos olhos de pálpebras pesadas, pelo movimento incerto das pregas dos mantos dessas imagens, poderia João Gonçalo Fernandes ser filiado à escola Galaico-Biscainha, do Norte de Portugal, de influência gótica importada por biscainhos e galegos, que deixou a sua marca, em princípios de 1500, em Caminha, em Vila do Conce, em Viana do Castelo, em Braga. Teria sido aluno de João de Ruão, de cujas Virgens e Santas tirou a expressão das imagens que nos deixou de herança? Teria visto o Santo Antônio de Covões de João de Ruão, de 1558, que tem a mesma posição e as mesmas desproporções do seu Santo Antônio de São Vicente? Sendo certo que no Norte de Portugal, na época, não se esculpia em barro, mas sim em madeira e principalmente em pedra, teria João Gonçalo Fernandes encontrado certa dificuldade no trato do barro paulista para esculpir em São Vicente, conseguindo afinal dominar a matéria nas últimas imagens que fez. São hipóteses plausíveis, que aqui consignamos como contribuição modesta em homenagem ao primeiro mestre de cerâmica no Brasil, gloriosamente florescida na Capitania de Martim Afonso.

Digamos desde logo, para não repetirmos vezes sem conta, os nomes dos atuais possuidores das imagens que vamos enumerar, que, além das igrejas e conventos que citamos, essas imagens estão em importantes coleções particulares, em São Paulo.

Logo da primeira década do século XVII, ou talvez mesmo de fins do século anterior, é a notável imagem de Nossa Senhora do Desterro, de barro cozido e policromado, com 125 cm de altura, de uma dessas coleções, que figurou em inventário de 1608, o que já naquela época era considerado objeto precioso. O chapéu da peregrina, de cerâmica, que tem pendurado às costas por um cordão esculpido, é quinhentista e quinhentistas o feitio e o preguecimento do vestido. O barro de que foi feita a imagem é claro e limpo, parecendo-nos dos arredores de São Paulo, mas a forma do cozimento da peça dividida em seções horizontais que eram soldadas depois de cozidas e a maneira do trabalho escultórico denotam artista provavelmente português ou espanhol. Da mesma procedência e coleção, talvez do mesmo mestre, é o fragmento do Cristo da Cana Verde, de barro cozido, com 38 cm de altura.

Em Taubaté, logo depois da fundação da vila, floriu também a cerâmica religiosa. Entretanto os seus artistas em geral não coziam as imagens, detalhe que até hoje é tradicional entre ceramistas taubateanos, e a fragilidade disso resultante é a explicação de existirem atualmente poucas peças conhecidas, da região taubateana, mas sabemos de algumas peças antigas, do 1600, de Taubaté, Mogi das Cruzes, Bom Sucesso e Jacareí. De Mogi, por exemplo, do 1600, é a belíssima imagem de Nossa Senhora do Leite, sentada, com saia amplamente pregueada, dando de mamar ao menino São João, que os observa.

Embora o fato seja desconhecido da maior parte das pessoas, mesmo das que se dedicam profundamente ao estudo das Chagas do Seráfico Pai São Francisco, da Ordem Terceira da Penitência, bem no centro da cidade de cimento armado, um verdadeiro tesouro em obras de barro da primitiva metade do 1600, milagrosamente conservado em toda a força da sua extraordinária escultura, da sua policromia e da sua douração riquíssima, que lembra o que há de melhor na Renascença da Europa. Refiro-me aos bustos relicários, em número de seis, que se encontram guardados na clausura da benemérita Ordem, e que são os de São Gregório Magno e São Pio V, com 53 cm de altura, São Benevenuto, São Luís Bispo, Santa Apolônia e Santa Inês, estes com 63 cm de altura, todos de barro claro como o paulista, cozido. Para possibilitar as comparações da escultura da imagem de Nossa Senhora Aparecida, chamamos a atenção, nos bustos de Santa Inês e Santa Apolônia e na imagem da Padroeira do Brasil, para os detalhes de grande ceramista, conhecedor das modas da Europa, que enfeitou os cabelos soltos das duas Santas e de Nossa Senhora com magníficos diademas e flores como as mulheres nobres da Renascença florentina.

Contemporâneas dos bustos relicários acima referidos, são as obras do maior ceramista brasileiro do século XVII, Frei Agostinho da Piedade, de origem portuguesa, que professou no mosteiro de São Bento, na cidade de Salvador, em 1610. A sua grande atividade, segundo conta Dom Clemente da Silva Nigra, O.S.B., desenvolveu-se entre 1630 e 1642, como provam as inscrições em algumas das suas obras. Faleceu na Bahia em 1661. Desse mestre, São Paulo possui uma obra preciosa, já identificada, em seu Mosteiro de São Bento. É a imagem de Nossa Senhora do Monte Serrat, de barro cozido, com 81 cm de altura, feita na Bahia em 1635. Essa imagem, que está com pintura e douração da época, possui importante base, toda esculpida com cabeças de anjos, e a própria túnica da Virgem é semeada de pequenos serafins entremeados de flores em relevo, muito típicas na obra desse Mestre da imaginária.

Apesar de, ao que consta, Frei Agostinho da Piedade nunca ter saído da Bahia depois que se fez frade, parece-nos que há, no nosso Estado, outras obras que lhe podem ser atribuídas, dependendo ainda de maior exame. Encontramos, por exemplo, numa capela particular em Barueri, um busto relicário de Santa Úrsula, assim como em outros lugares em São Paulo várias imagens com as mesmas características de escultura, de expressão fisionômica, de tratamento das vestes e cabelos, usadas por Frei Agostinho da Piedade. Obras de algum discípulo seu, como, por exemplo, Frei Agostinho de Jesus, também grande mestre ceramista, que em São Paulo deixou forte repositório de primorosas imagens? Não cremos, Frei Agostinho de Jesus é muito típico e muito menos renascentista que seu mestre monge. Talvez outro aluno? Há algumas imagens provadamente de meados do 1600 que poderiam ter sido feitas por Frei Agostinho da Piedade ou por algum dos seus alunos, sem ser Frei Agostinho de Jesus, como a Santa Barbosa, de barro cozido e policromado, com a altura de 64 cm, da Matriz de Sant'Ana do Parnaíba. Além da forma peculiar do rosto, da cabeça e das mãos, os enfeites em relevo das vestes da Santa sugerem a autoria de Frei Agostinho da Piedade.

A muito dramática Nossa Senhora da Piedade, da Sacristia da Matriz de Parnaíba, de barro cozido, com cerca de 60 cm de altura, infelizmente muito repintada, também parece desse mestre imaginário, como a tão sugestiva e bela Nossa Senhora da Assunção, de barro cozido, com 64 cm de altura, dos arredores de Parnaíba, de uma capela particular de 1640. Notem-se a escultura do rosto e das mãos, a linha do pescoço, a expressão risonha da boca, as mãos, com pulsos largos e dedos de pontas quadradas, as flores em relevo do manto e os rostos dos serafins, idênticos aos das outras obras de Frei Agostinho da Piedade.

Da mesma escola e da mesma época, de barro claro paulista cozido, com a altura de 70 cm, vemos em coleção paulista uma poderosa imagem de Nossa Senhora da Ajuda, forte e convincente, das cercanias de São Paulo, com boa policromia da época. O formato do rosto e do pescoço, a boca e o nariz afilado, o trabalho dos cabelos e das mãos são semelhantes aos do mestre ceramista da Bahia, mas o pregueado e o panejamento das roupas, principalmente o do manto ziguezagueando e assimétrico, já lembram as influências espanholas que não foram seguidas pelo Frei da Piedade.

Várias imagens seiscentistas de barro, feitas em São Paulo, de autores anônimos e sem filiação de escola são conhecidas, entre as quais destacamos a de Nossa Senhora da Conceição, em tamanho natural, na capela do Morro, da qual é padroeira de Taubaté.

Da mesma época a que vimos nos referindo, existem nas coleções paulistas algumas peças saídas das mãos de Frei Agostinho de Jesus, discípulo dileto de Frei Agostinho da Piedade, com o qual trabalhou no mosteiro de São Bento, da Bahia. Carioca de nascimento, tendo estado em Portugal para ordenar-se beneditino em 1628, ali se aperfeiçoou como ceramista e pintor, trazendo de volta ao Brasil os ensinamentos apreendidos na Europa, onde por toda parte se seguiam as escolas espanholas e flamenga, já barrocas, exuberantes e movimentadas. Nos mosteiros beneditinos da Bahia, do Rio de Janeiro e de São Paulo é que se encontra a incomparavelmente maior e mais importante parte da sua obra, bastando notar que só para o Mosteiro de São Bento de Parnaíba Frei Agostinho de Jesus produziu nove imagens, das quais quatro figuram na exposição de 1955 do Rio de Janeiro. Além dessas imagens citaremos: Nossa Senhora dos Prazeres, de

Itapecerica; Nossa Senhora do Monte Serrat, da igrejinha desse morro, em Santos; o busto relicário de São Francisco, em São Sebastião. Desse Frei Agostinho são Nossa Senhora da Ajuda, de Guararema, com cerca de um metro, e Nossa Senhora do Rosário de Itapecerica, bem como a Nossa Senhora da Purificação que se encontra no Museu da Cúria em São Paulo, e isso afirmamos depois de confrontarmos essas imagens com aquelas reconhecidamente do mestre, nelas encontrando apenas os rostos e mãos típicos, mas as roupagens e mantos e com a mesma queda, o mesmo ritmo, as mesmas zonas triangulares, as mesmas pregas. Suas santas estão geralmente na mesma posição, apesar do seu tamanho variar, e as volutas, anjos e asas das bases, na forma evocativa do M de Maria, são tão peculiares que logo saltam à vista de quem as examina.

Aqui nos estamos referindo a imagens que não temos dúvida de que sejam de Frei Agostinho de Jesus, mas muitas outras conhecemos de sua época em São Paulo, de autoria incerta, que podem ser de seus discípulos. A mesma desenvoltura no planejamento, a mesma expressão de sorridente beatitude, o mesmo porte flamengo, carnudo e exuberante nas Madonas, as mesmas bases bordadas de anjos e de volutas podem ser vistas nas imagens respectivamente de Nossa Senhora da Conceição, de barro cru, de Lorena, com 40 cm, Nossa Senhora de Nazaré, barro cozido, de Nazaré Paulista, com 25 cm, Nossa Senhora da Conceição, barro cozido, de Parati, com 21 cm. Todas essas imagens encontradas em lugares tão diferentes poderiam ter sido transportadas e naturalmente o foram, por seus devotos de outros lugares onde foram feitas, e esse é o caso da imagem de Nossa Senhora Aparecida, encontrada há duzentos e cinquenta anos.

Com a enumeração de todas as imagens seiscentistas de São Paulo, à qual poderíamos acrescentar outras tantas, não menos importantes, trabalhadas em barro paulista, algumas de primorosa execução, como a Nossa Senhora do Ó encontrada em Mogi das Cruzes, com brincos nas orelhas e enfeites sobre a testa, lembrando os dos bustos relicários da Igreja de São Francisco da Penitência e as flores e diadema de Nossa Senhora Aparecida, chegamos a uma fase ou diríamos escola barrista, mais popular, que pensamos deva ser classificada na segunda metade do século XVII, imagens que muita gente afirma serem provenientes de Alcobaça, em Portugal. Verificando-se entretanto as imagens de Alcobaça, de barro vermelho, de massa fina como as das ilhas portuguesas, de forma e decoração típicas da época do Império, constata-se que nada tem a ver com as imagens populares que os colecionadores denominam paulistinhas, todas com as mesmas características de arte e a mesma qualidade de barro acinzentado claro que sabemos ser do nosso Estado, pois em repetidas experiências de ceramista verificamos que o barro paulista, quando cozido em forno primitivo, apresenta a mesma coloração e mesmo aspecto do barro das imagens a que nos referimos, enquanto o barro das outras regiões do país, mesmo de Minas Gerais ou do Rio de Janeiro, tão próximos, é completamente diferente de aspecto e consistência.

Aqui pedimos que anoteis com atenção este fato importantíssimo, a cor do barro paulista depois de cozido, que se torna cinza claro, às vezes rosado, pois essa qualidade tem particular importância na classificação da Santa Imagem de Nossa Senhora da Conceição Aparecida.

Sabido é que a imagem de Nossa Senhora, recolhida pelos três barqueiros pescadores no Porto de Itaguaçu, foi preliminarmente para a casa de Felipe Pedroso, por certo casa modestíssima, de pescador andarilho, onde permaneceu algum tempo exposta à fuligem do fogão e possivelmente de candeias de azeite.

Dessa casa foi a imagem removida por duas vezes até 1733, nas mudanças de Felipe Pedroso, para a beira do córrego de Lourenço de Sá e para o caminho da Ponte Alta, locais que não seriam muito melhores para a conservação do aspecto da imagem. Só em 1733, portanto dezesseis anos depois de encontrada, foi ela colocada num altar de madeira, no oratório construído por Atanásio Pedroso à beira da Estrada Real, junto ao Porto Itaguaçu, lugar iluminado à luz de velas, como se vê do milagre ali acontecido que é precisamente o Milagre das Velas. E todos sabem a fumaça e o calor dos círios como deixam as imagens e objetos que lhes ficam perto. Dessa Capela à Basílica atual, uma moradia teve ainda a Santa Imagem, capela de pau a pique onde ficou até 1745. Em vinte e oito anos, portanto, de peregrinações e estada por esses lugares, não admira que a imagem de Nossa Senhora Aparecida tenha adquirido a cor que hoje conserva, castanho brilhante, o que faz pensar a muita gente, mesmo erudita e interessada em arte, que ela tenha sido esculpida em madeira, ou o que fez alguém dizer, em antigo comentário escrito, que a imagem é feita de 'barro escuro, terracota escura'. Fixemos desde já, a bem da verdade, a cor do barro da imagem morena da nossa devoção, o que talvez muito pouca gente tenha tido a oportunidade ou a ideia de verificar, como a que me foi concedida pela bondade do Sr. Cardeal Arcebispo de Aparecida. A imagem encontrada pelos pescadores no Porto de Itaguaçu é a que hoje se venera na sua Basílica como a Excelsa Padroeira do Brasil, é de barro cinza claro, paulista por mercê de Deus, como constatei e mostrei ao Sr. Cardeal e às pessoas presentes, barro que se vê claramente em recente esfoladura no cabelo, do lado direito, ao alto da cabeça, causada na viagem que a Padroeira fez pelo Norte do Brasil, no ano de 1966. Além disso, leve desbotado à altura do joelho esquerdo, mais pronunciado em toda a parte inferior da imagem, justamente nos lugares em que pousavam as mãos que as transportavam, mais notadamente no rosto e no corpo do serafim da base, mostra com evidência que sob a pátina morena da imagem, como um verniz criado pelo uso e pelo tempo, lá está escondido o barro paulista em que ela foi esculpida na primeira metade do 1600.

A 'Ânua de 1750', reproduzida na História da Companhia de Jesus do Padre Serafim Leite, diz que a imagem Aparecida, àquela época 'era azul escuro (caerulei colaris)'. Teria sido colorida primitivamente, a imagem cor de canela que tanto amamos? Não há dúvida de que sim. Junto ao cabelo, na parte posterior, na frente da imagem sobre um joelho, atrás à altura da cintura, percebem-se ainda vestígios de vermelho forte, o combinado com a informação da Ânua de 1750, completa a presunção de que a Virgem Conceição Aparecida teve outrora, pintado no seu barro claro, um manto azul escuro forrado de vermelho granada, cores oficiais de Nossa Senhora da Conceição no Reino Português, de acordo com as ordens de Dom João IV que a proclamou, em 1646, padroeira da raça e do país.

O jornal 'Celeste Orvalho', em artigo citado por Francisco Pati em 1954, dá uma explicação muito interessante ao fato da cor dessa imagem: 'Segundo uma tradição que remonta ao terceiro quartel do século passado, cabia às Irmãs Concepcionistas do Convento da Luz encarnar a imagem de Nossa Senhora Aparecida. Encarnar quer dizer (é o termo usual em se tratando de imagens religiosas) reformar a pintura dos santos. Nossa Senhora Aparecida veio para tal fim a São Paulo e no Convento de Frei Sant'Ana Galvão foi convenientemente encarnada. De volta à sua sede descascou-se toda e voltou a ficar preta como no dia em que encontraram no fundo do rio. A Santa, informa o Celeste Orvalho, preferiu ficar sem o adorno das tintas'.

Essa referência do 'Celeste Orvalho' não é confirmada por nenhum assentamento conhecido na Basílica de Aparecida, mas aproveitamos a oportunidade para lembrar que isso realmente aconteceu e a Imagem, repintada pelas freiras, voltou à cor morena primitiva, é que o verniz natural do uso, criado pelo fumo, pelo calor e pelo tempo, como uma grossa camada escura sobre toda a Santa, impediria a fixação de tintas modernas, aplicadas sem a devida técnica, que seriam absorvidas pela matéria antiga ou se 'descascariam', como diz o ilustre cronista. De qualquer forma, verifica-se que a verdadeira imagem, que tem 39 cm, está agora colocada numa peanha de prata lavrada, que permite fixá-la no altar, e teve a cabeça devidamente colocada no lugar, mediante um pino de ouro cimentado, coisa feita recentemente quando Dom Carlos Carmelo era o Cardeal Arcebispo de São Paulo. Não nos furtamos também ao dever de constatar que os cabelos da Santa, na parte das costas, que iam até as espáduas, foram encompridados posteriormente até a cintura, mediante gravação no barro, feita não se sabe por quem ou quando, talvez mesmo antes de ser encontrada no Paraíba, com estilete metálico, que deixou na parte inferior dos cabelos aspecto diferente da escultura da parte superior, ao que parece feita com espátula de madeira.

Ao nos referirmos às outras imagens do 1600 que conhecemos, chamamos a vossa atenção para os bustos relicários de Santa Inês e Santa Apolônia, dos Irmãos Terceiros do Seráfico Pai São Francisco de São Paulo e para certa Nossa Senhora do Ó, encontrada em Mogi, nos quais nos parece que se encontra com segurança a chave da época e possivelmente da autoria da imagem de Nossa Senhora Aparecida. Referimo-nos aos seguintes detalhes da escultura:

1. Forma sorridente dos lábios, descobrindo os dentes da frente.

2. Forma do rosto, com o queixo encastoado, no meio do qual há uma covinha.

3. O penteado laborioso em todas essas Santas, em Nossa Senhora Aparecida e na Nossa Senhora do Ó, aparecendo em duas pequenas tranças sobre as frontes, que se perdem na massa posteira do cabelo, penteado à moda Velasquez, de grande categoria social na época.

4. As flores em relevo nos cabelos de Nossa Senhora Aparecida, especialmente vistas em obras de Frei Agostinho da Piedade, bem como o relevo da gola caseada.

5. O diadema na testa, na linha média, como um broche com três pérolas pendentes, encontrado em todas as Santas a que nos referimos.

6. O porte empinado da imagem, que vista de perfil, tem tendência a inclinar-se para trás, muito dos discípulos de Frei Agostinho da Piedade, além do seu volume amplo, de saias pregueadas, embabadando-se no chão.

Notamos, entretanto, na imagem da Senhora Aparecida a perfeição das mãos postas, pequeninas e afiladas como as de uma menina, e as mangas simples e justas, de muito requinte, terminando no punho esquerdo dobrado à maneira dos mestres seiscentistas do barro paulista.

Se esses detalhes coincidem com os da maioria das imagens produzidas pelo Frei da Piedade, a queda e o pregueamento do manto de Nossa Senhora apresentam detalhes diferentes, como os das zonas triangulares das imagens do Frei de Jesus, mais assimétricas e rígidas, contudo marcadas em fortes triângulos ziguezagueantes, denotadores dos mestres italianos e espanhóis.

Da época do 1600, a imagem da Padroeira do Brasil apresenta ainda o detalhe da fraqueza da policromia, que se perdeu com os anos, restando apenas sobre o barro a pátina envernizada e parda.

Sabe-se que a devoção da Virgem da Conceição, na imaginária brasileira, feita sempre na forma murilesca, de mãos postas, com as pontas dos dedos unidas, e corpo ereto (quando as mãos estão juntas, mas os dedos não se encontram, e a cabeça está inclinada de lado a imagem é de Nossa Senhora do Livramento), sempre foi muito espalhada no Brasil, principalmente depois da oficialização do seu culto pelos reis de Portugal, e que assim, desde o século XVII, possuímos imagens sem conta dessa forma e devoção. A encontrada no Porto de Itaguaçu é uma dessas representações. Como teria essa imagem vindo parar nesse local, com a cabeça separada do corpo, como é sabido?

É costume de tempos imemoriais, vindo da Europa, o de se colocar na água corrente, dos rios ou do mar, as imagens quebradas, como o de se enterrarem restos irreparáveis de venerandas imagens. Em Itanhaém e Parnaíba, por exemplo, cidades que existem desde o início da nossa colonização, sabe-se que em poços cavados nas respectivas igrejas foram enterrados restos de várias imagens destruídas pelos anos ou por desabamento ocorrido no templo.

Conhecemos imagens de Nossa Senhora da Conceição muito semelhante à da Conceição Aparecida, em ponto menor, que foi encontrada no mar, em Parati, junto a determinadas pedras, onde fora lançada dez anos antes. A pedido de um colecionador, informado por pessoa da família à qual pertencera o objeto, um hábil mergulhador trouxe a imagem à tona, constatando-se então que com o rolar das águas a pequena imagem perdera também a policromia, tornando-se castanho escuro, como a da Aparecida, apesar da argila esbranquiçada em que fora modelada. Para completar a lembrança do fundo do mar, pequenas cracas e caramujos haviam-se agarrado à base da imagem, entre as asas e as cabeças dos serafins, onde estão até hoje certificando o feito.

Por esse motivo, não me parece aceitável a ideia de que a Virgem Conceição Aparecida tenha sido lançada ao Rio Paraíba, segundo a lenda, em Jacareí, ou de acordo com outra versão, por uma família de santeiros de casa próxima ao rio. Para isso, de barro e pesada, a preciosa imagem não seria transportada pelas águas, a tanta distância, ainda mais com a cabeça decepada, e o exemplo de Parati nos ensina que a imagem de barro atirada no mar e ali ficou, no mesmíssimo lugar, durante dez anos. Família de santeiros locais não faria uma imagem erudita, com tão requintados detalhes, como as da aqui pescada prodigiosamente.

A imagem da Conceição Aparecida veio de longe, de outro local paulista, onde estivera no altar de alguma capela ou num oratório de próspera fazenda. Quem a lançou à água, por estar quebrada, talvez com lágrimas nos olhos, nunca pensaria que naquele simples gesto de renúncia estava fazendo um bem à humanidade, cedendo aos homens do mundo um imenso patrimônio de fé. A Celestial Padroeira do Brasil, Nossa Senhora da Conceição aqui aparecida em sua imagem de terra, cubra de bênçãos o Brasil e guarde todos os brasileiros dentro do seu manto de esperança, de paz e de salvação."[82]

---

[82] *Jubileu de Ouro e Rosa de Ouro*. Santuário Nacional de Nossa Senhora Aparecida.

Após a Conferência, o Cardeal Motta ofereceu uma Imagem de Nossa Senhora Aparecida em madeira, do artista aparecidense Francisco Ferreira, o "Chico Santeiro".

Em continuidade ao Ano Jubilar,

> "no dia 31 de maio de 1967, realizou-se pela primeira vez a procissão fluvial. Houve certa apreensão quanto ao sucesso, mas superou a expectativa. Foi um espetáculo à parte neste ano jubilar. As canoas esperavam no porto de Itaguaçu e, às 16h45, saíram rio abaixo 56 canoas e três batelões. O percurso até o porto do Macedo levou uma hora e meia. Havia umas seis mil pessoas aguardando a chegada das canoas. Muita gente chorou de emoção vendo o espetáculo comovente da chegada das canoas. Do porto do Macedo seguiu a procissão até a Igreja de São Benedito, onde se deu o encerramento. O comentário geral é que essa procissão tem que se tornar tradição em Aparecida".[83]

> "Cardeal Motta agradece a música do Cântico Jubilar.
> Reverendíssimo Padre Doutor José Geraldo de Souza – São Paulo.
> A tarde de 2 de julho marca expressivamente o calendário deste Ano Mariano assinalando a data em que Vossa Reverendíssima me fez a entrega da música do 'Cântico Jubilar para o Advento da Rosa de Ouro'.
> [...]
> Filho desta terra eleita, com a infância embalada pelos piedosos coros de romeiros que de longe traziam o seu amor a Virgem Maria...
> [...]
> Agradeço a sua colaboração de inestimável valor e a Virgem Aparecida rogo proteção especial a Vossa Reverendíssima, que soube colocar à altura dos dons e talentos que Deus lhe concedeu, a sua fé, a sua veneração e a sua humildade.
> Com as graças da santa bênção a Vossa Reverendíssima e Exma. Família.
> Cardeal Motta,
> Arcebispo de Aparecida".[84]

Aparecida, Oficina Gráfica Editora Santuário de Aparecida, 1970, p. 173 a 186.

[83] IV Livro do Tombo da Paróquia Nossa Senhora Aparecida, folhas 46, verso e 47.

[84] Arquivo da Cúria Metropolitana da Arquidiocese de Aparecida (avulso).

"Nossa Senhora vai
retribuir a visita que
seus filhos lhe fazem
de todo o Brasil."
Dom Macedo

Para comemorar os 250 anos, foi organizada nos anos de 1965 a 1969 uma grande peregrinação com a Imagem pelo Brasil, ocorrida em dois períodos: a primeira peregrinação, do dia 3 de maio de 1965 até o dia 24 de dezembro de 1965, e a segunda, de 29 de fevereiro a 30 de outubro de 1969.

A Rosa de Ouro

*Recebei,
Senhora Aparecida,
flores e uma
Rosa de Ouro!*

Durante as comemorações do Jubileu, ainda em 1967, no dia 15 de agosto, quando a Igreja comemora a festa da Assunção de Nossa Senhora, ocorreu a cerimônia da entrega da Rosa de Ouro.

Papa Paulo VI, benzendo a Rosa de Ouro em Roma,
dia 5 de março de 1967.

Por ocasião da Bênção da Rosa de Ouro, ungida com o Santo Crisma e perfumada de incenso, no dia 5 de março de 1967, "domingo das rosas", quarto domingo da Quaresma, na Capela Sistina, em Roma, o Papa Paulo VI enviou a seguinte mensagem ao Brasil:

"Em 5 de março de 1967, domingo 'Laetare', procedeu-se na Capela Sistina à Bênção da Rosa de Ouro destinada ao Santuário Nacional de Aparecida. Estavam presentes à cerimônia Sua Eminência o Senhor Cardeal Amleto Giovanni Cicognani, acompanhado de seu 'Maestro di Camera', Monsenhor Piergiacomo De Nicoló; os Embaixadores do Brasil com a Santa Sé e à Itália, respectivamente Doutor Henrique de Souza Gomes e Doutor Lousada Dalamo e outros membros das embaixadas; o Exmo. Bispo de Bauru, que representava Sua Eminência, o Sr. Dom Carlos Carmelo de Vasconcellos Motta, Cardeal Arcebispo de Aparecida, o Reverendo Padre Carlos da Silva, C.Ss.R., que representava o Senhor Dom Antônio Ferreira de Macedo, Arcebispo Coadjutor da mesma Arquidiocese; o Reitor e Vice-Reitor do Pontifício Colégio Pio Brasileiro e respectivos alunos; e outros membros da Comunidade Brasileira de Roma. Não quis deixar de estar também presente, com sua família, o autor desta Rosa de Ouro, Professor Mário de Marchis.

No altar da Capela Sistina, colocada sobre um vaso, estava a Rosa de Ouro. [...]

Após a bênção, o Santo Padre leu a seguinte mensagem dirigida ao Brasil:

'Senhor Cardeal,

Queridos filhos do Brasil.

Acabamos de benzer a Rosa de Ouro, destinada ao Santuário de Nossa Senhora da Aparecida e temos agora a imensa satisfação de dirigir uma palavra ao dileto povo brasileiro, aqui tão distintamente representado.

Esta Rosa de Ouro, cuja concessão ao Santuário de Aparecida pessoalmente anunciamos ao Presidente eleito do Brasil, Marechal Arthur da Costa e Silva, quando da visita que ele nos quis fazer em janeiro passado e que o nosso estimado Secretário de Estado, o Cardeal Amleto Giovanni Cicognani, levará a seu destino como Nosso Legado, é um símbolo permanente do Grande Amor que o Papa vos consagra.

Dizei a todos os brasileiros, Senhor Cardeal, que esta flor é a expressão mais espontânea do afeto que temos para esse grande povo que nasceu sob o signo da Cruz. No Santuário de Nossa Senhora da Aparecida, ela dará testemunho de Nossa constante oração à Virgem Santíssima, para que interceda junto de seu Filho pelo progresso espiritual e material do Brasil'".[85]

---

[85] *Jubileu de Ouro e Rosa de Ouro*. Santuário Nacional de Nossa Senhora Aparecida.

Toda cerimônia aconteceu no interior do Santuário Nacional. Após o Cardeal Motta receber das mãos do Cardeal Cicognani a Rosa de Ouro, assim se pronunciou: "Bem-vindo o que vem em nome do Senhor" (cf. Mt 23,39).

"Assim, com triunfo e júbilo do povo, foi Jesus saudado entre hosanas na cidade de Jerusalém. E assim também Vossa Eminência é saudado e bem-vindo entre nós. É bem-vindo, entre nós. É bem-vindo, mil vezes bem-vindo, pois quem vem a nós em nome do Senhor, na qualidade de Legado 'a latere' do Santo Padre Paulo VI, é Vigário de Nosso Senhor Jesus Cristo. Vossa Eminência é aqui Vigário de Cristo.

Da cidade natal do Salvador, vaticinou Miqueias: 'Tu, cidade de Belém, de nenhum modo és a mais pequenina das cidades de Judá' (Mq 5,2).

Neste instante, parece ouvirmos ressoar esta antífona triunfal, parafraseando o profeta:

'Tu, cidade de Aparecida, cidade de Nossa Senhora, de nenhum modo és a mais pequena das cidades brasileiras, porque possuis a Rainha e Padroeira do Brasil'".[86]

Durante a Celebração da Missa, ao Evangelho, o Cardeal Cicognani proferiu a Homilia:

"Meus irmãos, Sua Santidade o Papa Paulo VI, com sentimento de afetuosa paternidade e também com aquela solenidade que é de tradição em acontecimentos de particular esplendor, traz e oferta a Rosa de Ouro a Aparecida.
[...]
Somos-lhe gratos, senhor presidente, por ter atendido, como bom brasileiro, à palavra de ordem deste grande dia: 'Todos a Aparecida'. Nome dulcíssimo este, principalmente porque reúne, diante da sagrada e venerada imagem da Virgem Imaculada, os corações de todos os brasileiros.
[...] Os brasileiros quiseram que se erguesse aqui esta majestosa igreja e generosamente estão contribuindo para a

---

Aparecida, Oficina Gráfica Editora Santuário de Aparecida, 1970, p. 45 a 49.
[86] *Jubileu de Ouro e Rosa de Ouro*. Santuário Nacional de Nossa Senhora Aparecida. Aparecida, Oficina Gráfica Editora Santuário de Aparecida, 1970, p. 56 a 60.

sua construção, por um elevado motivo: porque desejam dar, na própria terra, à excelsa mãe de Deus uma digna morada, que seja, ao mesmo tempo, o centro espiritual de todo o País. [...] Quando o Santo Padre benzeu a Rosa de Ouro, no domingo 'Laetare', infundiu nela bálsamos e almiscar para significar que as nossas almas devem santificar-se e difundir o perfume das virtudes e da graça de Deus para a edificação dos irmãos. E nós também desejamos que a Rosa de Ouro de Aparecida represente os nossos corações.

[...]

Bem haja o povo do Brasil. Bem haja o seu decidido propósito de venerar e honrar sua Padroeira. Não há brasileiro que não invoque Nossa Senhora Aparecida. Ela é a Mãe que eleva e enobrece os corações e os torna aceites ao seu divino Filho.

[...]

Brasileiros ou estrangeiros, todos nós nos sentimos agora unidos e, com fervor, repetimos neste esplêndido Santuário a invocação que vos é tão familiar: 'ó Senhora da Conceição Aparecida, mostrai que sois a Padroeira da nossa Pátria e a Mãe querida do Povo Brasileiro'".[87]

O Papa Paulo VI, quando era Cardeal Montini, Arcebispo de Milão, durante visita ao Brasil, no dia 12 de junho de 1960, visitou o Santuário Nacional de Aparecida.

Após o envio da Rosa de Ouro, recebeu de presente uma cópia da Imagem de Nossa Senhora Aparecida confeccionada em bronze.

Estiveram presentes na cerimônia o Presidente da República, Marechal Arthur da Costa e Silva, acompanhado de sua esposa, Dona Yolanda; Dom Jaime Câmara; Dom Agnelo Rossi; o Núncio Apostólico Dom Sebastião Baggio; Dom Antônio Ferreira de Macedo; o Vigário (e depois Bispo) Padre Pedro Fré (recentemente falecido); o Prefeito de São Paulo, Faria Lima; autoridades civis e militares; uma multidão de aparecidenses, das cidades vizinhas, e muitos romeiros.

Encerrando a cerimônia, um coro de 250 vozes executou o "Cântico Jubilar pelo Advento da Rosa de Ouro", com letra do Dr. Guilherme de Almeida, música e regência do padre doutor José Geraldo de Souza (salesiano).

---

[87] *Jubileu de Ouro e Rosa de Ouro*. Santuário Nacional de Nossa Senhora Aparecida. Aparecida, Oficina Gráfica Editora Santuário de Aparecida, 1970, p. 61 a 63.

Caía sobre o Santuário uma chuva de pétalas de rosas.

À tarde, em procissão, a imagem de Nossa Senhora Aparecida voltou para a Basílica Histórica.

Para finalizar o Ano Jubilar, tivemos a Visita Pastoral.

"Do dia 26 de outubro ao dia 1º de novembro, realizou-se a Visita Pastoral, a primeira após a criação da Arquidiocese, nesta Paróquia de Nossa Senhora Aparecida, de acordo com as normas do Direito Canônico.

Serviu de Secretário e auxiliar o Revmo. Padre Pedro Ávila, C.Ss.R., coadjuvado pelos Revmos. Padres Albertini e João Gomes, este último coadjutor, da paróquia.

O vigário da paróquia, Revmo. Padre Pedro Fré, C.Ss.R., organizou um detalhado programa e preparou bem os seus paroquianos para a visita. Assim tudo se desenvolveu produzindo resultados positivos e os frutos desejados.

A abertura foi feita solenemente às 18h30 do dia 26 de outubro, com missa celebrada pelo Arcebispo coadjutor da Arquidiocese e visitador por vontade do Exmo. Cardeal Arcebispo. Além da matriz foram visitadas todas as capelas filiais, como também os colégios, ginásios, grupos escolares, seminários, hospital, abrigo dos velhos, fábrica, rádio e a firma construtora Serveng.

Constituiu uma cerimônia toda especial a presença da Imagem milagrosa em todos os lugares visitados, sendo Ela a Visitadora principal. Como essa Imagem veneranda percorreu o Brasil de norte a sul e de leste a oeste, não podia deixar de percorrer, em peregrinação, as paróquias de sua Arquidiocese. Aparecida foi a última com chave de ouro, para bênção e felicidade de todos os aparecidenses.

Durante a visita, foram feitas conferências a todas as classes de pessoas. Houve consagração das crianças e bênção especial aos doentes. O Revmo. Padre Pedro Ávila, com grande amor e zelo apostólico, dirigiu todos os atos da Visita. Esta visita foi de fato uma verdadeira renovação religiosa da paróquia com elevado número de comunhão. O encerramento, apesar da grande chuva, foi o triunfo, comparecendo grande multidão. Realizou-se no dia 1º de novembro, às 20 horas, com procissão (de guarda-chuva), indo da igreja de São Benedito à Basílica Histórica, com missa celebrada pelo Arcebispo Visitador e numerosa comunhão de casais. No final da missa, fez-se também o encerramento simbólico da grande peregrinação nacional da Imagem Milagrosa pelo Brasil, que teve início dia 3 de maio de 1965 e terminou oficialmente nesta data.

Merecem especial louvor o Vigário da paróquia com seus auxiliares e todos os padres redentoristas, mormente os Padres Ávila, Albertini e João Gomes. A todos, inclusive aos paroquianos e irmandades de Aparecida, o reconhecimento do Arcebispo Visitador e, com a proteção de Nossa Senhora Aparecida, a bênção de Deus Pai, Deus Filho e Deus Espírito Santo. Amém.

Aparecida, 1º de novembro de 1969. Dom Antônio Ferreira de Macedo, C.Ss.R., Arcebispo Coadjutor e Vigário-Geral."[88]

Passados os anos, o devoto de Nossa Senhora Aparecida, o Papa Paulo VI, foi declarado beato no dia 19 de outubro de 2014. O Papa Francisco afirmou que "a partir de agora o Papa Paulo VI será chamado beato e sua festa se realizará, nos lugares e segundo as regras estabelecidas, em 26 de setembro", data do aniversário natalício de Paulo VI, de nascimento João Batista Montini.

---

[88] Arquivo da Cúria Metropolitana da Arquidiocese de Aparecida (avulso).

1972
ANO MARIAL

"Passarela da Fé,
romaria cantando:
'Ave, Maria, cheia de graça'
pelo dia que passa."

Profa. Conceição Borges Ribeiro Camargo

O Cardeal Dom Carlos Carmelo de Vasconcellos Motta, Arcebispo de Aparecida, decretou o ano de 1972 como Ano Marial. Através de uma carta, o Papa Paulo VI deu a aprovação e a bênção da celebração no dia 1º de maio de 1971, enviando a seguinte mensagem ao Cardeal Motta:

> "Seguindo as diretrizes do recente Concílio Ecumênico, procurais, sem dúvida, convidar os peregrinos a terem o apreço àquelas práticas de piedade mariana que a Igreja tem recomendado, no decorrer dos séculos; e entre estas, sobressai o Rosário, pela sua aptidão para associar na mesma oração Jesus e Maria [...]".[89]

O padre Pedro Ávila Megda, C.Ss.R., enviou um convite a todas as paróquias que tem Nossa Senhora Aparecida como Santa Padroeira, para organização das romarias, durante o Ano Marial. O Cardeal Motta também enviou sua mensagem:

> "Caríssimos Diocesanos Nossos de Aparecida e Piedosos Peregrinos do Brasil em Aparecida.
> [...] entre todas as entidades religiosas do Brasil, nenhuma tem maior dever de cumprir para com a Pátria do que este Santuário Nacional de Nossa Senhora Aparecida. É, na verdade, o mais vigoroso centro de gravitação da vida religio-

---

[89] Arquivo da Cúria Metropolitana da Arquidiocese de Aparecida (avulso).

sa nacional, onde é evidente e edificante a vivência real da fé, da esperança e do amor sobrenaturais, síntese das 'leis e dos profetas', segundo as palavras de Nosso Senhor Jesus Cristo.
[...]
Aparecida, dezembro de 1971".[90]

Fez parte do programa a reza do terço, todos os dias, a celebração da missa, todos os sábados, no altar de Nossa Senhora, com orações pela pátria.

Os romeiros, vindos em grandes romarias, homenageavam Nossa Senhora Aparecida e participavam de uma procissão na Passarela, assim surgindo espontaneamente o título de "Passarela da Fé". Foi inaugurada no dia 1º de janeiro de 1972, quando a Imagem verdadeira percorreu a passarela.

---

[90] Arquivo da Cúria Metropolitana da Arquidiocese de Aparecida (avulso).

1978
POSSE DO ARCEBISPO
DOM GERALDO MARIA DE MORAIS PENIDO

De Minas Gerais,
como tantos romeiros,
Dom Geraldo veio, em seu apostolado,
rezar a Nossa Senhora Aparecida!

No dia 19 de fevereiro de 1978, tomou posse o segundo Arcebispo de Aparecida, Dom Geraldo Maria de Morais Penido, natural de Rio Manso-MG, nomeado pelo Papa Paulo VI. Aos 59 anos de idade, veio transferido da Arquidiocese de Juiz de Fora-MG. A cerimônia de posse aconteceu na Basílica Nacional de Nossa Senhora Aparecida, com a presença do Núncio Apostólico no Brasil, Dom Carmine Rocco, do Cardeal Motta, de Dom Macedo, inúmeros padres, autoridades, aparecidenses e romeiros. A bula de nomeação foi lida em latim por Dom Macedo. O novo Arcebispo teve a honra de receber o Papa João Paulo II. Durante seu apostolado, realizou-se em Aparecida o XI Congresso Eucarístico Nacional.

Dom Geraldo nomeou leigos para administrar as obras do Santuário Nacional.

Em 1981, Dom Geraldo Maria de Morais Penido recebeu o título de "Cidadão Honorário e Benemérito" da Câmara Municipal de Aparecida.

Permaneceu no cargo até 1995, ao completar 75 anos.

1978
MÃOS ABENÇOADAS DE
MARIA HELENA CHARTUNI

POESIA DE PRECILIANA

Como foi Aparecida?!
Partida.
Pois partida foi achada!
Quebrada.
Foi em parte recolhida!
Dividida.

Como assim redimida
vos vejo Virgem Sagrada,
sendo do rio tirada:
partida, quebrada,
dividida.

Como que pescou ao sol
com anzol
a imagem de que me valho
de tresmalho
porque foi muito de adrede
em rede!

Logo devemos confessar
que a Senhora Aparecida
na época esclarecida
aqui está pr'amparar.

Devemos todos esperar
com fé robusta e verde
que quem a invoca não se perde.

*Pois qual Jonas apareceu
no Paraíba em que se deu
o anzol de tresmalho em rede.*[91]

"A providência divina permitiu que o tronco da Imagem de Nossa Senhora Aparecida fosse encontrado em 1717 pelos pescadores sem a cabeça. Milagrosamente retiraram, numa nova tentativa de pegar peixe, a cabeça pertencente à Imagem. Desde o começo, firmou-se sempre de novo a cabecinha com cera preta e outras massas ou colas. O pescoço se achava enrolado de correntinhas de ouro.

Na Vigília Eucarística em São Paulo em 1945 descolou--se completamente a cabeça.

Foto da Imagem verdadeira de Nossa Senhora Aparecida,
como se apresentava antes da restauração de 1946.
Cabeça e nariz colados com cera da terra.
Fotografia de André Bonotti em 1924.

---

[91] Poesia extraída do Livro de Atas da Irmandade de Nossa Senhora. Aparecida, no ano de 1756.

Em 1946, o padre Antônio Pinto de Andrade fez um pequeno conserto, acrescentando as madeixas laterais do cabelo. Em 25 de maio do mesmo ano de 1946, o padre Andrade entregou a imagem ao padre Alfredo Morgado, C.Ss.R., para a primeira restauração, que assim registrou o evento: 'passei o dia todo trabalhando com a imagem. Que pesadelo! Se a quebrasse... Afinal, às três horas, terminei o trabalho, tirei todas as placas de cera da terra com que andavam remendando a imagem. Fiz a ligação do cabelo, que da cabeça cai pelas costas da imagem. Completei uma madeixa de cabelo, à esquerda da imagem, e outra à direita, e mais o nariz. O restante deixei como estava. O padre Luiz Lovato tirou cinco fotos da imagem: duas de frente, uma de cada lado e outra de trás. Às 16h30 coloquei a imagem no nicho. As Filhas de Maria, que então enfeitavam o altar, aproveitaram a ocasião para beijá-la."[92]

"No dia 7 de setembro de 1950, ao trocar o manto, desprendeu-se novamente a cabeça e caiu nas mãos do padre Geraldo Bonotti, C.Ss.R. Fez-se um conserto provisório com cola de madeira. Tornou-se necessário fazer uma vez um conserto eficiente. Conhecendo a habilidade do nosso padre Umberto Pieroni, pedi que colocasse um pino. Em princípio de dezembro retirei a Imagem Milagrosa do nicho e a entreguei ao padre Pieroni. Este colocou um pino de alumínio, ficando dois centímetros dele na cabeça, dois centímetros no corpo da Imagem, e firmou-se com cimento. Com a mesma massa recompor o cabelo e o pescoço. A camada de breu que em reformas anteriores passaram, o padre Pieroni dissolveu com álcool. Logo desapareceu a cor cinzenta e voltou a antiga, mais escura. Retocou em seguida a massa de cimento com extrato de nogueira e passou uma camada leve de verniz para firmar a tinta. Deste modo recebeu a querida Imagem um conserto garantido e voltou a cor natural."[93]

Em 3 de agosto de 1965, o Irmão Vicente Zambon, C.Ss.R., colou a Imagem com *araldite*, que durou até 16 de maio de 1978, quando após o atentado foi reduzida a fragmentos.

---

[92] Notas do padre Morgado, em Arquivo da Cúria Metropolitana da Arquidiocese de Aparecida (avulso).

93 Vigário padre Antão Jorge, C.Ss.R., dezembro de 1950. Arquivo da Cúria Metropolitana da Arquidiocese de Aparecida (avulso).

No dia 3 de março de 1975, durante a reunião mensal da comunidade redentorista, no bairro da Pedrinha, em Guaratinguetá-SP, ficou decidido: "entre muitas consultas à comunidade, esta teve resposta unânime: a Imagem de Nossa Senhora Aparecida está em estado precário, a cabecinha da Imagem se abrindo no local da coroa, além de toda a fragilidade de uma estátua de barro; por isso a Imagem não sairá mais do nicho de mármore da Basílica Histórica". O Cardeal Motta aprovou a decisão.

Na noite de 16 de maio de 1978, às 20h10, quando celebrava a missa o padre Antônio Lino Rodrigues, C.Ss.R., as luzes da igreja se apagaram e, nesse instante, aproveitando-se da escuridão momentânea, um jovem de 19 anos, residente em São José dos Campos-SP, quebrou o vidro de proteção do nicho da Basílica Histórica e tentou levar a imagem de Nossa Senhora Aparecida. A imagem de barro foi ao chão e quebrou-se em diversos pedaços...

O povo atribuiu o atentado a um aviso. No final da tarde daquele dia, ocorreu uma tempestade com fortes rajadas de vento.

No dia 20 de maio, um sábado, aconteceu às 16 horas, na praça da Basílica Histórica, missa e o Ato de Desagravo, escrito e lido pelo Arcebispo Dom Geraldo de Morais Penido.

> "Ato de Desagravo a Nossa Senhora Aparecida (pelo atentado contra a sua venerável e querida Imagem no dia 16 de maio de 1978).
>
> Senhora da Conceição Aparecida, Mãe e Padroeira nossa, sabeis como nossos corações estão tristes pelo lamentável ato que profanou vossa humilde Imagem milagrosamente encontrada nas águas do rio Paraíba em 1717. Para todos nós, vossos filhos devotados, foi como um atentado a nossa própria mãe, nossos corações estão também, por isso, despedaçados!
>
> Sabeis, Senhora Aparecida, quanto vos amamos, quanto vos devemos, quanto vos somos gratos e quanto vos desejamos glorificada e amada e jamais desprezada e maltratada. Vossa Imagem ficou mutilada, mas ninguém arranca do coração do Povo Brasileiro o amor a vós.
>
> Testemunhando este amor, desejamos protestar contra os atos sacrílegos e cruéis que pretenderam ou ainda pretendem profanar a beleza singular com que vosso divino Filho vos preparou para ser sua e nossa Mãe.

Permiti, Mãe Santíssima, que, diante de vossa Imagem mutilada, procuremos entender o 'grande sinal' de conversão que, neste vosso mês de maio, nos foi dado a todos.

Vemos simbolizados nos pedaços de vossa Imagem os pedaços em que se tem feito vossa Figura de Mãe e Protetora em nosso coração, em nossa alma. Quebra-se vossa Imagem para significar que ela já estava talvez quebrada em nossos corações! Ah! Senhora prometemos recompor vossa querida Imagem de Aparecida. Desgraça no mundo é só o pecado, verdadeiro atentado à Doutrina e à moral do Redentor.

Despedaçou-se vossa Imagem sagrada! E quantos irmãos nossos são despedaçados pelo ódio, por injustiças de toda ordem, pelo pecado enfim! Há tanta maldade, tanta ambição, tanto interesse de domínio, tanto egoísmo! Nós todos somos vítimas das audaciosas lutas movidas pelo demônio e nos deixamos enganar pelos anseios do prazer, do luxo, da riqueza. O pecado, infelizmente, já não amedronta muitos corações. Muitas consciências se anestesiaram com os atrativos do mundo. Já nada mais impressiona, nem as torturas, nem as imoralidades, nem os atentados contra a família, nem o desprezo do Vigário de Cristo e dos legítimos Pastores, nem a laicização e o materialismo da vida moderna, nem a frieza dos que deviam procurar o mínimo de justiça e se tornam eles mesmos injustos para com os mais desprotegidos, nem a insensibilidade do homem da técnica para os valores do Espírito. Ah! Senhora, esmagai em nós também a cabeça da 'Serpente' e tornai vencedora contra o 'Mal' a descendência de vosso Filho, que somos todos nós!

Mãe e Padroeira do Brasil, nesta hora renovamos nossa consagração a vós. Salvai nossa Pátria; protegei e iluminai nossos governantes, santificai os sacerdotes e fazei-os dignos ministros da Redenção; conservai a inocência da infância; robustecei com as forças do Divino Espírito nossos jovens; atraí muitos e muitos deles para o Sacerdócio; preservai a união das famílias no amor santo de Cristo para com a Igreja e fazei-as unidas na oração, na justiça e na paz.

O melhor modo de desagravar-vos, ó Mãe bendita, é sermos verdadeiros devotos vossos, não somente para vos pedir favores, mas sobretudo para louvar-vos, amar-vos, imitar-vos.

Queremos e prometemos ser cristãos de verdade! Contai, Senhora, com nosso amor de filhos! Recebei o tributo de vossa humilde, porém integral, devoção e de nosso constante serviço à causa de vosso Filho e da Igreja, da qual sois a Mãe e Rainha.

Que vosso Reino de Amor se propague por todo o mundo e transforme o coração de todos os homens. Amém!"[94]

Domingo, dia 28 de maio, foi o dia escolhido para o Desagravo Oficial. A missa e o Desagravo tiveram início às 11h30, terminando às 14 horas.

A imagem foi restaurada no Museu de Arte de São Paulo e totalmente reconstituída pelas mãos abençoadas da artista plástica Maria Helena Chartuni.

Na data de 19 de agosto, uma viatura do Corpo de Bombeiros de São Paulo trouxe a imagem da capital paulista, sendo homenageada ao longo da rodovia Presidente Dutra.

Em sua chegada a Aparecida, a imagem foi recebida por aparecidenses e romeiros, além das presenças do Cardeal Motta, do Arcebispo Auxiliar de Aparecida, Dom Geraldo Penido, e do Bispo Auxiliar Dom Antônio Macedo. Todos aguardavam em frente à Rádio Aparecida. Em um carro-andor e em procissão, a imagem seguiu até a praça da Basílica Histórica.

Após uma concelebração eucarística, Dom Geraldo Maria de Morais Penido, Arcebispo de Aparecida, deu a bênção com a imagem. Após a bênção, o Arcebispo apresentou à população a equipe de especialistas do Museu de Arte de São Paulo que a restaurou. Em seguida, em companhia dos padres redentoristas, a imagem foi colocada no seu nicho.

Deixamos também aqui registrado o trabalho de restauração da Imagem feito pelo padre Izidro de Oliveira Santos, Reitor do Santuário Nacional, de acordo com o relatado no I Livro do Tombo do Santuário Nacional:

> "Desde o início da restauração da Imagem no Museu de Arte de São Paulo, realizada pelos artistas do mesmo, padre Izidro acompanhou e se interessou pelo trabalho lá realizado. Estava a par de tudo o que foi feito para que a Imagem pudesse voltar para o seu Santuário no dia 19 de agosto de 1978. Ele

---

[94] Arquivo da Cúria Metropolitana da Arquidiocese de Aparecida (avulso).

havia manifestado sua opinião sobre alguns pormenores do acabamento da restauração. Estes se referiam a um pequeno traço no olho direito e na maçã da mesma face direita. Como ele quisesse presentear os artistas com um fac-símile da Imagem, pois a restauração tinha sido feita gratuitamente, ele pediu e obteve do Arcebispo licença para tirar um molde da Imagem e fazer as cópias com massa durepoxi. O trabalho de tirar o molde foi feito pelo sr. Benedito Salles Vieira, sob sua supervisão e arte. Nessa primeira etapa em que foram feitas as cópias, de 11/09 a 16/10/79 o padre Izidro, não satisfeito com pequenas diferenças no olho direito, e na 'maçã' da face direita, trabalhou intensamente para executar essa pequena reforma. Tratava-se de um sulco sob o olho direito e da forma da saliência da face direita. Nessa ocasião acrescentou pequenina parcela de massa de durepoxi na maçã da face, polindo para que ganhasse, segundo ele, forma mais perfeita. O padre Antonio Ferreira Pacheco documentou em fotos coloridas e em preto e branco e também em dispositivos essa primeira restauração do padre Izidro de Oliveira Santos em 13 de outubro de 1978. Convém anotar que o processo de tirar o molde para as cópias da Imagem alterou completamente a pintura realizada pelos artistas do MASP por ocasião da restauração.

Com o propósito de fazer uma forma perfeita e durável para se fazerem cópias da Imagem, o padre Izidro retirou novamente do nicho a Imagem. Nesse segundo período – 19 de novembro a 17 de dezembro –, ele fez diversas tentativas para modelar um molde perfeito com massa de polietileno, mas não conseguiu. Aproveitou, porém, a oportunidade para aperfeiçoar seu trabalho de restauração do olho direito, maçã da face direita e melhorar a ponta do nariz. De fato, como se vê na foto da Imagem apanhada depois de sua volta do MASP, tanto pelo padre Alfredo Morgado como pelo padre Pacheco, a ponta do nariz estava um tanto achatada. Esta parte do nariz, como se sabe, estava quebrada e completada com cera até a restauração do padre Pieroni em 1950, quando ele a restaurou com massa de cimento.

Neste último retoque, o padre Izidro tentou dar forma perfeita à maçã da face direita e aperfeiçoou a ponta do nariz. Usou sempre massa durepoxi, acrescentando-a e polindo. Já cansado e depois de ter empregado horas e dias consecutivos no seu intento, deu seu trabalho por concluído pelo dia 3 de dezembro de 1978. Seu ideal era maior perfeição no pequeno retoque. A pintura, realizada nessa ocasião, foi infeliz. Todos estranharam a atual cor 'chocolate claro'. Ele usou tinta de pintar carro. A Imagem foi recolocada no seu nicho no dia 17 de dezembro de 1978, festa da emancipação política do município de Aparecida. [...]"[95]

O II Livro do Tombo do Santuário Nacional relatou em seguida o trabalho de restauração da pintura da Imagem original de Nossa Senhora Aparecida.

"No dia 7 de julho de 1979 pela manhã, chegou a Aparecida a senhorita Maria Helena Chartuni, acompanhada de seus pais. Veio para restaurar a pintura da Imagem que fora estragada pelo padre Izidro de Oliveira Santos. Maria Helena não sabia do ocorrido com a Imagem e, ao vê-la com a cor de chocolate claro, ficou muito espantada e não conteve sua indignação pelo que padre Izidro fizera com a Imagem. A Imagem foi levada para a pequena sala situada acima da Cúria Metropolitana. Com todo material necessário trazido por ela do seu laboratório no Museu de Arte Moderna, ela restaurou novamente a pintura da Imagem. Teve que remover a tinta 'duco' da pintura do padre Izidro e preparar novamente a Imagem para receber a pintura que eles, os artistas, convencionaram chamar de 'terra de siena queimada'. Enquanto a filha se ocupava com o trabalho da pintura, a mãe rezava piedosamente o terço. No fim do dia a Imagem voltou a ostentar a cor que a artista havia dado à Imagem após sua restauração em julho de 1978. Mais uma vez o trabalho de Maria Helena Chartuni foi gratuito. O padre Alfredo Morgado registrou o trabalho de Maria Helena em fotos coloridas e em pequena filmagem. Com a cor restaurada, a Imagem voltou ao seu nicho da Basílica Histórica, onde permanece sem sair até que seja definitivamente levada para a Igreja nova."[96]

---

[95] I Livro do Tombo do Santuário Nacional, folhas 99, verso, 100 e verso.
[96] II Livro do Tombo do Santuário Nacional, folha 8, verso.

1979
ANO MARIANO JUBILAR

"Rainha do Brasil, o Brasil vos promete
que virá sempre aqui trazer suas flores,
acender os seus círios, cantar os seus cânticos,
mas virá sobretudo orar e aprender
a vossos pés a amar a Deus [...]"

Dom João Braga, 1904

Quando se celebrou o Jubileu de 25 anos da Coroação, em 1929, os Bispos presentes tomaram a resolução de em cada 25 anos celebrar um Jubileu.

O Arcebispo Coadjutor e Administrador Apostólico de Aparecida, Dom Geraldo Maria de Morais Penido, fez um pedido ao Papa João Paulo II para decretar um Jubileu a partir de 8 de setembro de 1979 até 16 de julho de 1980, com graças e indulgências especiais.

Circular sobre o solene Ano Mariano Jubilar
de Nossa Senhora Aparecida

Ao Conselho Diocesano de Presbíteros, ao clero, aos religiosos e fiéis da Arquidiocese de Aparecida, saudação, paz e bênção em Nosso Senhor Jesus Cristo!

Duas expressivas datas, de enorme sentido para Aparecida e para o Brasil, serão celebradas em 1979 e em 1980. No dia 8 de setembro de 1979 ocorrerá o "Jubileu de Diamante" da Coroação Pontifícia da Imagem de Nossa Senhora da Conceição Aparecida, realizada no mesmo dia e mês do ano de 1904. E aos 16 de julho de 1980 se fará o "Jubileu de Ouro" do "Moto Próprio" de Sua Santidade o Papa Pio XI, de feliz memória, que constituiu Nossa Senhora Aparecida Padroeira Principal do Brasil.

Nosso Santuário Nacional, um desses lugares privilegiados, será a sede central do Ano Mariano Jubilar. Aparecida será não apenas o centro de atração de milhares ou milhões de peregrinos, mas especialmente o estímulo para uma evangelização integral, centrada no Cristo e tendo a Virgem Aparecida por Rainha e Padroeira, inigualável força catalizadora para uma vida profunda e convictamente cristã.

Temos o prazer de declarar o "Hino Oficial do Ano Mariano Jubilar", o popular "Ave, Ave, Ave, Maria! Nossa Senhora Aparecida!" (Música: Padre João L. Talarico. Letra: Religiosa Carmelita de Aparecida.)

Estribilho:
"Ave, ave, ave, Maria!
Nossa Senhora Aparecida!

Ao trono acorrendo	*E a santa Senhora,*
Da Virgem Maria,	*Em tosco altarzinho,*
Exulta o Brasil	*É logo cercada*
De amor e alegria.	*De prece e carinho.*
Dois séculos faz,	*Na reza do terço,*
À Terra Ela vinha,	*Prodígio sem par!*
Dos nossos afetos	*Por si se acenderam*
Ser doce Rainha.	*As velas do Altar.*
O rio Paraíba	*Bem longe seu manto*
Recebe o favor	*A Virgem estende...*
De imenso tesouro:	*E em laços de afeto*
A Mãe do Senhor.	*A seus filhos prende!*
Nas curvas de um M,	*Por anos a fio*
No rio brasileiro,	*Na igreja saudosa*
Maria aparece,	*Rezou o Brasil*
À luz do "Cruzeiro",	*À Mãe carinhosa.*
Maria! Na rede	*Agora um Palácio*
De três pescadores	*De régio esplendor*
Vem ser prisioneira	*Lhe erguemos com fé,*
De nossos amores.	*Qual trono de amor.*

À rede acorreram
Os peixes, à flux,
Imagem das almas
Que a Virgem seduz.

A imagem sagrada,
Um tempo escondida,
Seu povo desperta...
Quer ser conhecida.

Nas cruzes da vida.
Clamemos: "Maria":
Oh! Nossa Esperança,
Vem ser nosso Guia.

Ó Mãe e Rainha,
No manto de anil
Guardai nossa Pátria!
É vosso o Brasil".

1980
O PAPA JOÃO PAULO II ENTRE NÓS
FERIADO NACIONAL – 12 DE OUTUBRO

A visita do primeiro romeiro em 1717...
A visita do romeiro S.S. Papa João Paulo II:
"Venho, pois, consagrar esta basílica, testemunho da fé
e devoção mariana do povo brasileiro".

Papa João Paulo II, 1980

Após o Congresso Eucarístico Nacional de Fortaleza-CE, o Papa João Paulo II (Karol Józef Wojtyla, nascido em Cracóvia, na Polônia) visitou em 4 de julho de 1980 o Santuário Nacional, concedendo-lhe o título de "Basílica Menor", e consagrou a nova igreja como o maior Santuário Mariano do mundo. O altar foi ungido, incensado e iluminado segundo o ritual romano. Este altar hoje está na Capela dos Apóstolos.

Durante a missa de Sagração da Basílica de Aparecida, cerca de 250 mil fiéis o aclamaram "João de Deus". João Paulo II afirmou que, "diante da fome de Deus que hoje advém em muitos homens, mas também diante do secularismo que, às vezes, imperceptível como o orvalho, outras vezes violento como o ciclone, arrasta a todos, somos chamados a construir a Igreja".

Pediu ainda a Nossa Senhora Aparecida que fizesse da Igreja Católica "a defensora de todos, em particular dos pobres e necessitados, dos socialmente marginalizados. Fazei que a Igreja do Brasil esteja sempre a serviço da justiça entre os homens e contribua ao mesmo tempo para o bem comum de todos e para a paz social".

Antes da cerimônia de consagração, prestou uma homenagem a Nossa Senhora Aparecida:

> "Do primitivo e tosco oratório – o 'Altar de Paus' dos velhos documentos – à capela que o substituiu e dos sucessivos acréscimos, até a basílica antiga de 1908, os templos materiais aqui erguidos são sempre o símbolo da fé do povo brasileiro e do seu amor com a Santíssima Virgem.
> [...]
> Sei que, há pouco tempo, em lamentável incidente, despedaçou-se a pequenina imagem de Nossa Senhora Aparecida. Contaram-me que, entre os mil fragmentos, foram encontradas intactas as duas mãos da Virgem, unidas em oração. O fato vale como um símbolo: as mãos postas de Maria, no meio das ruínas, são um convite a seus filhos darem espaço em suas vidas à oração, ao absoluto de Deus, sem o qual tudo o mais perde sentido, valor e eficácia. O verdadeiro filho de Maria é um cristão que reza.
> [...]
> Neste lugar, a Virgem Aparecida, há mais de dois séculos, marcou um encontro singular com a gente brasileira. Com razão para aqui se voltam, desde então, os anseios desta gente, aqui pulsa, desde então, o coração católico do Brasil. Meta de incessantes peregrinações, vindas de todo o país, esta é, como já disse alguém, a 'capital espiritual do Brasil'.
> [...]
> Venho, pois, consagrar esta basílica, testemunho da fé e devoção mariana do povo brasileiro; e o farei com comovida alegria, após a celebração da Eucaristia".[97]

O Papa João Paulo II esteve no Seminário Bom Jesus por algumas horas, repousando, e conversou com os seminaristas de Aparecida. Almoçou em companhia do Cardeal Motta e de seu auxiliar, o bispo Dom Penido.

---

[97] João Paulo II, Aparecida, 4 de julho de 1980.

Como um "romeiro" ilustre, trouxe de presente para Nossa Senhora um conjunto de cinco painéis, obras do artista Prof. Ferruccio Ferrari, representando os evangelistas São Mateus, São Lucas, São Marcos, São João e o Cordeiro de Deus. Hoje, encontra-se no altar da Capela do Santíssimo da nova Basílica.

O Papa João Paulo II concedeu à nova Basílica o título de "Casa da Mãe de Deus".

No dia 1º de maio de 2011, o Papa João Paulo II, Pontífice de 1978 a 2005, foi beatificado pelo Papa Bento XVI e canonizado pelo Papa Francisco no dia 27 de abril de 2014, dia em que o Papa João XXIII, cujo pontificado foi de 1958 a 1963, também foi canonizado.

Feriado Nacional – 12 de Outubro

No mês em que o Papa João Paulo II visitou o Brasil e em especial a cidade de Aparecida, fomos presenteados com o Decreto nº 6.802, do Diário Oficial da União, "Declarando feriado federal o dia 12 de outubro para o culto público e oficial a Nossa Senhora Aparecida", assinado pelo Presidente da República, General João Batista de Figueiredo.

1982
TOMBAMENTO DA
BASÍLICA HISTÓRICA

*Os príncipes vieram,
romeiros chegaram,
os aparecidenses aplaudiram
e a Basílica Histórica foi tombada!*

"De estilo barroco a Basílica Histórica foi tombada como monumento de interesse histórico, religioso e arquitetônico, no dia 18 de abril de 1982, pelo Conselho de Defesa do Patrimônio Histórico, Arquitetônico, Artístico e Turístico do Estado de São Paulo (Condephaat).

O ato de tombamento foi assinado pelo Secretário de Cultura do Estado de São Paulo, Deputado Federal Cunha Bueno.

Dom Antônio Ferreira de Macedo, bispo auxiliar de Aparecida, celebrou a missa e representou o Arcebispo Dom Geraldo Maria de Morais Penido.

Praça Nossa Senhora Aparecida, 18/04/1982, durante o tombamento da Basílica Histórica. Da esquerda para a direita: Jovem Polidoro (à época, Prefeito de Roseira), Prof. José Luiz Pasin, Profa. Conceição Borges Ribeiro Camargo, D. Pedro Gastão de Orleans e Bragança, Isabelle Orleans e Bragança, Condessa de Paris, Príncipe D. Francisco de Orleans e Bragança, Profa. Tereza Galvão Pasin (autora desta obra), Prof. e Vereador Gentil Vian.

1985
XI CONGRESSO EUCARÍSTICO NACIONAL

*Dez capitais do Brasil sediaram o Congresso.
Nossa pequena cidade,
a escolhida pela Virgem Aparecida,
é sede do XI Congresso Eucarístico Nacional,
em seu Santuário Nacional.*

" Deus amou de tal modo o mundo que lhe deu seu Filho único, para que todo aquele que nele crer não pereça, mas tenha a vida eterna. Deus não enviou seu Filho para condenar o mundo, mas para que o mundo seja salvo por Ele" (Jo 3,16-17).

Arquivo da Cúria Metropolitana da Arquidiocese de Aparecida.

Entre os dias 16 a 21 de julho de 1985, realizou-se em Aparecida o XI Congresso Eucarístico Nacional. Estiveram presentes o Cardeal Dom Sebastião Baggio, representando o Papa João Paulo II; o Núncio Apostólico do Brasil, Dom Carlo Furno; o Arcebispo Metropolitano de Aparecida, Dom Geraldo Maria de Morais Penido; três bispos estrangeiros, Timor Leste, Lisboa e Itália; o Arcebispo de Tóquio; o Cardeal Dom Agnelo Rossi, Presidente da Comissão do Patrimônio da Santa Sé; o Cardeal de São Paulo, Dom Paulo Evaristo Arns; o Cardeal do Rio de Janeiro, Dom Eugênio Sales; o Cardeal de Salvador, Dom Avelar Brandão Vilela, 22 arcebispos, 123 bispos, padres, religiosas e um grande número de participantes.

Entre os fatos que marcaram o Congresso, destacam-se a criação da Academia Marial de Aparecida ou Centro Mariológico, instalada na Torre Brasília, na Basílica Nova, em 16 de julho. Foi criada pelo então Arcebispo de Aparecida, Dom Geraldo Maria de Moraes Penido; um local de reflexão, pesquisa da teologia mariana e da devoção do povo a Nossa Senhora; seu primeiro diretor foi o Cônego João Côrrea Machado.

Tem como patrono São José de Anchieta, considerado o primeiro mariólogo do Brasil. Seu poema, intitulado "Poema à Virgem Mãe de Deus", ensaiado em praia deserta, é o mais longo na literatura universal. Quase seis mil versos! Esse poema inicia-se com os seguintes versos:

> Cantar? Calar? Ó Mãe de Jesus toda santa,
> cala-se minha boca ou teus louvores canta?
> [...]
> Que o meu coração, mais forte em afetos, ...
> suplante a pedra, o ferro, o bronze, o indômito diamante. [...]

Durante o Congresso, ocorreu também a bênção da pedra fundamental do Centro Nacional de Convenções, hoje Centro de Eventos Padre Vítor Coelho de Almeida.

Participaram da cerimônia de encerramento o Presidente da República, José Sarney, sua esposa, D. Marly Macieira Sarney, o Governador do Estado de São Paulo, André Franco Montoro, dentre outras autoridades. A "Esquadrilha da Fumaça" da Academia da Força Aérea de Pirassununga-SP homenageou os congressistas.

A respeito da importância do legado do Congresso Eucarístico, o Arcebispo de Curitiba, Dom Pedro Fedalto, assim se manifestou:

> "Cinco Congressos num Congresso.
> Em Aparecida, de 16 a 21 de julho passado, realizou-se o XI Congresso Eucarístico Nacional.
> Podemos afirmar com toda a verdade que foram realizados cinco Congressos, dentro do Congresso. Explico-me. Cada dia foi um Congresso Eucarístico completo para todos os seus participantes. Assim tivemos o Dia da Criança, dos Consagrados e Ministros, dos Jovens, dos Casais e dos Romeiros, com a Confraternização das Raças. [...]
> Como eram felizes as crianças, vindas de todo o Brasil, cantando 'O Siriema do Mato Grosso', 'Asa Branca', 'Peixe Vivo' e outras músicas típicas de cada região. Foi demonstrado que a grande riqueza do Brasil são as crianças e, no entanto, elas passam fome, são abandonadas, sem escola, sem saúde, sem futuro.
> [...]
> Todos entenderam que o lema do Congresso: 'Pão Para Quem Tem Fome' deve ser vivido pelos cristãos, como os da comunidade primitiva de Jerusalém. [...]"[98]

---

[98] PEDRO, Padre Aristides de Menezes, C.Ss.R. "Memória". Secretaria Executiva do XI Congresso Eucarístico Nacional. Aparecida, 1985, p. 7 e 8.

1995
POSSE DO CARDEAL DOM FREI ALOÍSIO LORSCHEIDER

Frei Aloísio – Cardeal Lorscheider –
adotou como lema de seu episcopado:
"Na Cruz, a Salvação e a Vida" e servir a Senhora Aparecida.
Seu sorriso sereno e contagioso permanecerá em nossos corações.

Léo Arlindo Lorscheider, primo do arcebispo Dom Ivo Lorschaiter, nasceu em 8 de outubro de 1924, em Estrela, Rio Grande do Sul. Foi ordenado sacerdote em 22 de agosto de 1948, na cidade de Divinópolis, Minas Gerais. No dia 3 de fevereiro de 1962, foi nomeado pelo Papa João XXIII bispo da Diocese de Santo Ângelo-RS e adotou como lema de seu episcopado *"In Cruce Salus Et Vita"* (Na Cruz, a Salvação e a Vida). Posteriormente, passou a usar o nome de Dom Aloísio Lorscheider.

Em abril de 1973, o Papa Paulo VI o nomeou Arcebispo de Fortaleza-CE e, em 1976, foi nomeado Cardeal.

Em julho de 1995, foi transferido de Fortaleza-CE para a Arquidiocese de Aparecida, tomando posse no dia 18 de agosto do mesmo ano. Sob seu trabalho, a administração dos bens do Santuário foi novamente confiada aos padres redentoristas.

Presidente do Conselho Episcopal Latino-Americano – CELAM – e presidente da Conferência Nacional dos Bispos do Brasil – CNBB, por duas vezes, participou do Concílio Vaticano II, dos Sínodos dos Bispos e das Conferências Episcopais de Medellín, na Colômbia, Puebla, no México, e Santo Domingo.

Em 28 de janeiro de 2004 renunciou ao cargo de Cardeal e no dia 25 de março entregou a Arquidiocese de Aparecida para o Arcebispo Dom Raymundo Damasceno Assis, tornando-se Arcebispo emérito de Aparecida. Retornou para o Convento dos Franciscanos, em Porto Alegre-RS. Faleceu no dia 23 de dezembro de 2007, no Hospital São Francisco, na mesma cidade.

QUARTA PARTE

APARECIDA HOJE...

"Tu, cidade de Aparecida, cidade de Nossa Senhora, de nenhum modo és a mais pequena das cidades brasileiras, porque possuis a Rainha e Padroeira do Brasil..."

Dom Carlos Carmelo de Vasconcellos Motta, 1967

2004
POSSE DO CARDEAL DOM RAYMUNDO DAMASCENO ASSIS

Mineiro da cidade de Capela Nova,
Dom Raymundo Cardeal Damasceno Assis,
a sua serenidade nos leva a
refletir as mensagens do Evangelho,
na casa da Mãe Aparecida!

Dom Raymundo Damasceno Assis nasceu em 15 de fevereiro de 1937, na cidade de Capela Nova-MG. Em 1955, entrou para o Seminário Menor dos Irmãos Maristas, em Mariana-MG, sendo ordenado sacerdote em 1968. Em 1986, foi ordenado Bispo, pelo Cardeal Dom José Freire Falcão, na Catedral de Brasília. De 1986 a 2003, foi Bispo Auxiliar e Vigário--Geral da Arquidiocese de Brasília.

Em 28 de janeiro de 2004, foi nomeado quarto Arcebispo da Arquidiocese de Aparecida, tomando posse no dia 25 de março de 2004. Adotou como lema de seu episcopado "Na alegria do Senhor".

A celebração de cardinalato de Dom Raymundo Cardeal Damasceno Assis aconteceu no dia 20 de novembro de 2010, na Basílica de São Pedro, em Roma.

É o terceiro Cardeal de Aparecida. São seus antecessores Dom Carlos Carmelo de Vasconcellos – Cardeal Motta, de 1964 a 1982, e Dom Aloísio Lorscheider, de 1995 a 2004.

Foi também presidente da Conferência Nacional dos Bispos do Brasil (CNBB) de 2011 a 2015. Em 2013, participou pela primeira vez do Conclave no qual foi escolhido o Papa Francisco. Somente os cardeais com até 80 anos de idade podem votar e participar do Conclave.

O Cardeal Damasceno Assis teve a honra de receber os Papas Bento XVI e Francisco.

2004
CENTENÁRIO DA COROAÇÃO
DA IMAGEM DE NOSSA SENHORA APARECIDA

Revivendo os 100 anos
da coroação da Imagem
da Senhora Aparecida.

C onvite para as comemorações do Centenário da Coroação da Imagem de Nossa Senhora Aparecida.

"1904 – Centenário da Coroação de Nossa Senhora Aparecida – 2004

Revivendo o grande acontecimento que há cem anos marcou a história do grande amor e devoção do povo brasileiro à sua Rainha e Padroeira, o Arcebispo da Arquidiocese de Aparecida, Dom Raymundo Damasceno Assis, e os Missionários Redentoristas do Santuário Nacional de Nossa Senhora Aparecida sentir-se-ão honrados com a presença de Vossa Excelência às solenidades comemorativas ao Centenário da Coroação da Imagem de Nossa Senhora Aparecida, que terão lugar em Aparecida nos dias 7 e 8 de setembro de 2004.

Programa

Dia 7 de setembro, às 19 horas – Celebração Memória.
Praça Nossa Senhora Aparecida – Basílica Histórica.
Dia 8 de setembro, às 9 horas – Celebração Eucarística
Santuário Nacional.

Pela honrosa presença de Vossa Excelência, antecipam sinceros agradecimentos.

Dom Raymundo Damasceno Assis
Arcebispo da Arquidiocese de Aparecida
Missionários Redentoristas
Santuário Nacional."[1]

---

[1] *Revista de Aparecida*. Edição Especial. Publicação do Santuário Nacional para a Campanha dos Devotos. Aparecida, Editora Santuário, 2004, p. 21.

Estiveram presentes às solenidades dos dias 7 e 8 de setembro de 2004 sete cardeais, dentre os quais o Cardeal Dom Eugênio de Araújo Sales, Arcebispo Emérito do Rio de Janeiro, enviado especial do Papa João Paulo II, 46 arcebispos e bispos, padres da Congregação Redentorista, padres da Arquidiocese de Aparecida, o padre doutor Luciano Cristino, Vice-Reitor do Santuário de Nossa Senhora de Fátima, Portugal, autoridades civis, Dom João de Orleans e Bragança, bisneto da Princesa Isabel, autoridades militares, convidados, aparecidenses e romeiros.

Eventos que antecederam ao Centenário

A Academia Marial de Aparecida promoveu o "1º Congresso Mariológico" entre os dias 5 e 7 de setembro de 2003.

O Santuário Nacional de Nossa Senhora Aparecida, o Serviço de Apoio às Micro e Pequenas Empresas de São Paulo (SEBRAE--SP) e a Associação de Joalheiros e Relojoeiros do Noroeste Paulista (AJORESP) lançaram o Concurso "Coroa do Centenário". O lançamento oficial aconteceu na missa solene, no dia 8 de setembro de 2003. Teve a adesão de 17 estados, com 167 participantes. Foram formados os Júris Institucional, Técnico e Popular, com 63 mil votos, através da "Revista de Aparecida".

Após grande expectativa, a coroa vencedora foi das devotas Lena Garrido e Débora Camisasca, da cidade de Belo Horizonte--MG. Na base da coroa lê-se: "1904 – Centenário – 2004".

A Imagem Peregrina de Nossa Senhora Aparecida visitou suas Dioceses.

Tivemos a publicação: "No Ano do Centenário da Coroação, Maria, Mãe dos Peregrinos".

Aconteceu sempre no dia 8 de cada mês uma novena. Durante a homilia, meditaram sobre uma frase da oração Salve-Rainha.

No dia 8 de maio de 2004, foi inaugurada por Dom Eduardo Benes de Sales Rodrigues, bispo de Lorena-SP, a "Exposição Comemorativa do Centenário da Coroação", com 13 estandes, que recordaram a história de Nossa Senhora Aparecida.

As Celebrações

7 de setembro – período da tarde

Dom Raymundo Damasceno Assis recepcionou o Cardeal Dom Eugênio de Araújo Sales, Arcebispo Emérito do Rio de Janeiro, no Aeroporto "Edu Chaves", na cidade de Guaratinguetá-SP. Em seguida, dirigiram-se para o Santuário Nacional.

Dentro do Santuário, o Cardeal Dom Eugênio foi saudado por Dom Raymundo:

> "Expresso minha homenagem, agradecimento e afeto filial ao Santo Padre João Paulo II. Impossibilitado de comparecer à celebração em honra da Virgem Aparecida, Sua Santidade, numa demonstração de paternal solicitude para com os devotos da Mãe de Deus e para com toda a Nação brasileira, designou para representá-lo o Senhor Cardeal Dom Eugênio de Araújo Sales, seu Enviado Especial, a quem saúdo calorosamente, augurando-lhe feliz estada em Aparecida.
> [...]
> Desde os primeiros tempos do cristianismo, especialmente a partir de 431, ano do Concílio de Éfeso, que proclamou a Maternidade divina a Maria, estabeleceu-se o costume de representar a bem-aventurada Virgem Maria coroada com um diamante real [...]".

Celebração Memória

7 de setembro
Praça Nossa Senhora Aparecida
19 horas
Antigo Morro dos Coqueiros

A cerimônia teve início com a representação da pesca e o momento do encontro da Imagem. O Príncipe Dom João de Orleans e Bragança segurou a coroa doada por sua bisavó Princesa Isabel em 1868.

No ano de 1904, a cerimônia foi acompanhada pelo Maestro Randolfo José de Lorena. Em 2004, o "Glória" foi executado pela Orquestra e Coro Baccareli.

Dom Raymundo recebeu das mãos do Reitor do Santuário, Padre Joércio Gonçalves Pereira, C.Ss.R., a coroa e, com ela, coroou a Imagem de Nossa Senhora Aparecida, ao som do hino "Nós te Coroamos", de autoria do Padre Ronoaldo Pelaquim, C.Ss.R.

Após a coroação Dom Raymundo, como Dom Joaquim Arcoverde em 1904, fez um discurso:

> "Que alegria, que privilégio, poder reviver nesta noite, Dia da Pátria, o memorável evento da coroação, há um século, da imagem negra e sorridente da Virgem da Conceição Aparecida, gesto que amanhã, data do centenário, será repetido na solene celebração eucarística, no Santuário Nacional da Rainha e Padroeira do Brasil [...]".

> "O Cardeal Eugênio Sales, com as demais autoridades eclesiásticas presentes, dirige-se até o monumento esculpido pelo gênio de Murilo e reproduzido em bronze pelo artista Pedro Vaz, erigido na histórica praça, e ali rende à grande homenageada o preito filial de amor e gratidão. Dizem as crônicas que, após a inauguração do monumento da Imaculada Conceição, doação dos devotos da cidade de São Paulo, no memorável 8 de setembro de 1904, a banda de música Aurora Aparecidense executou o Hino Nacional. Em seu lugar, cem anos depois, a Orquestra e Coral PEMSA – Projeto Educação Musical do Santuário de Aparecida – recorda a data e presta sua homenagem à Pátria brasileira."[2]

Como há cem anos, com o mesmo fundo musical "Roga por nós, ó mãe tão pia", Padre Joércio, Reitor do Santuário Nacional, reza a consagração. E em um só coro todos cantaram "Dai-nos a Bênção [...]" no momento em que Dom Raymundo abençoa a multidão com a Imagem da Senhora Aparecida.

Ninguém deu um passo, e sob a regência do Maestro José Teixeira Barreto, aparecidense, as orquestras e corais PEMSA e Baccareli apresentaram o hino oficial das romarias "Viva a Mãe de

---

[2] *Revista de Aparecida*. Edição Especial. Publicação do Santuário Nacional para a Campanha dos Devotos. Aparecida, Editora Santuário, 2004, p. 53.

Deus e Nossa", de autoria do Conde Dr. José Vicente de Azevedo, hino escolhido pelo Cardeal Motta para ser cantado quando as romarias subissem a ladeira Monte Carmelo.

Ao som do hino, a Imagem de Nossa Senhora foi colocada em seu carro-canoa pelas mãos de Dom Raymundo.

E assim estava encerrada a Celebração Memória.

Celebração Eucarística

8 de setembro – 2004
9 horas
Santuário Nacional – Antigo Morro das Pitas

"Oh! Santa e Feliz Alegria!
Oh! Dia mil vezes
Bendito!"

Cardeal Dom Joaquim Arcoverde,
Arcebispo do Rio de Janeiro – 1904.

Com esta saudação o Padre Darci José Nicioli, hoje, Arcebispo de Diamantina, MG, deu início à solenidade, fazendo uma retrospectiva da história de Nossa Senhora Aparecida, iniciando no ano de 1717 até a vinda do Papa João Paulo II, no ano de 1980, com sua oração final: "Nossa Senhora Aparecida, abençoai este vosso Santuário e os que nele trabalham, abençoai este povo que aqui ora e canta, abençoai todos os vossos filhos. Abençoai o Brasil. Amém".[3]

Em seguida usou da palavra o Sr. João Henrique de Almeida Souza, Presidente da Empresa de Correios e Telégrafo: "Podemos dizer que estamos emitindo o selo 'dourado da esperança', com o qual selamos o nosso compromisso com a Nossa Senhora da Conceição Aparecida [...]".

Além desse, temos três outros selos dedicados a Nossa Senhora Aparecida: em 6 de setembro de 1954, no Cinquentenário da Coroação da Imagem, no Primeiro Congresso Nacional da

---

[3] Papa João Paulo II.

Padroeira do Brasil; na data de 15 de agosto de 1967, pela oferta pontifícia da Rosa de Ouro ao Santuário de Nossa Senhora Aparecida; e pela Festa comemorativa do 250º Jubileu do Encontro da Imagem, em 12 de outubro de 1967.

O Superior Provincial dos Missionários Redentoristas da Província de São Paulo, Padre José Ulysses da Silva, afirmou em seu discurso: "Nossa Senhora Aparecida é para nós como que um selo maravilhoso, este selo que nós colocamos em nossas preces a Deus e que nos dá a garantia, o direito de que vai chegar ao seu destinatário, a Deus [...]".

Em seguida, discursou o Sr. Patrus Ananias, Ministro do Desenvolvimento Social:

> "Agora Nossa Senhora se materializa no Brasil, expressa-se no Brasil com uma dimensão mais humana ainda, uma Nossa Senhora negra, uma Nossa Senhora dos pobres, dos escravos, dos índios, dos pequenos, dos excluídos; como foi tão bonito aqui hoje na celebração – por pescadores, por homens e mulheres simples, humildes, uma Nossa Senhora que se manifesta solidária com a caminhada de libertação, com a caminhada da emancipação do povo brasileiro[...]".

Após os discursos, iniciou-se no Santuário Nacional a Celebração Eucarística.

O Coral e Orquestra Baccareli, regido pelo Maestro Sílvio Baccareli, deu início com o canto de entrada, *"Ecce Sacerdos Magnus"*. Nesse momento, Dom Raymundo afirmou:

> "Sentindo a emoção de viver este momento histórico de significado tão profundo para a Nação brasileira, convido as pessoas presentes e as que acompanham esta solenidade pelo rádio e pela televisão, para, unidos, elevarmos, até o trono do Altíssimo, nossas preces de ação de graças pela incomparável dádiva de termos Maria por Mãe e de termos, ao longo dos cem anos, por sua intercessão, recebido a assistência contínua de Deus Pai [...]".

O Papa João Paulo II se fez presente, através de seu emissário, o Cardeal Dom Eugênio de Araújo Sales, que fez a leitura da mensagem papal:

"Há quase três séculos que a Virgem marcou um encontro singular com a gente brasileira neste lugar. As origens do Santuário estão ligadas à descoberta, por parte de três pescadores, de uma pequenina imagem de Nossa Senhora, de cor escura e de rosto sorridente, que eles viram emergir das águas, pescada na rede, com a qual puderam depois recolher uma pesca abundante.
[...]
Como demonstração do meu grande afeto, concedo-vos a implorada Bênção Apostólica".

Durante a Celebração Eucarística houve uma representação da pesca milagrosa.

"Feita de terracota, enegrecida pelo lodo do rio e pela fuligem das velas, traz no rosto um terno sorriso. As mãos postas em oração descansam sobre uma pequena barriga. Ela está grávida de Deus! Mistério da Encarnação!"[4]

A Celebração foi presidida pelo enviado do Papa João Paulo II, Cardeal Dom Eugênio e iniciou-se com o mesmo Canto Penitencial da missa de 1904: *"Kyrie eleison, Christe eleison, Kyrie eleison!"*.

A Liturgia da Palavra foi proclamada pelo Governador de São Paulo, Geraldo Alckmin.

O "Aleluia", composto pelo Maestro Sílvio Baccareli, foi a saudação à Palavra de Deus.

O celebrante Dom Eugênio Sales pregou a homilia:

"Nesta data litúrgica da Natividade de Nossa Senhora, São Mateus, em seu Evangelho de hoje, coloca Jesus e Maria intimamente unidos na salvação da Humanidade. Diz São Mateus (1,18): 'A origem de Jesus Cristo foi assim. Maria, sua Mãe, [...] achou-se grávida pelo Espírito Santo'. E São Paulo, na Carta aos Romanos (8,28-31), referindo-se ao plano de Deus, afirma: 'E os que predestinou, também os chamou; e os que chamou, também justificou; e os que justificou, também os glorificou'. Este Santuário nos ajudará a viver o plano

---

[4] *Revista de Aparecida*. Edição Especial. Publicação do Santuário Nacional para a Campanha dos Devotos. Aparecida, Editora Santuário, 2004, p. 69.

de Deus a nosso respeito. A Virgem Aparecida é alicerce da esperança cristã [...]".

Cerimônia da Coroação

Ao som da "Marcha dos Religiosos", de Mozart, a coroa do Centenário e o Manto foram levados pelos Dragões da Independência.

"Dom Eugênio asperge a coroa e o manto, e com ele adorna a Amantíssima Imagem. Dom Damasceno, repetindo o mesmo gesto de Dom José de Camargo Barros, no distante ano de 1904, em piedosa eloquência, orna, com grande emoção, a cabeça Daquela que é a Mãe e a Rainha amada da gente simples, humilde e sincera desta bendita Terra de Santa Cruz. [...]"[5]

E os devotos da Senhora Aparecida, em um só hino, louvaram:

"Nós te coroamos, Senhora
Aparecida, mais uma vez.
Nós te coroamos, nós te
Coroamos, Rainha do Brasil!"[6]

No momento da comunhão, uma recordação do hino do Congresso Eucarístico, realizado em Aparecida, no ano de 1985:

"Nessa curva do rio,
tão mansa, onde o pobre
seu pão foi buscar, o
Brasil encontrou a Esperança:
Esta Mãe que por nós vem rezar!"

---

[5] *Revista de Aparecida*. Edição Especial. Publicação do Santuário Nacional para a Campanha dos Devotos. Aparecida, Editora Santuário, 2004, p. 76.
[6] Padre Ronoaldo Pelaquim.

O Presidente da Celebração, acompanhado dos cardeais, bispos, presbíteros e padres presentes, entronizaram a Imagem em seu nicho.

Foi anunciada a recitação cantada em latim do "Salve-Rainha", que assim termina: "Rogai por nós santa mãe de Deus. Para que sejamos dignos das promessas de Cristo".

E terminando, Dom Raymundo fez a Consagração a Nossa Senhora Aparecida: "Ó Maria Santíssima, pelos méritos de Nosso Senhor Jesus Cristo, que em vossa querida Imagem de Aparecida espalhais inúmeros benefícios sobre todo o Brasil. Eu, embora indigno de pertencer ao número dos vossos filhos e filhas, mas cheio do desejo de participar dos benefícios de vossa misericórdia, prostrado a vossos pés, consagro-vos o meu entendimento, para que sempre pense no amor que mereceis [...]".[7]

E com os devotos cantando "Dai-nos a bênção, ó Mãe querida, Nossa Senhora Aparecida [...]", foi dada a bênção final.

Novamente, como no 250º ano do encontro da Imagem de Nossa Senhora Aparecida, a Imagem Peregrina percorreu inúmeras arquidioceses, dioceses e paróquias e foi levada até o exterior.

---

[7] Leia a Consagração a Nossa Senhora Aparecida na íntegra na p. 258.

2005
FUNDAÇÃO DA TV APARECIDA

"Ide, pelo mundo todo, proclamar a Boa-Nova a toda a criatura!
Os apóstolos partiram e anunciaram por toda a parte" (Mc 16,15-20).
No ar, TV Aparecida.

Os padres redentoristas vieram para evangelizar. No ano de 1900, fundaram a Editora Santuário e meio século mais tarde a Rádio Aparecida.

No aniversário de fundação da Rádio Aparecida, no dia 8 de setembro de 2005, fundaram a TV Aparecida, a TV de Nossa Senhora. Estão também presentes na internet, no site www.A12.com

Agora o romeiro de Nossa Senhora pode acompanhar ao vivo o que acontece no Santuário Nacional.

Os estatutos da Congregação do Santíssimo Redentor relatam em seu número 22: "A Congregação largamente aceita e emprega em seu serviço pastoral os meios de comunicação social, que muito contribuem para propagar e consolidar o reino de Deus, quer se trate de publicações literárias, populares ou científicas, quer de produção artística ou meios audiovisuais".

Como lembrança da Igreja do Morro dos Coqueiros, Basílica Histórica desde 2008, de lá é transmitida a Santa Missa às 18h15.

Registramos aqui o empenho e incentivo do Cardeal Dom Aloísio Lorscheider *(in memoriam)* à fundação da TV Aparecida, a bênção dada por Dom Raymundo Damasceno Assis e o seu primeiro diretor, padre César Moreira Miguel, C.Ss.R.

Vamos recordar as sábias palavras do Padre Vítor Coelho de Almeida, C.Ss.R.: "Depois de construído o prédio, poderemos pensar em um estúdio de TV". Aqui Padre Vítor estava referindo-se ao prédio da Rádio Aparecida.

"A fé está no ar", é esse o atual slogan da TV Aparecida.

2007
APARECIDA HOSPEDA O PAPA BENTO XVI

A visita do primeiro romeiro em 1717...
A visita do romeiro
S.S. Papa Bento XVI:
"Virgem Maria de Aparecida,
a Padroeira da Nação Brasileira".
Papa Bento XVI, 2007

As janelas dos balcões da Basílica de São Pedro se abriram e o Cardeal Jorge Arturo Medina Estévez apareceu para anunciar o novo papa: *"Habemus Papam* – Joseph Ratzinger – Ele se chamará Bento XVI".

As primeiras palavras dirigidas ao povo na praça da Basílica de São Pedro: "Queridos irmãos e irmãs, depois do grande João Paulo II, os cardeais escolheram a mim – um simples, humilde trabalhador da vinha do Senhor, mas estou consolado, porque Deus sabe trabalhar com instrumentos insuficientes. Sobretudo, confio nas orações de todos vocês".

O Papa Bento XVI esteve no Brasil de 9 a 13 de maio de 2007, para participar da V Conferência Geral dos Bispos da América Latina e do Caribe – CELAM. A sede da Conferência foi na cidade de Aparecida, escolhida pessoalmente pelo Papa Bento XVI: "Desejo que a Conferência seja celebrada na América Latina, no Santuário de Nossa Senhora Aparecida". Desembarcou no dia 9 em São Paulo; no dia 10 teve um encontro com os jovens no Estádio do Pacaembu. O dia 11 foi o dia da canonização de Frei Antônio de Sant'Anna Galvão, nascido em Guaratinguetá-SP.

Chegou à cidade de Aparecida dia 11, no período da tarde, e ficou hospedado no Seminário Bom Jesus, inteiramente restaurado para hospedá-lo. Ao chegar ao prédio, onde ficou até 13 de maio, abençoou e inaugurou dois bustos: o do Papa João Paulo II e o outro, esculpido em sua homenagem.

Seminário Bom Jesus, após sua restauração em 2007.

No dia 12 de maio visitou a Fazenda da Esperança, local de recuperação de dependentes químicos, na cidade de Guaratinguetá-SP. No mesmo dia, às 18 horas, foi recebido no Santuário Nacional de Nossa Senhora Aparecida pelo Reitor do Santuário, Padre Mauro Matiazzi, e por Dom Raymundo, hoje, Cardeal Damasceno Assis, para a Oração do Rosário.

Um "romeiro" ilustre trouxe um presente a Nossa Senhora Aparecida: "O Papa Bento XVI oferece com muito amor à mãe de Deus, a Virgem Maria de Aparecida, a Padroeira da Nação Brasileira, uma Rosa de ouro".[8]

Arquivo da Cúria Metropolitana da Arquidiocese de Aparecida, 2007.

---

[8] Santuário Nacional de Nossa Senhora Aparecida, 12 de maio de 2007.

Bento XVI ganhou um terço de ouro e terracota de presente; o ouro simboliza um metal precioso e a terracota a simplicidade.

No dia 13, domingo, Dia das Mães, às 10 horas, o Papa Bento XVI celebrou a Santa Missa campal para cerca de 150 mil fiéis.

"O lugar é o Santuário Nacional de Nossa Senhora Aparecida, coração mariano do Brasil: Maria nos acolhe neste Cenáculo e, como Mãe e Mestra, ajuda-nos a elevar a Deus uma prece unânime e confiante..."[9]

Às 16 horas, Bento XVI fez a abertura da V Conferência Geral do Episcopado Latino-Americano e Caribenho, ocorrida de 13 até 31 de maio de 2007.

Como lembrança da V Conferência foi colocado um obelisco, no pátio do Santuário Nacional, doado pela empresa Tamboré Mármores, onde lemos:

> "Eu sou o caminho, a verdade e a vida (Jo 14,6).
>
> Neste lugar bendito, sob o olhar da Virgem Mãe Aparecida, reuniram-se os bispos da América Latina e do Caribe para a V Conferência Geral, inaugurada por Sua Santidade o Papa Bento XVI.
>
> A.D. 2007, Aparecida 13 de maio".

Por volta das 19 horas, do heliporto do Santuário Nacional, Bento XVI partiu para São Paulo, de onde retornou para a o Vaticano, em Roma.

---

[9] Trecho da Homilia da Missa Campal feita pelo Papa Bento XVI no Santuário Nacional de Nossa Senhora Aparecida.

A IMAGEM DE NOSSA SENHORA APARECIDA NA REPÚBLICA TCHECA

No dia 15 de setembro de 2007, a Imagem de Nossa Senhora foi levada para a cidade de Praga, na República Tcheca. O convite veio do Arcebispo de Praga. "Ele nos convidou porque na cidade vivem muitos brasileiros e devotos de Nossa Senhora", afirmou Dom Damasceno Assis.

A entronização da Imagem de Nossa Senhora Aparecida, na Igreja de Nossa Senhora Vitoriosa, onde está a Imagem do Menino Jesus de Praga, contou com a presença do Chanceler da República Tcheca, Príncipe Schwarzemberg, da primeira dama Klausová, de Dom Raymundo Damasceno Assis, hoje Cardeal, do Padre Darci José Nicioli, Bispo Auxiliar em Aparecida e hoje Arcebispo de Diamantina, MG, e autoridades tchecas.

2013
POSSE DE DOM DARCI JOSÉ NICIOLI

Vamos recordar sempre da frase de Dom Darci
"Rezar sempre resolve!", que nos é transmitida com
alegria e serenidade!

Dom Darci José Nicioli nasceu no dia 1º de maio de 1959, em Jacutinga-MG.

Em 1974 ingressou no Seminário Redentorista Santo Afonso de Aparecida-SP e ordenou-se sacerdote em 1986.

Neste mesmo ano, seguiu para Roma, onde cursou o Mestrado em Teologia Dogmática, no Pontifício Ateneu Santo Anselmo. Retornando ao Brasil, foi Reitor do Seminário de Filosofia em Campinas, Professor de Teologia Dogmática e Sacramentos no Instituto de Estudos Superiores São Paulo, na Faculdade de Teologia Nossa Senhora da Assunção e na Pontifícia Universidade Católica de Campinas. De 1990 a 1996, foi Vigário Paroquial da Paróquia de São José Operário, em Campinas. De 1997 a 2005, foi nomeado Ecônomo do Santuário Nacional de Aparecida. Em 2003, tornou-se Conselheiro Provincial da Província Redentorista de São Paulo. De 2005 a 2008, Superior da Casa Geral da Congregação Redentorista e do Santuário Internacional de Nossa Senhora do Perpétuo Socorro, em Roma.

Em dezembro de 2008, foi nomeado Reitor do Santuário Nacional de Nossa Senhora Aparecida.

Em 14 de novembro de 2012 foi nomeado pelo Papa Bento XVI como Bispo Auxiliar da Arquidiocese de Aparecida. No dia 3 de fevereiro de 2013, ocorreu sua Ordenação Episcopal no Santuário Nacional de Aparecida, sendo sagrado pelas mãos de Dom Raymundo Cardeal Damasceno Assis.

Dom Darci adotou como lema de seu episcopado *"Signum tuum luceat"*, que significa "Que brilhe a Tua luz" (Apocalipse 12,1).

2013
O PAPA FRANCISCO ENTRE NÓS

A visita do primeiro romeiro
em 1717...
A visita do romeiro
S.S. Papa Francisco:
"Peço-vos um favor: rezem por mim,
rezem por mim, preciso.
Que Deus vos abençoe, que Nossa Senhora Aparecida
cuide de vós e até 2017, porque eu vou voltar".
Papa Francisco, 2013

O Papa Bento XVI, no dia 28 de fevereiro de 2013, renunciou oficialmente ao pontificado. Hoje é Papa Emérito.

No dia 13 de março, às 16h10, da sacada principal da Basílica de São Pedro, o Cardeal francês Jean-Louis Tauran pronunciou em latim: "Anuncio-vos uma grande alegria, temos Papa: o Eminentíssimo e Reverendíssimo Jorge Mário Bergoglio, Cardeal da Santa Igreja Romana, que escolheu o nome Francisco".

O primeiro papa latino-americano nasceu em Buenos Aires, no dia 17 de dezembro de 1936, e foi sacerdote da Companhia de Jesus.

O Papa Francisco veio ao Brasil para participar da 28ª Jornada Mundial da Juventude, na cidade do Rio de Janeiro, que ocorreu entre os dias 23 a 28 de julho de 2013.

Ao chegar ao Rio de Janeiro no dia 22 de julho, onde ficou hospedado na Residência Assunção, no Sumaré, fez um discurso na sede do Governo do Rio de Janeiro, com a presença da Presidente Dilma Rousseff, inúmeros bispos, cardeais e convidados:

"Senhora Presidenta, Ilustres Autoridades, Irmãos e amigos!
Quis Deus na sua amorosa providência que a primeira viagem internacional do meu Pontificado me consentisse voltar à amada América Latina, precisamente ao Brasil, na-

ção que se gloria de seus sólidos laços com a Sé Apostólica e dos profundos sentimentos de fé e amizade que sempre a uniram de modo singular ao Sucessor de Pedro. Dou graças a Deus pela sua benignidade.

Aprendi que para ter acesso ao Povo Brasileiro é preciso ingressar pelo portão do seu imenso coração; por isso permitam-me que nesta hora eu possa bater delicadamente a esta porta.

Peço licença para entrar e transcorrer esta semana com vocês. Não tenho ouro nem prata, mas trago o que de mais precioso me foi dado: Jesus Cristo! Venho em seu Nome, para alimentar a chama de amor fraterno que arde em cada coração; e desejo que chegue a todos e a cada um a minha saudação: 'A paz de Cristo esteja com vocês!' [...]

Quero dirigir uma palavra de afeto aos meus irmãos no Episcopado, em que pousa a tarefa de guiar o Rebanho de Deus neste imenso País, e às suas amadas igrejas particulares. [...]

O motivo principal da minha presença no Brasil, como é sabido, transcende as suas fronteiras. Vim para a Jornada Mundial da Juventude. Vim para encontrar os jovens que vieram de todo o mundo, atraídos pelos braços abertos do Cristo Redentor. Eles querem agasalhar-se no seu braço para, junto de seu Coração, ouvir de novo o seu potente e claro chamado: 'Ide e fazei discípulos entre todas as nações'.

[...]

Cristo 'bota fé' nos jovens e confia-lhes o futuro de sua própria causa: 'Ide, fazei discípulos'. Ide para além das fronteiras do que é humanamente possível e criem um mundo de irmãos. Também os jovens 'botam fé' em Cristo. Eles não têm medo de arriscar a única vida que possuem porque sabem que não serão desiludidos.

[...]

Concluindo, peço a todos a delicadeza da atenção e, se possível, a necessária empatia para estabelecer um diálogo de amigos. Nesta hora, os braços do Papa se alargam para abraçar a inteira nação brasileira, na sua complexa riqueza humana, cultural e religiosa. Desde a Amazônia até os pampas, dos sertões até o Pantanal, dos vilarejos até as metrópoles, ninguém se sinta excluído do afeto do Papa. Depois de amanhã, se Deus quiser, tenho em mente recordar-lhes todos a Nossa Senhora Aparecida, invocando sua proteção materna sobre seus lares e famílias. Desde já a todos abençoo. Obrigado pelo acolhimento".

A Jornada Mundial da Juventude teve início dia 23 de julho, quando aconteceu a cerimônia de abertura na praia de Copacabana, sendo celebrante o Arcebispo Metropolitano do Rio de Janeiro e presidente do Comitê Organizador Central, Dom Orani João Tempesta, sem a presença do Papa Francisco.

O Papa visitou Aparecida no dia 24 de julho. Veio como "romeiro ilustre" demonstrar sua devoção a Nossa Senhora Aparecida. Veio de avião do Rio de Janeiro até São José dos Campos-SP, depois de helicóptero até Aparecida. Foi recebido no Santuário Nacional pelo Cardeal Arcebispo de Aparecida, Dom Raymundo Damasceno Assis, pelo Bispo Auxiliar, Dom Darci José Nicioli, o Reitor do Santuário, Padre Domingos Sávio, e diversas autoridades.

O Papa Francisco foi de papamóvel até a Basílica, cumprimentando e abençoando a multidão que o aguardava. Já dentro do Santuário Nacional esteve em oração na Capela dos Apóstolos e, antes de deixar a Capela, foi próximo ao nicho e, como um devoto, beijou a Imagem da Senhora Aparecida e fez o sinal da cruz.

Santuário Nacional, manhã de 24 de julho de 2013,
no dia da visita do Papa Francisco.

No início da Missa, o Cardeal Damasceno Assis dirigiu-se ao Papa:

> "Com grande satisfação, acolho Vossa Santidade neste Santuário de Nossa Senhora da Conceição Aparecida. Esta vossa visita pastoral ao Santuário da Padroeira do Brasil se caracteriza como um ato de devoção a Nossa Senhora [...] São milhares de romeiros, Santidade, que peregrinam para este lugar que foi abençoado pela imagem milagrosa, encontrada no rio Paraíba em 1717 e aqui venerada. Peregrinando, eles manifestam seu afeto filial à Virgem Maria, trazendo-lhe suas necessidades, angústias e gratidão. Mas, guiados sobretudo pela esperança, vêm fortalecer a fé e alimentar a caridade. Quando o Bispo de Roma se faz também um romeiro de Nossa Senhora, todos eles se sentem 'confirmados na verdade da fé' por aquele que 'preside na caridade todas as Igrejas', 'guiando a todos, com firme doçura, nos caminhos da santidade'".

Em seguida o Cardeal Damasceno presenteou o Papa Francisco com uma imagem de Nossa Senhora Aparecida e recebeu do Papa um cálice de presente.

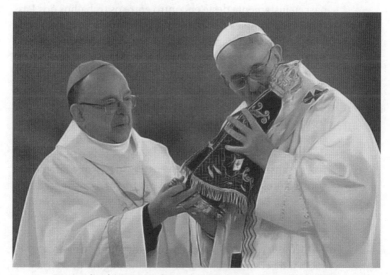

Arquivo da Cúria Metropolitana da Arquidiocese de Aparecida, 2013.

A missa foi celebrada pela Papa Francisco. Em sua homilia pregou:

"Venerados irmãos no episcopado e sacerdócio, queridos irmãos e irmãs!

Quanta alegria me dá vir à casa da Mãe de cada brasileiro, o Santuário de Nossa Senhora Aparecida. No dia seguinte à minha eleição como Bispo de Roma fui visitar a Basílica de Santa Maria Maior, para confiar à Nossa Senhora o meu ministério.

Hoje, eu quis vir aqui para suplicar a Maria, nossa Mãe, o bom êxito da Jornada Mundial da Juventude e colocar aos seus pés a vida do povo latino-americano.

Queria dizer-lhes, primeiramente, uma coisa. Neste Santuário, seis anos atrás, quando aqui se realizou a 5ª Conferência Geral do Episcopado da América Latina e do Caribe, pude dar-me conta pessoalmente de um fato belíssimo: ver como os bispos – que trabalharam sobre o tema do encontro com Cristo, discipulado e missão – eram animados, acompanhados e, em certo sentido, inspirados pelos milhares de peregrinos que vinham diariamente confiar a sua vida à Nossa Senhora: aquela Conferência foi um grande momento da vida de Igreja.

E, de fato, pode-se dizer que o Documento de Aparecida nasceu justamente deste encontro entre os trabalhos dos Pastores e a fé simples dos romeiros, sob a proteção maternal de Maria. A Igreja, quando busca Cristo, bate sempre à casa da Mãe e pede: 'Mostrai-nos, Jesus'. É de Maria que se aprende o verdadeiro discipulado. E, por isso, a Igreja sai em missão sempre na esteira de Maria.

Assim, de cara à Jornada Mundial da Juventude que me trouxe até o Brasil, também eu venho hoje bater à porta da casa de Maria, que amou e educou Jesus, para que ajude todos nós, os Pastores do Povo de Deus, os pais e os educadores, a transmitir aos nossos jovens os valores que farão deles construtores de um país e de um mundo mais justo, solidário e fraterno. Para tal, gostaria de chamar atenção para três simples posturas: conservar a esperança; deixar-se surpreender por Deus; viver na alegria.

Conservar a esperança: A segunda leitura da missa apresenta uma cena dramática: uma mulher, figura de Maria e da Igreja, sendo perseguida por um dragão – o diabo – que quer lhe devorar o filho. A cena, porém, não é de morte, mas de vida, porque Deus intervém e coloca o filho a salvo.

[...]

A segunda postura: Deixar-se surpreender por Deus. Quem é homem e mulher de esperança – a grande esperança que a fé nos dá – sabe que, mesmo em meio às dificuldades, Deus atua e nos surpreende. A história deste Santuário serve de exemplo: três pescadores, depois de um dia sem conseguir apanhar peixes, nas águas do rio Paraíba, encontram algo inesperado: uma imagem de Nossa Senhora da Conceição.

Quem poderia imaginar que o lugar de uma pesca infrutífera tornar-se-ia o lugar onde todos os brasileiros podem se sentir filhos de uma mesma mãe? Deus sempre surpreende, como o vinho novo, no Evangelho que ouvimos. Deus sempre nos reserva o melhor. Mas pede que nos deixemos surpreender pelo seu amor, que acolhamos as suas surpresas. Confiemos em Deus!

[...]

A terceira postura: Viver na alegria. [...] O cristão é alegre, nunca está triste. Deus nos acompanha. [...]

[...]

Queridos amigos, viemos bater à porta da casa de Maria, Ela abriu-nos, fez-nos entrar e aponta-nos o seu Filho. Agora Ela nos pede: 'Fazei o que Ele vos disser'. Sim, Mãe nossa, nós nos comprometemos fazer o que Jesus nos disser! E o faremos com esperança, confiantes nas surpresas de Deus e cheios de alegria. Assim seja".

Após a missa, o Papa Francisco dirigiu-se à Tribuna Bento XVI para dar uma bênção à multidão de aproximadamente 200 mil pessoas que o aguardava na área da Basílica e por toda a cidade, aclamado por todos como um grande líder religioso. Foi um momento único e breve, ficamos com sua mensagem: "Peço-vos um favor: Rezem por mim, rezem por mim, preciso. Que Deus vos abençoe, que Nossa Senhora Aparecida cuide de vós e até 2017 porque eu vou voltar".

Em seguida, seguiu de papamóvel pelas ruas da cidade de Aparecida, onde foi saudado pelos romeiros e aparecidenses, e todos se sentiram acolhidos, cumprimentando a todos como se fossem conhecidos, com um sorriso simples e alegre; e assim foi até chegar ao Seminário Bom Jesus. Ao chegar ao Seminário, foi recebido com flores, almoçou, benzeu a imagem de São Frei Galvão, ajudou a plantar uma muda da árvore pau-brasil e ficou nos aposentos reservados na Ala Pontifícia, onde foram recepcionados os Papas João Paulo II e Bento XVI.

Por volta das 15h15, o Papa Francisco deixou o Seminário Bom Jesus e retornou de papamóvel para o heliporto do Santuário Nacional, regressando a São José dos Campos e depois para o Rio de Janeiro de avião, onde chegou por volta das 18h30. Em seguida, foi de papamóvel ao Hospital São Francisco de Assis, onde inaugurou um centro de atenção à saúde mental e de tratamento para dependentes químicos.

Na noite do dia 25, com mais ou menos um milhão de pessoas, aconteceu a cerimônia de Acolhida, com a presença do Papa Francisco. No trajeto de aproximadamente três quilômetros, o Papa abençoou os fiéis, parou para estar mais próximo das crianças e dos idosos e, mais tarde, deu um depoimento: "Não poderia vir ver este povo, que tem o coração tão grande, dentro de uma caixa de vidro". E no automóvel, ao andar pela rua, baixou o vidro para poder estender a mão e tocar as pessoas.

São palavras do Monsenhor Antônio Luiz Caetano Ferreira, assessor da CNBB e professor de teologia da PUC-RJ: "Bergoglio é o pontífice dos atos simples e da conversa cotidiana, diferentemente de João Paulo II, papa de grandes gestos, como beijar o chão dos países que visitava, e de Bento XVI, mais contido, tímido e intelectualizado".

No domingo, dia 28 de julho, ocorreu a missa de encerramento da Jornada na praia de Copacabana. O Papa Francisco pediu aos jovens: "Ide e fazei discípulos entre todas as Nações", quando foi anunciada a cidade de Cracóvia, na Polônia, como sede da próxima Jornada Mundial da Juventude.

Em seu discurso de despedida do Brasil, o Papa afirmou: "Já começo a sentir saudades deste povo tão grande e de grande coração".

O avião decolou do Rio de Janeiro às 19h35, com destino a Roma.

E assim os romeiros de Nossa Senhora Aparecida, que envolve seu manto nesta abençoada terra desde o ano de 1717, continuam vindo para rezar, pedir, agradecer e renovar sua fé e sua esperança...

"Quem a invoca não se perde!"[10]

---
[10] Trecho da poesia de Preciliana, escrita em 1756.

PEREGRINAÇÃO PARA O "JUBILEU 300 ANOS DE BÊNÇÃOS" EM 12 DE OUTUBRO DE 2017

Levai Senhora Aparecida
os cânticos de nossa despedida.
E em oração esperamos vossa volta!

Teve início no dia 30 de agosto de 2014 a visita de peregrinação da Imagem de Nossa Senhora Aparecida, que visitará todos os estados brasileiros e o Distrito Federal. A primeira Diocese a recebê-la foi a da cidade de Vargem Grande, no estado do Amapá. Os padres redentoristas Alberto Pasquoto e Evaldo César de Souza fizeram parte da peregrinação. A Imagem de Nossa Senhora Aparecida só deve retornar em 2017. Em todas as cerimônias ocorrerá a bênção da terra do estado, que será colocada na coroa do "Jubileu 300 anos de Bênçãos" do encontro da Imagem, no dia 12 de outubro de 2017.

PONTOS CULTURAIS
E TURÍSTICO-RELIGIOSOS

O romeiro mantém o mesmo costume de seus familiares; após a chegada ao hotel, vai ao encontro da Imagem de Nossa Senhora Aparecida. O segundo lugar mais procurado é a Sala das Promessas e a partir daí sai à procura dos pontos culturais e turístico-religiosos.

De todos os pontos culturais e turístico-religiosos, 17 são mantidos pelo Santuário Nacional sob a responsabilidade dos Padres Redentoristas, 3 são de propriedade particular e 2 são mantidos pela Prefeitura Municipal da Estância Turístico-Religiosa de Aparecida.

Descrevemos a seguir os dezessete pontos culturais e turístico-religiosos mantidos pelo Santuário Nacional.

"Acolher bem também é evangelizar"
Dom Darci José Nicioli, C.Ss.R.

1º – Porto Itaguaçu – 1717
Avenida Itaguaçu

Local onde, na curva do rio Paraíba do Sul, em suas águas aconteceu o milagre do encontro da Imagem da Imaculada Conceição, no Bairro das Pedras ou Itaguaçu.

A primeira capelinha no local foi construída por Atanásio Pedroso, mais ou menos em 1732, na estrada real. Mais próximo ao rio, o Padre José Francisco Wand, da Basílica Histórica, construiu uma capela lembrando a pesca milagrosa, inaugurada em 6 de abril de 1926. A capela da estrada real passou a ser a Capela de São Geraldo, dando origem a um bairro do mesmo nome.

No ano do Jubileu dos 250 anos do encontro da Imagem, em 1967, foi colocado um monumento da Pesca Milagrosa com a imagem da Senhora Aparecida, obra do artista aparecidense Francisco Ferreira, conhecido por "Chico Santeiro". Nova reforma aconteceu no ano de 1997. Finalmente, aos 30 de abril de 2005, Dom Raymundo Damasceno Assis presidiu a grande inauguração da reestruturação do Porto Itaguaçu.

2º – Sala das Promessas – por volta de 1732
Subsolo do Santuário Nacional
Leia na íntegra na página 43.
3º – Basílica Histórica - 1888
Praça Nossa Senhora Aparecida
Leia na íntegra na página 88.
4º – Morro do Cruzeiro – 1925
Travessa José Amador, s/nº
Aos 2 de agosto de 1925, os aparecidenses levaram até o alto do morro uma grande cruz de madeira como recordação do Ano Santo. Ao pé da Cruz, foi colocada num nicho uma imagem do Senhor do Bom Jesus do Monte, que recebeu a bênção do padre Thiago Klinger, Vice-Provincial dos padres redentoristas, e o morro recebeu o nome de "Morro do Cruzeiro". São 680 metros de altitude.

No mês de abril de 1948, o padre Antônio Pinto de Andrade, C.Ss.R., inaugurou as 14 capelinhas das estações da Via-Sacra.

Todas as 6ª feiras da quaresma, desde 1970, os fiéis acompanham a Via Sacra no Morro do Cruzeiro.

No dia 21 de abril de 2000, o Morro do Cruzeiro foi reinaugurado e abençoado pelo Cardeal Lorscheider.

São do artista em Arte Sacra Adélio Sarro o painel de entrada e os 14 painéis de concreto da Via Sacra, terminando com o painel da Ressurreição.

O mirante tem 30 metros de altura. Em cima dele, foi colocada uma Cruz de 23 metros de altura, obra do artista Cláudio Pastro, vista de todos os ângulos da cidade, inclusive da via Dutra. O mirante, com dois elevadores panorâmicos, é ligado à Basílica através do Bondinho Aéreo inaugurado, em 25 de junho de 2014, saindo da Estação Santuário, alcançando uma altura de até 115 metros, em direção à Estação Cruzeiro, no Morro do Cruzeiro.

5º – Museu Nossa Senhora Aparecida – 1956
Santuário Nacional, Torre Brasília
O Cardeal de São Paulo, Dom Carlos Carmelo de Vasconcellos Motta, esteve em Aparecida e inaugurou o Museu Nossa Senhora Aparecida no dia 8 de setembro de 1956, fundado pela Professora Conceição Borges Ribeiro Camargo, em uma sala das Oficinas Gráficas, a rua Oliveira Braga, n. 80. Na década de 1960, funcionou

na galeria do Hotel Recreio. Em 12 de outubro de 1967, foi transferido para a Torre Brasília do Santuário Nacional. Ocupando o 1º andar: "Rainha dos Céus, Mãe dos Homens: Aparecida do Brasil" e o 2º andar: "Museu Nossa Senhora Aparecida".

Como é tradição a oferta de ouro para Nossa Senhora Aparecida, hoje temos no Museu a casa do ouro (Domus Aurea), com exposição das joias doadas.

6º – Santuário Nacional de Nossa Senhora Aparecida, 21.06.1959

Avenida dr. Júlio Prestes, s/nº

Leia na íntegra na página 231

7º – Mirante – Torre Brasília – Santuário Nacional

Localizada na torre da Basílica, fica no 18º andar, e tem uma vista privilegiada de Aparecida, das cidades vizinhas, do rio Paraíba e da serra da Mantiqueira.

8º – Passarela da Fé – 1972

Centro Velho e Basílica Nova

Unindo os dois morros: o dos Coqueiros, onde se encontra a Basílica Histórica, e o morro das Pitas, a Basílica Nova. Os romeiros participavam de procissão no Ano Marial na passarela, daí surgir espontaneamente o título de Passarela da Fé.

Foi patrocinada pelo governo federal, no governo do presidente Emílio Garrastazu Médici.

9º – Centro de Apoio ao Romeiro – 1998

Pátio do Santuário Nacional

Conhecido como Shopping dos Romeiros. Foi inaugurado no dia 30 de maio de 1998, com a presença do então Presidente da República, Fernando Henrique Cardoso. Oferece mais de 380 lojas, duas grandes praças de alimentação, estacionamento, fraldário, ambulância, e o ponto de encontro dos romeiros que, porventura perderam-se de seus familiares.

10º – Memorial dos Padres Redentoristas – 1998

Praça Nossa Senhora Aparecida

Situado no pátio interno do Convento dos Padres Redentoristas, construído em 1919, local onde estão os restos mortais dos missionários redentoristas desde 1898. Em uma capela de estilo semigótico, construída em 1926, está o túmulo do Padre

Vítor Coelho de Almeida e um orquidário, que teve início com o Padre Vítor. Há também uma Capela em louvor a Nossa Senhora do Perpétuo Socorro. Todo o espaço foi aberto ao público no ano de 1998. Após uma reestruturação, sediará o Centro Cultural Afonsiano.

11º – Capela da Ressurreição – 2007
Santuário Nacional

No dia 27 de novembro de 2007, foi inaugurada a Capela da Ressurreição. A capela abriga os restos mortais dos Bispos que atuaram na coordenação da Arquidiocese de Aparecida: Cardeal Dom Carlos Carmelo de Vasconcellos Motta, Dom Antônio Ferreira de Macedo e Dom Geraldo Maria de Morais Penido.

12º – Morro do Presépio – 2007
Pátio do Santuário Nacional

No dia 17 de dezembro de 2007, foi inaugurado o Morro do Presépio. Dom Raymundo, hoje Cardeal, presidiu a solenidade e deu sua bênção.

O projeto é do Padre Ronoaldo Pelaquim, C.Ss.R. As obras, feitas de cimento, são do escultor Alexandre de Morais.

Tem quatro portas de entrada: Porta dos Magos, Porta dos Pastores, Porta dos Pescadores e a Porta dos Anjos. Destaques: poço dos três pescadores e a imagem da Senhora Aparecida, anjos indicando onde é o presépio, a gruta em forma de capela que representa o presépio, o campo dos pastores, trilha dos Reis Magos, mais de sessenta peças e uma grande gruta no centro onde jorram as águas em forma de cascata. Ocupa uma área de 7.345 m², com muito verde, bancos para descanso, uma vista privilegiada e rampas que foram adaptadas para portadores de necessidades especiais.

13º – Capela das Velas – 2008
Santuário Nacional

As velas, nesse local, são acesas em um lugar especial, de silêncio e oração. O destaque da capela é a cruz de aço, com cinco metros de altura, obra do artista plástico Cláudio Pastro.

14º – Cidade do Romeiro – 2010
Rua Isaac Ferreira da Encarnação, Jardim Paraíba

No mês de maio de 2010, tiveram início as obras de um novo espaço dedicado ao romeiro, um área de 100 mil metros quadrados e a 700 metros do Santuário Nacional: um local com hotéis, centro de convenção, capela, centro comercial, grande área verde e o ponto inicial para o Caminho do Rosário. A Cidade do Romeiro foi inaugurada no dia 15 de dezembro de 2012.

15º – Centro de Eventos Culturais e Esportivos "Padre Vítor Coelho de Almeida"

Anexo ao Centro de Apoio ao Romeiro

Fundado em 2012. Local para eventos, com uma quadra poliesportiva, salas de convenções sob as arquibancadas (em formato de semicírculo), que acomodam 8.076 pessoas sentadas, 1.572 assentos móveis e 20 lugares para pessoas com necessidades especiais. Possui acesso independente, junto ao trevo de acesso à via Dutra.

16º – Mistérios do Rosário – 2013

Da Cidade do Romeiro ao porto Itaguaçu

Teve início em janeiro de 2013, com término previsto para 12 de outubro de 2017, em comemoração do jubileu de 300 anos do encontro de Nossa Senhora Aparecida. Será um caminho de oração, uma homenagem aos pescadores que encontraram a Imagem: Domingos Garcia, João Alves, Felipe Pedroso e seu filho Atanásio Pedroso. As obras, em tamanho real, são dos artistas paraguaios Blas Cervin e Ângela Cervin.

17º – Bondinho Aéreo – 2014

O Bondinho, saindo do Santuário Nacional, vai até o Morro do Cruzeiro. Cada bondinho tem capacidade para seis pessoas, percorrendo pouco mais de um quilômetro. Foi inaugurado em junho de 2014.

Os pontos turístico-religiosos de propriedade particular são:

1º – Teleférico – Entre as ruas Monte Carmelo, próxima à Basílica Histórica, e Anchieta, próxima à Basílica Nova, inaugurado em 1979.

2º – Aquário – No Centro de Apoio ao Romeiro. Em parceria com o Santuário Nacional.

3º – Passeio de Balsa

Um passeio com duração de 15 a 25 minutos, para grupos de 60 pessoas, no rio Paraíba do Sul, onde foi encontrada a imagem de Nossa Senhora Aparecida.

Já era uma tradição desde, mais ou menos, 1956 o passeio pelo rio Paraíba do Sul.

A Professora Conceição Borges Ribeiro Camargo assim nos descreveu:

"Benedito Daniel, figura popular em Aparecida, era dono de um seguro batelão em que fazia a viagem. A romeirada descia a ladeira e chegava à prainha. Olhava o batelão. Todos eles entravam e desciam, para depois entrarem de uma vez.

Acomodavam-se, depois de infinitas trocas de lugares. Amarravam a criançada e saiam cantando e rezando. Quando os romeiros paravam de cantar, chegava a vez de Benedito Daniel. Tirava a sanfona de um canto do batelão e em grande contraste com os hinos cantados, enchia os ares de modinhas, desafios, improvisos.

Depois dizia em voz alta um sermão que ele sabia de cor... Dramatizava um dos primeiros milagres de Nossa Senhora Aparecida, a salvação de um menino que ia morrendo afogado. Ao narrar o desespero materno, atingido o auge quando o filho estava prestes a se afogar, Benedito Daniel fazia o gesto de se atirar na água, o que era evitado imediatamente pelos romeiros que se levantavam de repente. Era o momento em que o batelão oscilava, homens e mulheres gritavam apavorados. Todos queriam voltar. Mas Benedito Daniel balançando o corpo dizia em tom declamatório:

"O batelão não vira não.

Em lugar abençoado

Ninguém é tragado..."

Tirava outra vez a sanfona do canto do batelão e olhando para o céu...

"Com minha Mãe estarei

Na santa glória um dia

Junto à Virgem Maria

No céu triunfarei!"

E vinha o coro... "No céu, no céu, com minha Mãe estarei!"

Era frequente haver no grupo um cantador ou tocador. Então o passeio era mais demorado. Faziam desafios com Benedito Daniel.

A visita ao porto Itaguassu era alegre, cantada, jamais esquecida. Quem ao longe escutava parava... Dentro da várzea ficavam aquelas vozes louvando a Santa, ficavam desafios e modinhas populares..."[11]

Os pontos turísticos mantidos pela Prefeitura Municipal da Estância Turístico-Religiosa de Aparecida são:
1º – **Feira Livre**
Av. Monumental Papa João Paulo II.
2º – **Museu Professor José Luiz Pasin – 2008**
Rua Valério Francisco, s/nº.

---

[11] Revista Seta Magazine. Edição Especial. São Paulo, Edições Publicitárias Lobo Ltda., 1956, páginas 12 e 13.

Bibliografia

ARQUIVOS, ATAS E DOCUMENTOS

ARQUIVO DA CÚRIA METROPOLITANA
DA ARQUIDIOCESE DE APARECIDA:

Crônica da Comunidade Redentorista de Aparecida, v. I (1894 a 1907).
Crônica da Comunidade Redentorista de Aparecida, v. II (1908 a 1922).

DOCUMENTOS AVULSOS

Livro de Atas da Irmandade de Nossa Senhora da Conceição Aparecida.
Livro do Tombo da Paróquia de Santo Antônio de Guaratinguetá, v. I
(1757 a 1873), v. II (1873 a 1937), v. III (1937 a 1949).
Livro do Tombo da Paróquia de Nossa Senhora Aparecida, v. I (1893 a
1914), v. II (1914 a 1933), v. III (1933 a 1960), v. IV (1961 a 1983).
Livro do Tombo do Santuário de Nossa Senhora Aparecida, v. I (1974 a
1978).
Livro de receita e despesas da capela de Nossa Senhora da Conceição Aparecida, v. I.
Brustoloni, Pe. Júlio J., C.Ss.R. Livro da Instituição da Capela de Nossa
Senhora da Conceição Aparecida. Coletânea de documentos e crônicas
da capela de Nossa Senhora Aparecida (1717 a 1917). Aparecida: 1978.
v. I, II.
_____. *Documentos da capela de Nossa Senhora Aparecida* (1782 a
1981). Aparecida, SP, [s.d.], v. II.
Centro de documentação e memória padre Antão Jorge, C.Ss.R., Santuário Nacional.
Ortmann, Frei Adalberto. *A Imagem de Nossa Senhora e os protagonistas de sua devoção*. Museu Frei Galvão – Arquivo Memória de Guaratinguetá. Guaratinguetá, SP, década de 40.

LIVROS

Alves, Antônio Tadeu de Miranda (Org.). *A Revolução de 32:* no acervo
do Museu Frei Galvão: reconstrução da memória regional. 1. ed. Lorena,
SP: AGC Vidros do Brasil, 2013.
Avelima, Luís. *Seminário Missionário Bom Jesus, presença católica
marcante em Aparecida*. Rio de Janeiro, RJ: Capivara Editora Ltda, 2012.
Barbosa, Benedicto Lourenço. *Nossas origens:* três séculos de história de
Aparecida. Do povoamento à capela (1645-1745). Aparecida, SP: 2007, v. 1.

Barbosa, Benedicto Lourenço. *Nossas origens*: três séculos de história de Aparecida. Da Capela ao Distrito (1745-1891). Aparecida, SP: 2007, v. 2.

_____. *Nossas origens*: três séculos de história de Aparecida. Do Distrito ao bicentenário da capela (1891-1945). Aparecida, SP: 2007, v. 3.

Bisinoto, Pe. Antônio, C.Ss.R. *Para conhecer e amar Nossa Senhora*: formação Mariana. Aparecida, SP: Editora Santuário, 2005.

Brustoloni, Pe. Júlio J., C.Ss.R. *A mensagem da Senhora Aparecida*: nos 100 anos da missão Redentorista, nos 250 anos da existência do Santuário. Aparecida, SP: Editora Santuário, 1994.

_____. *História Abreviada do Santuário de Aparecida*. Aparecida, SP: Editora Santuário, 2008, 15ª reimpressão.

_____. *História de Nossa Senhora Aparecida*: sua imagem e seu Santuário. 9. ed. Aparecida, SP: Editora Santuário, 2011.

_____. *História de Nossa Senhora da Conceição Aparecida*: a imagem e seu Santuário. 14. ed. Aparecida, SP: Editora Santuário, 2012.

_____. *História de Nossa Senhora da Conceição Aparecida*: a imagem, o santuário e as romarias". 2. ed e 10. ed. Aparecida, SP: Editora Santuário, 1979-1998.

Câmara Neto, Isnard de Albuquerque. *A questão de Aparecida e os Redentoristas*. Aparecida, SP: Editora Santuário, 2009.

Carvalho, Cônego Augusto José de. *Trem de Manobra*. Pouso Alegre, MG: Artes Gráficas Irmão Gino Ltda., 1982.

Dias, Lúcio Mauro. *Os guardiões da Santa*: histórias dos retratistas lambe-lambes de Aparecida. Aparecida, SP: Editora Penalux, 2013.

Francheschini, Maria Angelina Vicente de Azevedo, et all. *Conde José Vicente de Azevedo*: sua vida e sua obra. 2. ed. ampliada. São Paulo, SP: Fundação Nossa Senhora Auxiliadora do Ipiranga, 1996.

Freitas, Osvaldo Carvalho. *Aparecida*: capital Mariana do Brasil. Aparecida, SP: Editora Santuário, 1978.

Jubileu de Ouro e Rosa de Ouro. Santuário Nacional de Nossa Senhora Aparecida. Aparecida, SP, 1970.

Lapenta, Pe. Víctor Hugo Silveira, C.Ss.R. *Eles viveram conosco*: falecidos da Província de São Paulo. Aparecida, SP: Centro Redentorista de Espiritualidade, CERESP, Editora Santuário, 2012, v. 2.

Lellis, Helena. *Sob o azul de Aparecida*: vivências. Guaratinguetá, 2012.

Lorena, Pe. Isac Barreto, C.Ss.R. *Aqueles que nos precederam falecidos da Província de São Paulo-SP*: Qui nos praecesserunt cum signo fidei, et dormiunt in somno pacis. Atualizado por Flávio Castro, 2004. Centro Redentorista de Espiritualidade, CERESP. Edição em PDF.

Machado, Pe. João Corrêa, C.Ss.R. Aparecida na história e na literatura. In: *Coleção história da padroeira do Brasil: a imagem, seu culto e seu santuário*. V. I. Campinas, SP: Gráfica Editora, 1975.

MACHADO, Pe. João Corrêa, C.Ss.R. Páginas literárias sobre Nossa Senhora "Aparecida". Campinas, SP: 1975. In: *Coleção História da Padroeira do Brasil a imagem, seu culto e seu Santuário*, v. III.

_____. Poesias à Nossa Senhora Aparecida. Campinas, SP, 1975. In: *Coleção História da Padroeira do Brasil, a imagem, seu culto e seu Santuário*, v. II.

MAIA, Thereza Regina de Camargo; MAIA, Tom. *Frei Galvão*: sua terra e sua vida. 3. ed. Aparecida, SP: Editora Santuário, 2007.

MANCILIO, Pe. Ferdinando, C.Ss.R. *O Dom de uma vida*: conhecendo e rezando com o servo de Deus Pe. Vítor Coelho de Almeida. Aparecida, SP: Editora Santuário, 2012.

Missionários Redentoristas: Manual do devoto de Nossa Senhora Aparecida. Aparecida, SP: Editora Santuário, 78ª reimpressão, 2009.

MOURA, Carlos Eugênio Marcondes de. *Os Galvão de França no povoamento de Santo Antônio de Guaratinguetá*. São Paulo, SP: EDUSP, 1972.

Padres Redentoristas: Aparecida de antanho e de hoje. Aparecida, SP: Editora Santuário, 1945.

PAIVA, Pe. Gilberto, C.Ss.R. *A Província Redentorista de São Paulo*: 1894-1955: Fundação, Consolidação, ereção canônica e desenvolvimento. Um estudo histórico-pastoral. Aparecida, SP: Editora Santuário, 2007.

_____. *Padre Vítor Coelho de Almeida*: o Missionário da Senhora Aparecida. Aparecida, SP: Editora Santuário, 2014.

PASIN, José Luiz. *Vale do Paraíba*: História & Cultura. Lorena, SP, 2007.

_____. *Algumas notas para a história do Vale do Paraíba*: desbravamento e povoamento. São Paulo, SP: Edição do Conselho Estadual de Cultura e Secretaria da Cultura, Ciência e Tecnologia, 1977.

RAMOS, Luciano. *Aparecida Senhora dos brasileiros*: a história de uma devoção na origem de um povo. São Paulo, SP: Paulinas, 2004.

RIBEIRO, Zilda Augusta. *História de Nossa Senhora da Conceição Aparecida e de seus escolhidos*. 9. Aparecida, SP: Editora Santuário, 1998.

SAINT HILAIRE, Auguste de. *Segunda viagem do Rio de Janeiro a Minas Gerais e a São Paulo (1822)*. São Paulo, SP: Companhia Editora Nacional, 1932.

SOLIMEO, Gustavo Antônio; SOLIMEO, Luiz Sérgio. *Rainha do Brasil*: a maravilhosa história e os milagres de Nossa Senhora da Conceição Aparecida. São Paulo, SP: Diário das Leis Ltda., 1992.

SURIAN, Frei Carmelo, OFM. *Vida de Frei Galvão*. Aparecida, SP: Editora Santuário, 1987.

VELOSO, Reginaldo. *Ofício de romaria*: proposta de "Ofício Divino" para romeiros e romarias de todos os santuários e caminhadas. São Paulo, SP: Paulus, 2013.

ZALUAR, Emílio Augusto. *Peregrinação pela Província de São Paulo (1860-1861)*. São Paulo, SP: Livraria Martins Editora.

PERIÓDICOS

Coroação de Nossa Senhora Aparecida: 8 de setembro de 1904. Narrativa Ilustrada pelo Monsenhor José Marcondes Homem de Mello. São Paulo, SP: Editora Duprat, 1905.

Ecos Marianos. Aparecida, SP: Editora Santuário, 1928, 1930, 1932, 1935, 1944, 1950, 1951, 1952, 1953, 1957, 1958, 1959, 1961, 1970, 1971, 1972, 1973, 1985, 1989, 1990, 1991, 1993, 1995, 1996, 1997, 2001.

Jornal Santuário de Aparecida. Aparecida, SP: Editora Santuário, 1912, 1922, 1938, 1957, 1982, edição comemorativa de novembro de 1985, e 2014.

PEDRO, Pe. Aristides de Menezes, C.Ss.R. (*in memória*). *Secretaria executiva do XI Congresso Eucarístico Nacional*. Aparecida, SP, 1985.

Revista da Arquidiocese de Aparecida. Aparecida, SP, 25. ed., ano 2, agosto de 2013.

Revista de Aparecida. Publicação do Santuário Nacional de Aparecida para a Campanha dos Devotos. Aparecida, SP: Editora Santuário: 2004 – edição especial, dezembro 2005, abril 2006, junho 2007, maio 2008 e agosto de 2008; Gráfica Plural: janeiro 2008 – edição especial, maio 2009, agosto 2009, julho 2010, abril 2011, novembro 2011, dezembro 2011, julho 2012, junho 2013, junho 2014; Log & Print Gráfica e Logística: outubro 2014, janeiro 2015, fevereiro 2015.

Revista do Serviço do Patrimônio Histórico e Artístico Nacional, n. 3, 1939.

Revista Seta Magazine. Edição Especial. São Paulo, SP: Edições Publicitárias Lobo Ltda., 1956.

MONOGRAFIAS

COUPÉ, Benedito Dubsky. *Naqueles dias, o conde não saboreou Içá*. Museu Frei Galvão. Arquivo Memória de Guaratinguetá, n. 161. Guaratinguetá, SP, 1997.

FABIANO, Maria Isabella Maia. *A princesa Isabel em Guaratinguetá*. Museu Frei Galvão. Arquivo Memória de Guaratinguetá, n. 128. Guaratinguetá, SP, 1995.

_____. *Nossas raízes indígenas*. Museu Frei Galvão. Arquivo Memória de Guaratinguetá, n. 171. Guaratinguetá, SP, 1998.

FAGUNDES, Joaquim Roberto. *O povoamento das terras e sertões de Guaratinguetá*: Sesmarias e Sesmeiros do século XVIII. Museu Frei Galvão. Arquivo Memória de Guaratinguetá, n. 254. Guaratinguetá, SP, 2005.

FREITAS, Álvaro C. *Domingos Velho Cabral e a Vila de Guaratinguetá*. Museu Frei Galvão. Arquivo Memória de Guaratinguetá, n. 253. Guaratinguetá, SP, 2005.

MAIA, Thereza Regina de Camargo. *Os 280 anos da Irmandade do Santíssimo Sacramento da Matriz de Santo Antônio de Guaratinguetá. Museu Frei Galvão. Arquivo Memória de Guaratinguetá, n. 119. Guaratinguetá, SP, 1994.*

MAIA, Thereza Regina de Camargo. *Frei Antônio de Sant'Anna Galvão, sua vida e sua obra. Museu Frei Galvão.* Arquivo Memória de Guaratinguetá, n. 88. Guaratinguetá, SP, 1989.

_____. *A Irmandade de Santo Antônio: a mais antiga de Guaratinguetá e o primeiro livro Tombo da Matriz. Museu Frei Galvão. Arquivo Memória de Guaratinguetá*, n. 120. Guaratinguetá, SP, 1994.

_____. *O nosso meio ambiente flora e fauna* – ontem e hoje. Museu Frei Galvão. Arquivo Memória de Guaratinguetá, n. 176. Guaratinguetá, SP, 1998.

MAIA, Thereza Regina de Camargo; MAIA, Tom. *A independência de Aparecida.* Museu Frei Galvão. Arquivo Memória de Guaratinguetá, n. 199. Guaratinguetá, SP, 1999.

_____. *Guaratinguetá através dos séculos.* Museu Frei Galvão. Arquivo Memória de Guaratinguetá, n. 211. Guaratinguetá, SP, 2001.

CATÁLOGO

PASTRO, Cláudio; BIGARELI, Silva; PEIXE, Giselle. *Publicação Santuário Nacional de Nossa Senhora da Conceição Aparecida.* Coordenação Editorial – Jequitibá Cultural – Patrimônio, Educação e Arte, 2007.

DISSERTAÇÃO

REIS, Fábio José Garcia dos. *Os Redentoristas, o cônego Antônio Marques Henriques e a romanização da Igreja Paulista (1888-1917).* Dissertação (Mestrado em História Social) – Universidade de São Paulo, São Paulo, SP, 1993.

GUIA

PASTRO, Cláudio. *Aparecida*: guia da Basílica Nacional de Nossa Senhora Aparecida. Fotos de COLOMBINI, Fabio. Aparecida, SP: Editora Santuário, 2013.

ESTATUTO

Arquiconfraria de Nossa Senhora Aparecida. Aparecida, 1929.